JN175505

空間に遊ぶ

人文科学の空間論

田山忠行 編著

Tadayuki Tayama

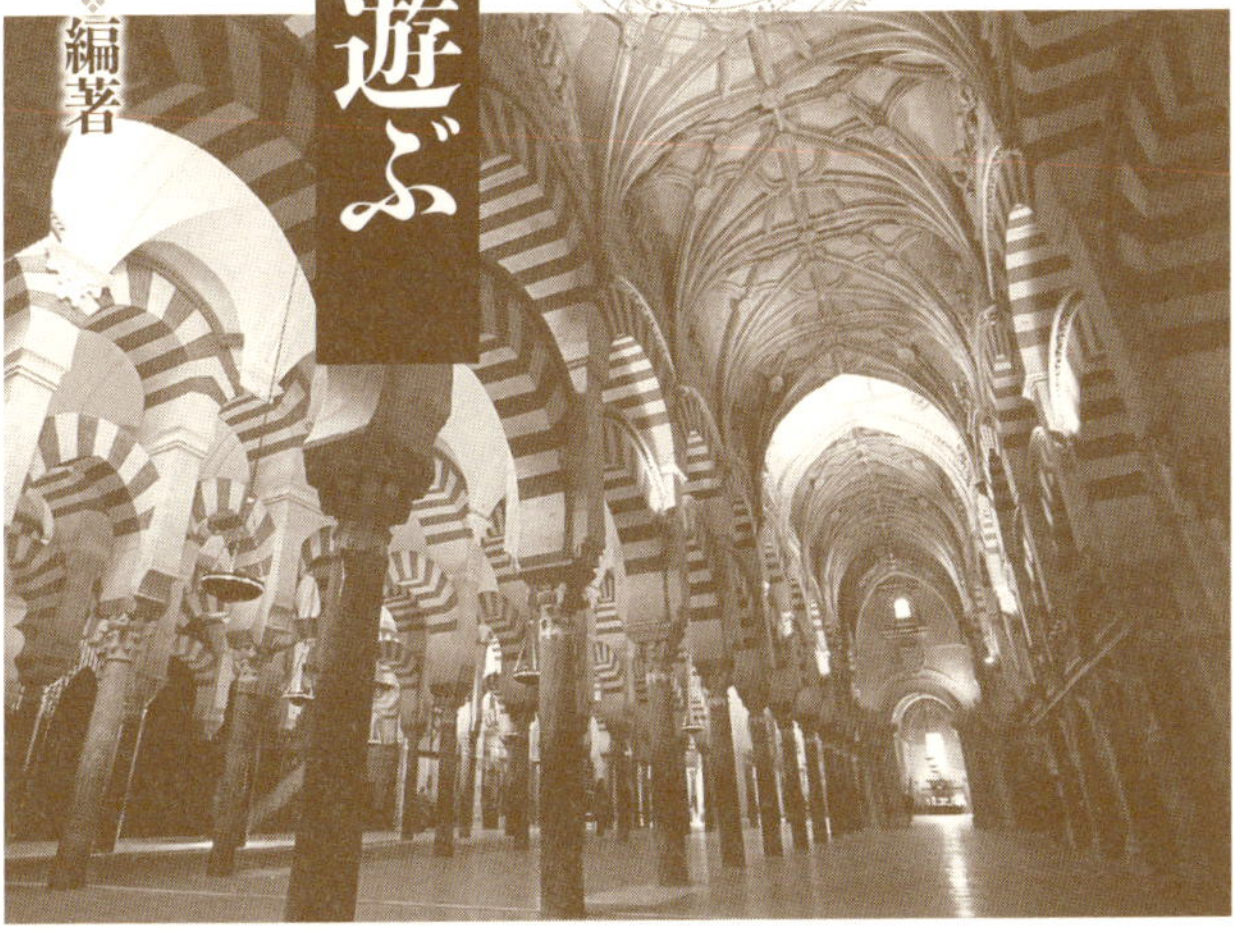

北海道大学出版会

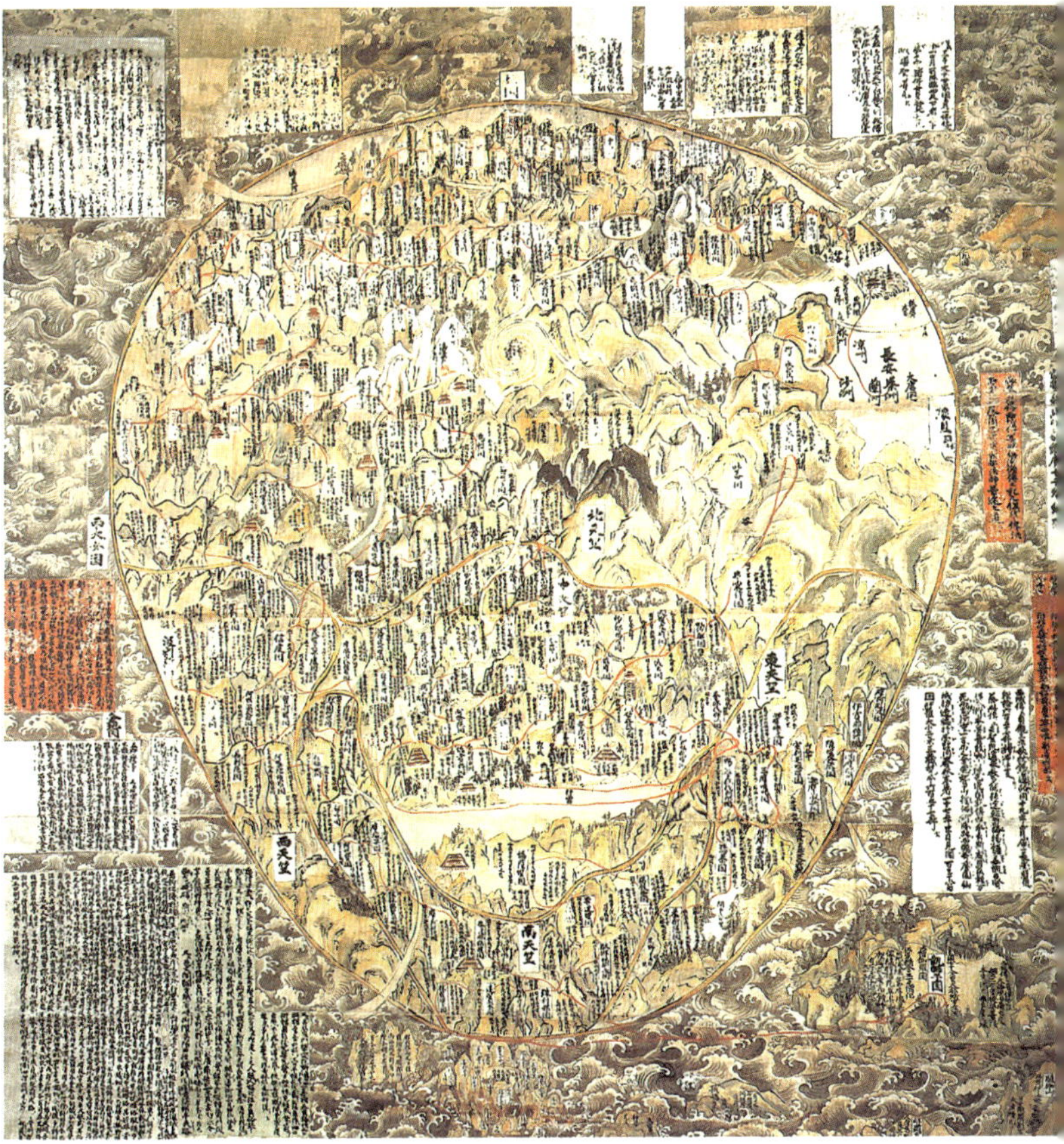

口絵 1　五天竺図（重懐書写，貞治 3（1364）年）　法隆寺所蔵
出典）織田武雄・室賀信夫・海野一隆編『日本古地図大成――世界図編』（講談社，1975 年）

口絵 2　須弥山儀（左：全体像，右：内部の様子）　東芝未来科学館所蔵

口絵 3　色と明るさによる境界(エッジ)

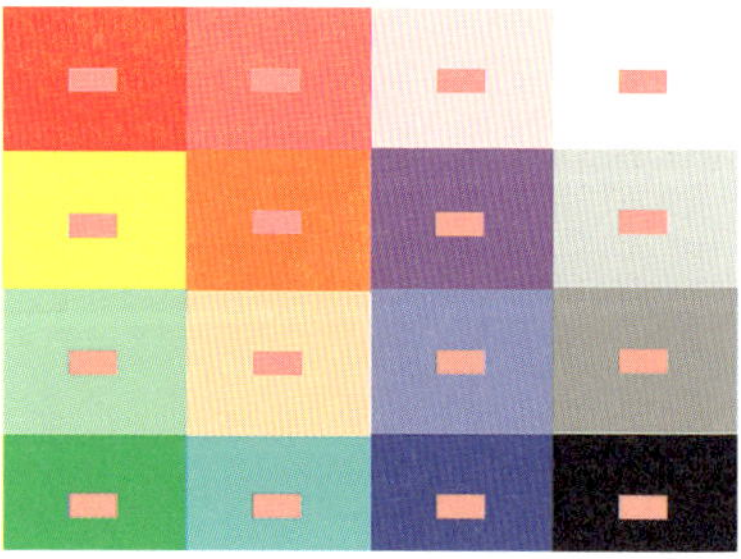

口絵 4　色の対比

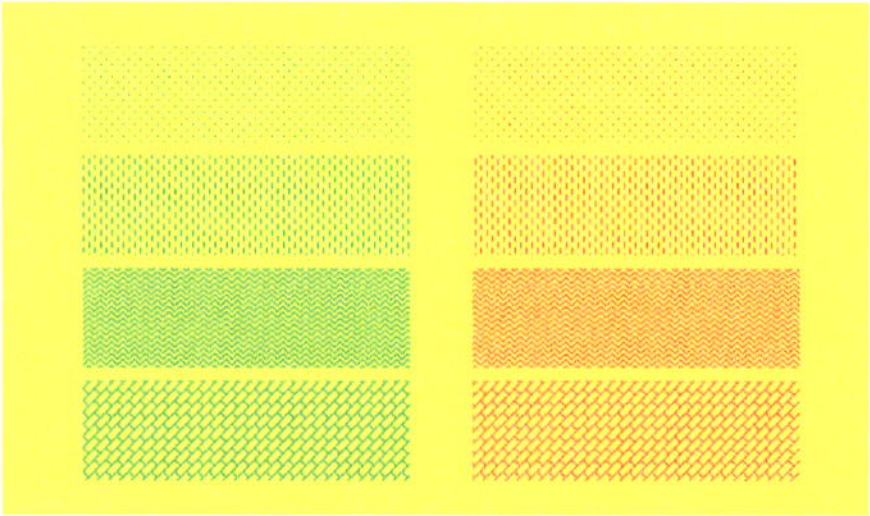

口絵 5　色の同化

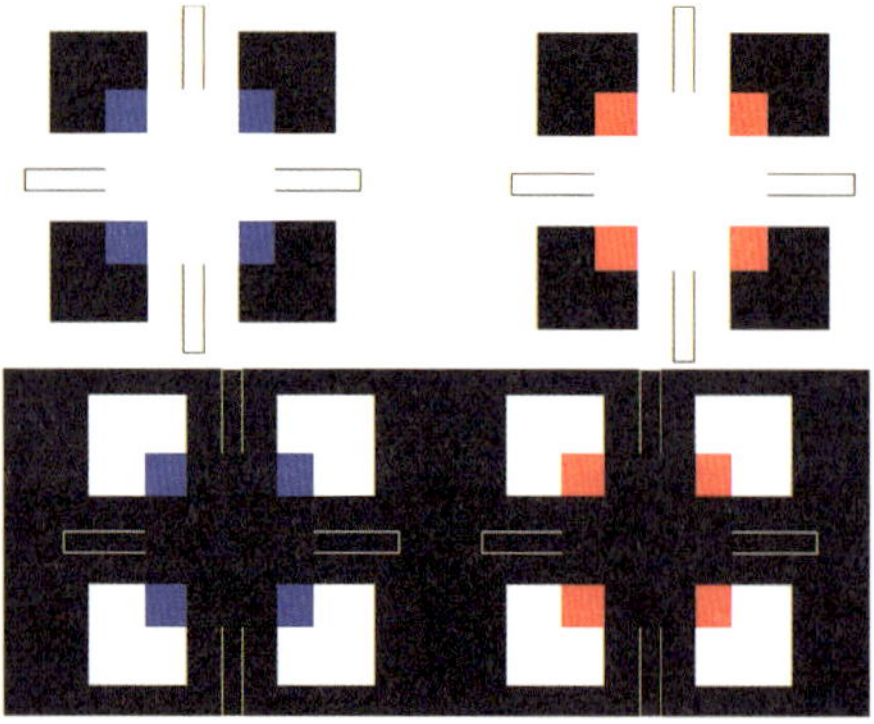

口絵 6　主観的輪郭と色の効果

a　　　　　　　　b

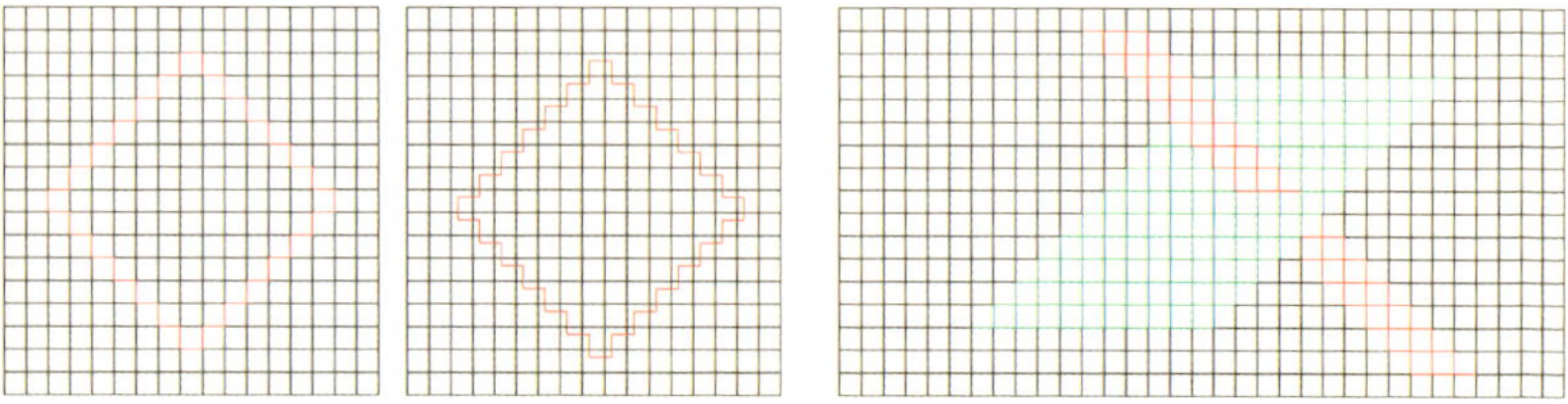

口絵 7　a：ネオンカラー効果　b：ネオンカラーによる面の表現

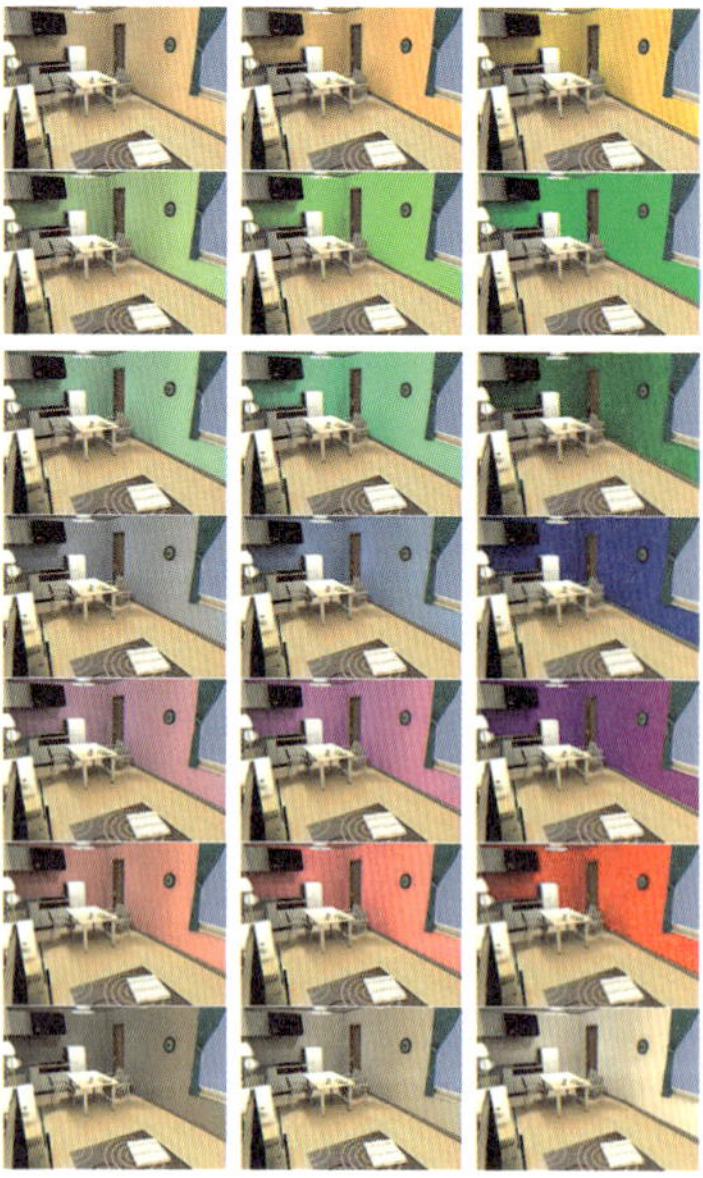

口絵 8　壁面の色と空間の広がり

はしがき

人にとって空間とはどのようなものであり、人は空間とどのような関わりをもって生きているのでしょうか。人にとって空間はあまりに身近な存在であり、普段は、その意味や価値について考えることがないかもしれません。しかし、人は、この空間を、他の動物とは異なる独特の方法で認識し、これに関わりながら物事を表現します。また、個人や社会の人々は、限られた空間の中で日々の生活を営んでいます。そのため、人と空間の間には、学問の対象となるさまざまな興味深い問題が豊富に存在していると言えましょう。

北海道大学大学院文学研究科・文学部では、思想、宗教、文学、語学、歴史等の分野はもとより、心理学、行動科学、社会学、生態学、地理学などの実験やフィールド・ワークをともなう分野まで、さまざまな研究が行われています。当研究科・当学部では、一般市民の皆様に、これらの学問の諸相に触れていただくため、毎年、公開講座を開催しています。平成二十七年度の公開講座は、「空間に遊ぶ——遠近、横丁そして世界」という題目で開催しました。この講座では、講師の専門と関心に応じて、思想・歴史・言語・心理・行動・地域など、さまざまな方面から人と空間に関するさまざまな話題を提供しました。本書は、講座の担当者となった先生方がその講義の内容をなるべく多くの人々に知っていただくために執筆・編集したものです。本書の書名の主題である「空間に遊ぶ」は、公開講座の題目を継承したものです。しかしながら、本書には、遊んで楽しむという一般的な「遊び」とかけ離れた内容の章も含まれています。この公開講座の題目は、当研究科哲学講座の千葉惠教授が考案したものであり、この「遊ぶ」には、元々、「考えてみる」という意味が込められていました。また辞書の「遊び」の定義として「見物や勉学のために他の土地へ行く。旅行する。」(大辞泉)などもあります。このようなことから、書名の主題は公開講座と同じものになりました。なお、書名の副題には、昨年、北海道大学出版会から出版した『時を編む人間——人文科学の時間論』の兄弟書であるという意味が込められています。

本書の各章では各執筆者の専門分野から空間に関係したさまざまな話題が取り上げられています。第一章では哲学から、仏教思想では、須弥山《しゅみせん》という壮大な世界観を中心として、空間をどのように捉えるかについて紹介されます。第二章では芸術学から、現代アートの一断面としての「インスタレーション」という美術形態を中心に芸術と空間の問題が紹介されます。第三章では歴史学から、地中海領域の古文書より、モロッコの古都フェスの都市空間がどのように形成されていたかという話題が紹介されます。第四章では博物館学・文化人類学から、文化を展示する人と展示される人の対話と協働によって展示空間を形成する過程に関する話題が提供されます。第五章では文学から、パスカル・パンセの「無限の空間の永遠の沈黙」というフレーズとそれに反抗するカミュの思想について紹介されます。第六章では言語学から、「ここ」「そこ」「あそこ」といった指示詞（コソアド言葉）を中心として主に日本語における空間に関わる話題が紹介されます。第七章では地理学から、都市空間の地理情報によって、特に積雪寒冷都市における地震による被災状況をどのように予測するかといった話題が提供されます。第八章では心理学・認知科学から、人が空間をいかに認識しているかについて、特に色彩情報と空間認識の関係から取り上げられます。最後の第九章では心理学・視覚科学から、幾何学的錯視の見えに関する理論について、また人が大きさや奥行きという視覚情報をいかに取得しているかについての話題が提供されます。

このように本書で扱う学問領域はかなり広範囲にわたっていますが、その内容は、人と空間に関する話題ということで共通しています。本書のすべてを読んで理解することは容易ではないかもしれませんが、多少ともそれを試みていただければ、本書が扱う「空間」をテーマにした学問の広さと深さ、またその魅力に必ず気づいていただけるものと信じております。本書を通じて、空間に関する深い知識と理解が得られ、それらの知識に親しみつつ、有効に活用し、生活をより豊かなものにしていただければ、これに勝る喜びはありません。

編者

目次

第一章　仏教は空間をどう考えていたのか

林寺正俊

はじめに

私たちの多くは今日、広大な宇宙空間に存在する太陽系の中の地球という星、その地球のアジア地域にある日本列島に住んでいる、という世界観のもとで生きていると思います。アメリカのＮＡＳＡ（航空宇宙局）によって打ち上げられた宇宙探査機が宇宙空間を進み、他の惑星の写真を送ってきていますし、日本の金星探査機「あかつき」も昨年一二月に周回軌道投入に成功して金星の写真を送ってきました。また、地球自体も観測衛星によって撮影されています。ところどころ白い雲に覆われた、青くて美しい地球の写真は多くの人が一度は目にしたことがあるのではないでしょうか。また、地球儀や世界地図を見れば、私たちの住む日本だけではなく、世界中の大陸や島の位置・地形を知ることができますし、さらに近年はインターネットを使うことで驚くほど精細な画像を得ることもできるようになりました。宇宙や地球、世界に関しては、自分の目で実際に見て確かめたわけではないにしても、今述べたような方法で得られる知識を自明のものと考えている人がほとんどではないかと思います。

では、伝統的な仏教では私たちの生きている世界を含む「空間」というものがどのように考えられてきたのでしょうか。本稿では、「空《くう》」「虚空《こくう》」「世界（世間）」という仏教の言葉に焦点を当てながら、仏教が考える「空間」について見ていきたいと思います。

一　空

「空間」という言葉を聞いたときに、まず思い浮かぶ仏教用語として「空《くう》」を挙げる人がいらっしゃるかもしれません。「空間」という熟語の中に「空」という漢字が含まれていますからね。そこでまずは、「空」が「空間」という意味なのかどうかについて説明いたします。この「空」という言葉は、仏典が書かれているインドのサンスクリット語では「シューニャ（śūnya）」と言いますが、この語は「（予想される何らかのものが）欠けている」「無い」というほどの意味です。たとえば、「教室には聴講者が誰もいない」という場合、サンスクリット語では「教室は聴講者に関してシューニャ（空）である」という文章で表現することができます。仮に教室に聴講者が誰もいないとしても、机や椅子はそのまま存在していますね。そうしますと「教室は聴講者に関してはシューニャ（空）であるが、机や椅子に関してはシューニャ（空）ではない」ということになります。

今挙げた例のように、この言葉は何かが欠けていることを示すのですが、仏教ではとりわけ実践的・思想的な意味で用いられます。「空」が強調・重視されるようになったのは特に大乗仏教の般若経典においてですが、原始仏教でもまったく説かれていないわけではありません。たとえば、原始仏典には「空なる家」という言葉が出てきます。「住む人のいない家」というほどの意味ですので「空」の一般的用例とも言えるのですが、実際には、出家者が心静かに瞑想を行うのにふさわしい、人気《ひとけ》のない閑静な場所一般のことを指していて、この言葉自体が瞑想修行の実践を前提として説かれています。また、「空」は思想的な意味でも使われることがあって、仏教の重要な教理である無我説を説く際に「我（アートマン）に関して空である」（我が欠けている）と表現されていることもあります。

一方、大乗仏典ではどうかと言いますと、約二六〇字から成る『般若心経』は、――ご存じの方もいらっしゃると思いますが――「観自在《かんじざい》菩薩《ぼさつ》行《ぎょう》深《じん》般若《はんにゃ》波羅蜜多《はらみった》時《じ》照見《しょうけん》五蘊《ごおん》皆空《かいくう》」という文で始まります。ここに「五蘊皆空」という言葉が出てきます。さらにもう少し進むと「色即是空《しきそくぜくう》　空即《くうそく》是色《ぜしき》」という有名な一節も出てきます。ここで言われている「空」は「固定的な実体性（専門用語では「自性《じしょう》」）が欠けている」という哲学的な意味で用いられています。「色即是空　空即是色」が有名なために、この句だけが一人歩きをしているきらいがありますが、『般若心経』にはその後に「受想行識《じゅそうぎょうしき》亦復如是《やくぶにょぜ》」（受・想・行・識も同様である）という句が続いており、意味としてはここまでがひとまとまりです。つまり、色・受・想・行・識という、私たちの身心を構成する五蘊はすべて空である、私たちは何かを知覚したり認識したり評価したりする際にそこに何らかの固定的な実体が「ある」と思い込んでいるが、そういう実体はまったく無いのだ、というわけです。ただしここでは、固定的な実体が無いと言っているのであって、五蘊そのものが無いと言っているわけではありません。決して虚無を主張しているわけではないのです。さらにまた、他の般若経典では、こうした五蘊だけにとどまらず、「悟り」「涅槃《ねはん》」といった修行者の究極目標をも含めて、あらゆる事柄について実体的に捉えたり執着したりすることを「空」という言葉によって否定していきます。ですから、「悟りを目指すぞ！」「悟りを得るまで頑張りぬくぞ！」と意気込んで、あたかも「悟り」に実体性があるかのように執着したり、そう考えて修行するようなことも否定している、ということになるでしょう。

以上は仏教における「空」の代表的な用例ですが、こうして見てきますと、「空なる家」という場合は「住む人がいない家」という意味で確かに空間のイメージが伴うようにも感じられるのですが、しかし「空」はあくまでも実践的・思想的な意味で用いられている言葉であって、「空間」そのものを意味する言葉ではありません。

ちなみに、数学におけるゼロの観念を発見したのはインド人と言われますが、数字のゼロを意味するのもまさにこの「シューニャ」という言葉です。この場合も「無い」という意味であって、「空間」を意味しているわけではありません。

二　虚空

ところで、「空間」と聞いて私たちがイメージするものには、たとえば屋外の広々とした空間、青空、空中、宇宙などがあります。こうした意味での空間に当たる仏教の言葉は何かと言いますと、「虚空」と漢訳される言葉ではないかと思います（単に「空」と漢訳されることもあります）。サンスクリット語では「アーカーシャ（ākāśa）」と言います。

この語は、現存する仏典の中でも最古層に属するとされる『スッタニパータ』という仏典にも出てきます。そこでは、ある人が次のように釈尊に説法をお願いしています。

「慈悲を垂れて、（この世の苦悩から）遠ざかり離れる理法を教えてください。わたくしはそれを認識したいのです。わたくしは、虚空のように、乱され濁ることなしに、この世において静まり、依りすがることなく行いましょう」（中村元訳『ブッダのことば――スッタニパータ』岩波文庫、第一〇六五偈）

この比喩では、虚空が、乱されることも濁ることもなく、静かで、何にも依ることのないものとされています。ここで言う虚空とは屋外の広々とした天空をイメージしていただければ良いかと思います。この例のように、「虚空」という言葉は仏典の比喩表現の中に頻繁に登場します。大乗仏典の中からもいくつか例を挙げてみますと、「仏智《ぶっち》の広大なることは虚空に同じ」（『華厳経』巻八〇）、「世尊の、無量なる不可思議法を説きて多く饒益《にょうやく》する所あること、虚空の無辺なるが如し」（『妙法蓮華経』巻五）、「（極楽浄土の菩薩は）猶《な》お虚空の如し。一切の有《う》に於《お》いて所著《しょじゃく》無きが故に」（『無量寿経』巻下）、「（菩薩は）無辺なる慈を行ず。虚空の如くなるが故に」（『維摩詰所説経』巻中）などといった具合です。仏智（仏の智慧）、仏の説法による饒益（利益）、何ものにも執着しない菩薩のあり様、際限のない慈しみなどが、虚空にたとえられています。こうした比喩からは、虚空が広大無辺な存在として考えられていることが知られてくると思います。やはりイメージ的には、晴れ渡った日の、雲ひとつない真っ青な大空、あるいはもっと大きく、広大なる宇宙空間といったところでしょうか。

以上は比喩として説かれる「虚空」の例ですが、次に、教理的にはどのようなものとして位置づけられているのかを見ることにしましょう。仏教教理を学ぶ際の教科書的な存在として、大乗・小乗を問わず伝統的に広く学習されてきたものに『倶舎論《くしゃろん》』という書物があります。この書はヴァスバンドゥ（漢訳名は世親《せしん》、または天親《てんじん》。五世紀頃の人物）というインドの学僧によって著されたものですが、インドのみならず、チベット、中国、日本においても広く学ばれた書物です。日本でも南都六宗の一つに同書を専門的に学習する倶舎宗がありました。

その『倶舎論』ではどのように説かれているかと言いますと、「虚空」とは物体（色）が存在するところで、妨げの無いことを本質とするものであり、無為法《むいほう》であると定義されています。つまり、他の存在を許容するとともに自らは妨げられないというのですが、無為法については少々説明を要するかと思います。無為法とは、専門用語ですが、有為法《うい》の反対です。と言っても、やはり専門用語になってしまうのですが、有為法というのは因（直接的な原因）と縁（間接的な原因）によって作られているもので、変化してやまない、無常な存在のことをいいます。『平家物語』の冒頭に「祇園精舎の鐘の声、諸行無常の響きあり」とありますね。「諸行無常」は日本人の感性や考え方に大きな影響を与えてきた仏教思想ですが、この「諸行無常」という場合の「諸行」が有為法に当たります。いろは歌の中に出てくる「うゐのおくやま　けふこえて」（有為の奥山　今日越えて）の「うゐ」です。ですから、有為法とは、私たち自身の存在はもちろんのこと、この世にあるすべての無常なる存在のことを指しています。それに対して、無為法とは因や縁によって作られていないものですから、まったく変化しない、永遠なる存在のことを言います。仏教では、およそあらゆるものが無常とされるのですが、「虚空」自体は無為法である、つまり生起も変化もしない永遠のものだ、というのです。永遠に変化しない存在と言われても少々抽象的な感じがしますが、イメージとしては、SF映画に出てくるような広大無辺な宇宙空間に近いと言えるかもしれません（ただし、ビッグバン理論によれば宇宙空間は膨張し続けているとされますから、生起も変化もしない「虚空」と宇宙空間とは同じではないことになりますが）。

仏典にはこの「虚空」のほかにも、六界（地界・水界・火界・風界・空界・識界）の一つとして「空界《くうかい》」というものが説かれています。これは「アーカーシャ・ダートゥ（ākāśa-dhātu）」と言って、同じ「アーカーシャ」という語が含まれています。この「空界」とはどういうものかと言いますと、何らかのもので区切られていて、明るいとか暗いとかいった光のレベルが見られる空間のことを意味します。したがって、みなさんの今いる空間がまさに「空界」です。仮に室内であれば壁や天井によって区切られていて、内部に一定の明るさがありますし、照明をつけたり消したりすれば明るさも変わりますよね。こうした室内のような空間が「空界」と呼ばれるもので、ほかにも口腔や鼻腔のような人体内の空間、あるいは明るさが昼と夜とで変化する屋外の空間も「空界」と呼ばれます。要するに、日常において知覚されて、明るさや暗さのある空間が「空界」なのですが、先ほどの「虚空」に比べると、広大無辺ではなく、限定されている空間と言えるでしょう。

「虚空」をめぐっては、本当に無為法なのかどうか、「虚空」と「空界」は同じなのか異なるのか等々、仏教内部でも難しい議論があるのですが、いずれにしても、私たちが「空間」という言葉を聞いたときにイメージするような、部屋の内部、屋外、空中、大空、宇宙などは、仏典では「アーカーシャ(ダートゥ)」という言葉によって表されていて、特に「虚空」(アーカーシャ)の場合は、智慧や慈しみなどが広大であることをたとえるのによく使われている言葉でもあると言えます。

三　世界(世間)

さて、「空間」と言う場合、さらにもう一つ、大地や山や川などの、私たちを取り巻く外部の環境、物理的な外部世界のことを指して言う場合もあると思います。そういう意味での「空間」を指す言葉は、仏典で「世間」「世界」と漢訳される語です。サンスクリット語では「ローカ（loka）」、あるいは「ローカ・ダートゥ（loka-dhātu）」と言います。実はこの「ローカ」という言葉も、本来は「広い空間」のことを意味しています。場所や地域を意味する英単語に「ローカル（local）」や「ロケーション（location）」という言葉がありますが、これらと語源が共通しています。『倶舎論』では「壊れる（lujyate《ルジュヤテー》）」という動詞によって「ローカ」の語源を説明していますが、これは「ローカとはそもそも壊れるものなのだ」という、諸行無常を前提とした仏教的な視点からの（少々こじつけた）解釈と言ってよいでしょう。この「ローカ」という言葉は意味範囲が広く、外部世界のみならず、人間を含む生き物のことをも意味する言葉です。『倶舎論』では、前者を「器《き》世間」（輪廻転生する生き物を容れる「器」としての外部世界）、後者を「有情《うじょう》世間」（生き物そのもの）と名づけて区別しています。

釈尊本人は世界について詳しく説明したのか

この「ローカ」という言葉は仏典で広く用いられている言葉ですが、注意すべき問題があります。それは、釈尊が弟子の質問に対して回答しなかったとされる「世界は時間的に永遠なのかどうか」「世界は空間的に限定（果て）があるのかないのか」といった問題です。この質問中で使われている「世界」という言葉が実は「ローカ」なのです。この場合の「ローカ」は外部世界、あるいは宇宙のことを指していると見てよいでしょう。

釈尊はこうした問題について「心の平安・正しい悟りのためにまったく役に立たない」として、この質問をした弟子に対して「私が答えなかったことは答えなかったこととしてそのまま了解しなさい」と、威厳のある口調で諭しています。この伝承は、釈尊が人生における苦しみの解決・実践・正しい認識などを中心に据えていて、自分の人生に直接関係しないような形而上学的問題には関与しない立場をとっていたことを示しています。この点について、倫理学者の和辻哲郎は、釈尊は哲学的思索を斥けたのではなく、これらが真の哲学的問題でないから答えなかったまでだ、と評しています(『原始仏教の実践哲学』岩波書店)。

仏典の中に以上のような伝承があることからすると、人生の問題に直接的に関係しない物理的な外部世界の詳細について、釈尊本人は恐らく何も語らなかったのではないかと思います。しかしながら、世界がどのように創造され、どういう様相をしているのか、特に生き物たちが輪廻転生する場としての外部世界はどのような有り様になっているのかということについて、仏教はやがて詳しい説明を与えるようになってくるのです。

四　須弥山を中心とする世界観

では次に、生き物たちのいる場所・空間としての外部世界(器世間)が『倶舎論』においてどのように説明されているのかを見てみることにしましょう。『倶舎論』に説かれる内容をもとに定方晟氏の作成した図がありますので、それを見ながら解説していきたいと思います。

世界の土台としての三輪

まず図1-1をご覧下さい。世界の土台には三つの輪があるとされるのですが、広大無辺なる虚空において、最初に風が起こるとされています。この風が猛烈なスピードで大きく旋回して吹いているわけですが、この渦巻いている円柱状の風が風輪と呼ばれるもので、世界のいちばん下の土台となります。次に、その風輪の上に大量の雨が降り注ぎ、その雨水も同じように旋回して円柱状になるとされ、これが水輪と呼ばれます。さらにその上に、同じく円柱状の金輪《こんりん》と呼ばれる黄金の地盤が凝固してできあがります。牛乳を温めると表面に薄い皮膜ができますが、

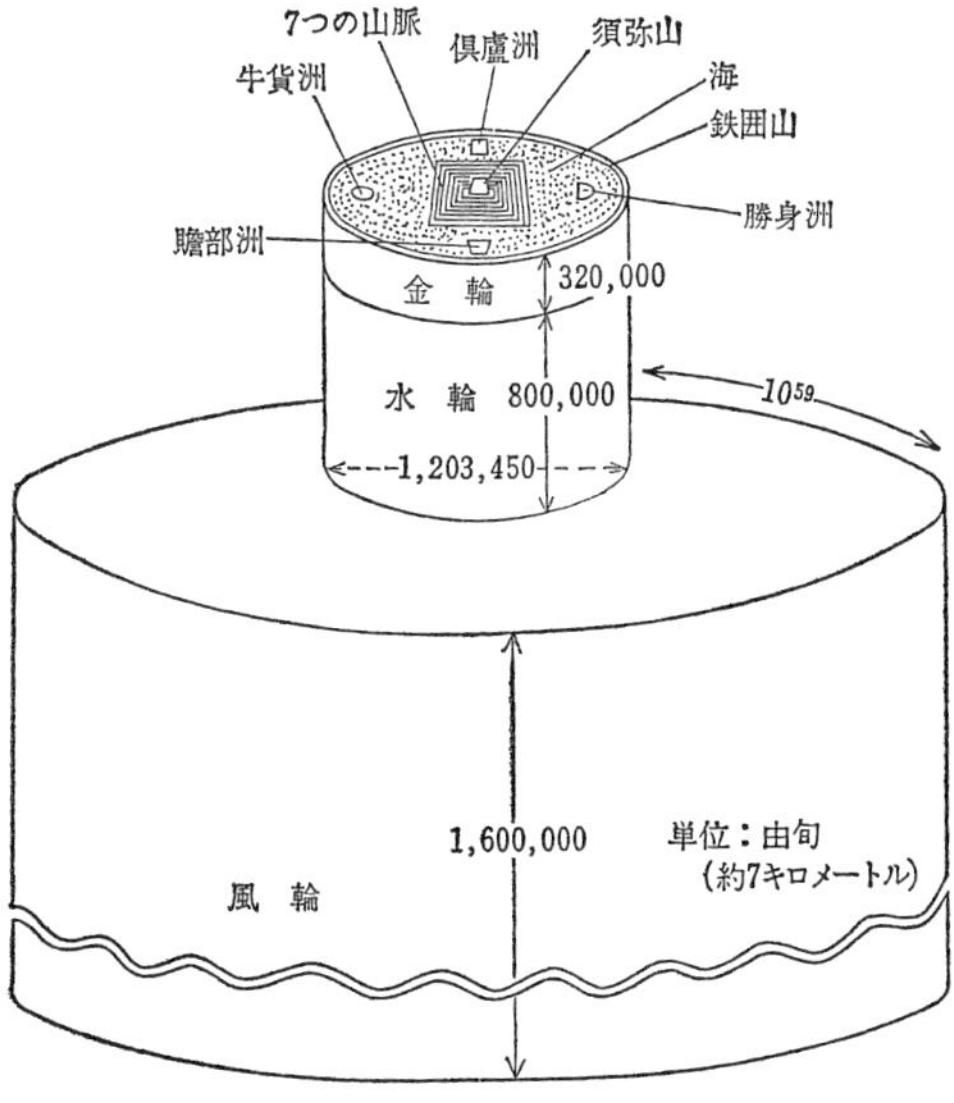

図 1-1　須弥山世界の俯瞰図

出典）定方晟『須弥山と極楽——仏教の宇宙観』（講談社現代新書，1973 年）

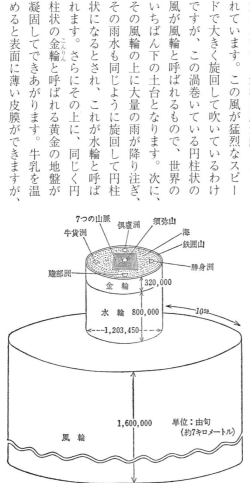

水輪の上にできる金輪はその皮膜にたとえられています。そして、金輪の上に山や大地などが載っていると考えられています。この金輪の最下で水輪と接している境目のことを金輪際と言います。断固とした意思を表す場合に「金輪際、〇〇をしません」などと言いますが、こうした表現は日本語の中で「底の底」「底に至るまで絶対に」という意味で用いられるようになったもので、仏典自体の中にこうした用例が見出されるわけではありません。

さて、以上のようなプロセスで世界の土台となる三輪ができあがるのですが、こうした創造の原動力となっているエネルギーは人々の「共通の業」（専門用語では「共業《ぐうごう》」）であるとされます。仏教では一人一人の善悪の行いはその当人に何らかの結果をもたらすとされますが、それとは別に「共通する業」というようなものもあって、これが世界の生成・維持・破壊に関わると考えられていたようです。三輪の生成は何となく空想的にも感じられますが、ここに創造神や主宰神を想定することなく、あくまでも「業」で説明しているのは、仏教的な因果の思想が貫かれているためと見ることができるでしょう。

金輪上部の九山八海

金輪の上部には九つの山と八つの海があるとされています。前ページの図1－1に示されているように、金輪はその周縁部が鉄でできた山脈（鉄囲山《てっちせん》）で囲まれていて、世界の中央には須弥山《しゅみせん》という巨大な山がそびえているとされます。「須弥」というのは「スメール（Sumeru）」というサンスクリット語の音写です（「蘇迷盧《そめいろ》」とも音写され、意味をとって妙高《みょうこう》山と訳されることもあります）。巨大な山と聞きますと、一般的に富士山やエベレストのような山を想像すると思いますが、仏典に説かれる須弥山はそうした山とはまったく異なる形をしています。どのような形かと言いますと、金輪上の海面の上に突き出ている部分が各辺八万ヨージャナの立方体の形状であるというのです。ヨージャナ（「由旬《ゆじゅん》」「踰繕那《ゆぜんな》」などと音写）というのは距離の単位で、一説に約七キロメートルを表すとされますが、そうしますと、一辺の長さが五六万キロメートル（七キロメートル×八万ヨージャナ）ということになります。五六万キロメートルと言われてもどれくらいの大きさかイメージしにくいですが、地球から月までの距離が約三八万キロメートルですので、その約一・五倍の距離が須弥山の各辺の長さ（高さ）ということになります。想像を絶する大きさといいますか、むしろ想像の中でしかありえない大きさの山ですね。地球の直径は約一万三千キロメートルですから、地球自体がいくつも収まってしまうほどの大きさです。

この須弥山の周囲には七つの方形状の山脈が重層的に取り囲んでいて、その山脈の高さは須弥山から遠ざかるにつれて順に半減していくとされています。それぞれの山脈にも名前があって、須弥山に近い方から順に、持双《じそう》山（踰健達羅《ゆけんだら》山）、持軸《じじく》山（伊沙駄羅《いしゃだら》山）、檐木《えんもく》山（朅地洛迦《きゃじらか》山）、善見《ぜんけん》山（蘇達梨舎那《そだりしゃな》山）、馬耳《まに》山（頞濕縛羯拏《あしつばこんぬ》山）、象鼻《ぞうび》山（毘那怛迦《びなたか》山）、尼民達羅《にみんだら》山と名づけられています。そして、須弥山とその周りを囲む七つの山脈群の間にはそれぞれ海があって八功徳水《はっくどくすい》（飲んでも腹痛を起こさないなど、八つの良き特質のある淡水）で満たされており、第七番目の尼民達羅山と金輪周縁部の鉄囲山との間にあるいちばん広い海は塩水で満たされています。須弥山は北面が金、東面が銀、南面が瑠璃（ラピスラズリ）、西面が水晶という貴石でできていて、七つの山脈は黄金で、鉄囲山は字のごとく鉄でできているとされます。以上が金輪上にある九つの山と八つの海です。

四大洲と贍部洲の様相

須弥山を中心として、その四方には大きな島（洲）があるとされます。これを四大洲と言います。四大洲はそれぞれ形が違っていて、北の倶盧《くろ》洲（サンスクリット語のクルの音写）は正方形、東の毘《び》提訶《だいか》洲（ヴィデーハの音写。勝身と意訳）は半月形、西の瞿陀尼《くだに》（あるいは牛貨《ごけ》）洲（ゴーダーニーヤの音写）は円形、そして南の贍部《せんぶ》洲（ジャンブの音写。閻浮提《えんぶだい》とも音写）は逆台形で、それぞれの洲には異なる種類の人間が住んでいるとされています。このうち、私たちの住む大地と考えられていたのは贍部洲です。須弥山の南方にあるので南贍部《なんせんぶ》洲と称されることもあります。先ほど須弥山の南面が瑠璃（ラピスラズリ）でできていると言いましたが、空が青く見えるのは太陽光が須弥山の南面に反射しているためであると説明されています。ちなみに、太陽と月は須弥山の中腹の高さで、四大洲の各上空を周回すると考えられていました。

では次に、私たちの住んでいるところとされる贍部洲の様相を少し詳しく見てみましょう。図1-2をご覧下さい。この形は上辺が非常に長い逆台形ですね（もしも寸法通りに描くならば、実際は逆三角形のように見えることになります）。いかがでしょうか、インド亜大陸の形に似ていると

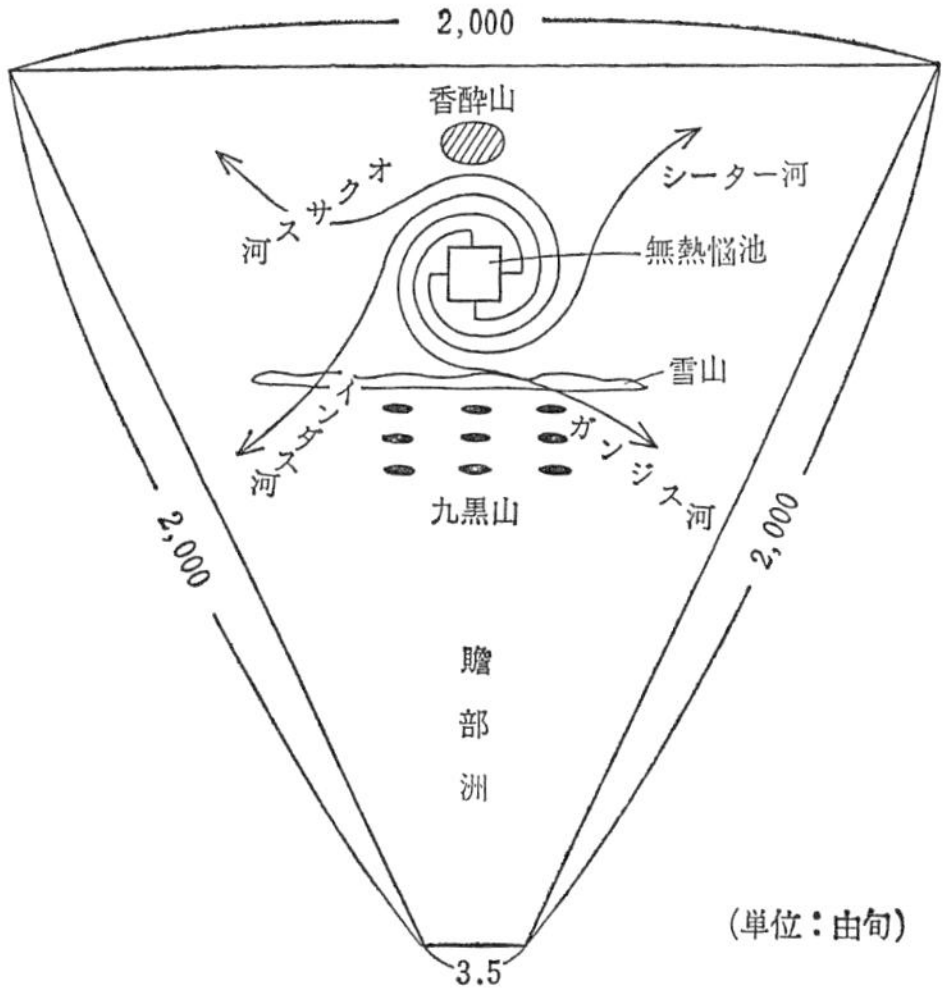

図 1-2　『倶舎論』に書かれた贍部洲の図解
出典)定方晟『須弥山と極楽――仏教の宇宙観』(講談社現代新書，1973 年)

思いませんか。この形はインド人自身の住んでいる大地の形が投影されたものです。そのことは贍部洲の中に、インドに実在する山や河が見られることからも知られます。贍部洲の中央付近に横長の雪山《せっせん》という山がありますが、この雪山はみなさんもご存じのヒマラヤ山脈のことです。さらに、雪山よりも北には香酔山という山があります。香酔山は神話的な山とする説や、実在するカイラーサ山(カイラス山)とする説などがあります。この雪山と香酔山との間には無熱悩池という池があって、四つの大河の源泉になっているとされます。そのうちの二大河はインドを流れるガンジス河とインダス河です。他の一つが北西に向かって流れるオクサス河(現在の呼称ではアムダリヤ河)を指していると推定されています。北東に向かって流れるシーター河については、具体的にどの河を指すのか議論のあるところですが、インドまでの往復旅行を成し遂げた玄奘《げんじょう》三蔵(七世紀)はその旅行記『大唐西域記』の中で、中国の黄河の源流がこのシーター河であるという説を伝えています。

輪廻転生する場としての世界——主・客混合の世界観

以上の須弥山を中心とする世界が、生き物たちの輪廻転生する場所・空間としての「器世間」です。贍部洲には人間をはじめ、畜生(動物)もいますし、贍部洲の地下深くにはさまざまな地獄や餓鬼たちの住む場所もあるとされます。一方、須弥山とその山頂、さらにその上の虚空には、上に向かうにつれてレベルの高くなるさまざまな天(神々)が住んでいるとされています。これらの生き物たちのいる世界全体は大きく欲界《よくかい》・色界《しきかい》・無色界《むしきかい》という三つの領域(三界《さんがい》)に分けられます。欲界は欲望の多い領域のことで、地獄・餓鬼・畜生・人間・天(神々)という生き物がおり、色界は欲望のない天の領域のことで梵天などの神々だけが住んでおり(その住みかは虚空中)、無色界は肉体がなくて心だけで存在する神々の領域のことを言います。色界や無色界はさまざまな神々の生存する世界を指していますが、同時にまた、修行者の瞑想が深まっていく中で感得される「内的境地」をも指しています。つまり、須弥山を中心とする世界観は、外部世界として考えられている客観的な側面と瞑想を通して内的に感得される主観的な側面との両方が混合した世界観であるとも言えるのです。私たち現代人は須弥山世界の奇妙な外観にのみ目を奪われがちですが、この世界観には瞑想修行と不可分の一面、つまり瞑想の深まりによって初めて見えてくると考えられている側面もあることに注意しておく必要があるかと思います。

無数にある世界

ところで、須弥山を中心とする世界が単位としては一つと数えられますが、同じような世界はほかにもたくさんあるとされており、こうした世界が千個で小千世界、小千世界が千個で中千世界、中千世界が千個で大千世界と呼ばれます。この大千世界は仏典でしばしば「三千大千世界」とも呼ばれますが、これは三千個の世界という意味ではなくて、千の三乗個、つまり十億個の世界という意味です。しかも、この十億個の世界（大千世界）が一人の仏陀によって教化される範囲であるとされています。大乗仏教の考え方ですと仏陀はたくさんいるわけですから、仏陀たちによって教化される世界は十億個、百億個どころの話ではなくて、無数にあるということになります。ちなみに、私たちの住むこの世界は「娑婆《しゃば》」（サハーあるいはサブハァーの音写）という名称で呼ばれます。塀の中でつとめを終えて出てきた人達が「ああ、娑婆の空気はうまい！」という、あの「娑婆」です。本来の意味からしますと、塀の中だって娑婆世界の一部なのですが……。

五　日本における須弥山世界観の受容と展開

世界観の伝来

逆台形の贍部洲はインド亜大陸の地形が投影されたものであることは先ほど説明いたしました。インドの仏教者が自分たちの住む大地を投影して考えたものですから、彼らにとってはこの世界の中でほかの国がどこにあるかはさほど関心の対象ではなかったでしょう。しかしながら、仏教を受け容れた側にとっては、須弥山を中心とする世界の中で自分たちの国や地域がどこにあるのかということは非常に重要な関心事であったはずです。

先にも少し触れた玄奘三蔵の『大唐西域記』は中央アジアとインドの各地について事細かに述べた大旅行記ですが、その冒頭で何が説かれているかと言いますと、まさに須弥山、四大洲、贍部洲の様相についてなのです。したがって、玄奘をはじめとする中国の仏教者たちは、先に説明した須弥山を中心とする世界の様相を実際にそうあるものとして理解していたのではないかと思われます。中国・朝鮮半島を経由して仏教を受け容れたわが国の仏教者にも、同様のことが言えるでしょう。わが国に仏教が伝来した当初から『倶舎論』に説かれるような整然とした須弥山の世界観が伝わっていたとは考えにくいですが、『日本書紀』の中には推古天皇二十年（六一二年）に百済からの渡来人が宮中の庭に須弥山を作ったという記録や、斉明天皇三年（六五七年）に飛鳥寺で須弥山を作って盂《う》蘭盆会《らぼんえ》を行ったという記録が見られますから、仏教の世界観においては須弥山という山が中心的な存在であるということが知られていたのは確かです。

日本はどこにあるのか

では、そうした仏教的な世界観の中において日本という国はどこにあると考えられていたのでしょうか。本書冒頭の口絵1をご覧下さい。これは貞治三年（一三六四年）に法隆寺の重懐《ちょうかい》という僧によって書写された「五天竺図」で、わが国に現存する最古の世界絵図です。五天竺とはインド全土を中央・東・西・南・北の五つの地域に分ける伝統的な言い方です。絵図は縦一七七センチメートル、横一六七センチメートルですから、かなりの大きさです。ここに描かれている贍部洲は『倶舎論』で説かれている逆台形というよりは、卵を逆さにしたような曲線形になっています。絵図の中央部には雪山や無熱悩池などが描かれていますが、そのほかは国名や地名がびっしりと書き記されています。それらの名称は玄奘の『大唐西域記』に記載された情報に基づいているようです。

見えにくいかと思いますが、絵図中の贍部洲の右斜め上（北東部）に小さな白い囲みがあって、その中に「晨旦《しんたん》国」と書かれています。「晨旦」は「震旦」とも書きますが、これは「チーナ・スターナ（cīna-sthāna）」の音写です。「チーナ」は今も使われているチャイナ（China）と同じですが、「スターナ」は場所・地域という意味です（現代でもパキスタン、アフガニスタンなど、国名の末尾に「スタン」とつく国々がありますが、あれはこの「スターナ」というサンスクリット語に関係しています）。その「震旦」と書かれている近くには「長安」という都市名も見えます。つまり、贍部洲の北東部に中国があると考えられていたわけです。さらにそこから海を隔てて、右横に黄土色の小さな島々が描かれています。これが日本です。この絵図が描かれた頃のわが国の仏教者たちは、贍部洲の北東部に中国があって、そこから海を隔てて日本が位置していると考えていたのです。このような贍部洲の図はほかにも日本にいくつか現存していますが、もともとは中国に何らかの原型、雛形のようなものがあって、それに基づいて作成されたのではないかと推定されています。

須弥山世界観に対する批判と擁護

では、こうした須弥山を中心とする世界観は日本においていつ頃まで保持されていたのでしょうか。仏教の須弥山世界観が大きな挑戦を受けるようになったのは、江戸時代になってからのことです。江戸時代は寺院の本末制度・檀家制度によって仏教教団は経済的に安定し、また各宗派の学問も大いに発展しましたが、その一方で、仏教を批判する人々も多く現れるようになりました。その批判の仕方もさまざまで、たとえば「寺と坊主は経済的に恵まれすぎている」とか、「出家して坊さんになると家督を継がないから、社会秩序が乱れる」とか、いろいろなものがあるのですが、「仏教の教理はおかしいのではないか。非合理的ではないか」という類いの批判もあったのです。

当然のことながら、須弥山を中心とする世界観もそうした批判の対象となりました。では、具体的にどういう人たちが須弥山について批判したのかと言いますと、大阪の有名な町人学問所である懐徳堂の学者たちで、なかでも特に富永仲基《なかもと》(一七一五—一七四六)という人は『出定後語《しゅつじょうごご》』という書物の中でさまざまな仏教教理を批判しました。とりわけ須弥山の世界観については、「多くの人々を救うのに忙しい釈尊が、須弥山がどうだとか、世界の様相がどうだとか、そもそも説くはずがないじゃないか。ただ便宜的にバラモン教の世界観を採用したまでだ」というようなことを主張して、須弥山と仏教とは本質的に関係がないという見方をしています。懐徳堂では富永仲基の後にも、五井蘭洲《らんしゅう》(一六九七—一七六二)や山片蟠桃《ばんとう》(一七四八—一八二一)らが、日本に入ってきた西洋的な天文学などの影響を受けて、科学的な立場から須弥山の世界観を批判しています。

一方、仏教はやられっぱなしかというとそうではなくて、須弥山の世界観を擁護しようとする学僧たちも現れました。何人かを挙げますと、浄土宗の文雄《もんのう》（一七〇〇―一七六三）、同じく浄土宗の普《ふ》寂《じゃく》（一七〇七―一七八一）、天台宗の円通（一七五四―一八三四）、浄土真宗の佐田介石（一八一八―一八八二）などです。みな須弥山の世界観を擁護しようとしている点は同じですが、それぞれに擁護の仕方は異なっています。中でも、普寂は最先端の天文学の有効性を認めた上で、須弥山の世界は外部に実在するものではなくて瞑想中に顕現する内的世界である、というようなことを主張しています。色界や無色界には瞑想を通して内的に感得される主観的な側面もあると先ほど述べましたが、そのことに通ずる見方であると言えるでしょう。

須弥山儀

ところで、地球儀は誰もが知っていると思いますが、須弥山儀というものがあるのはご存じでしょうか。須弥山儀とは須弥山の世界観に基づいて造られた時計仕掛けの模型のことで、太陽と月を表す二個の小球が重りの動力で須弥山の周りを一昼夜動く仕組みになっているものです。作成したのは、「からくり儀右衛門」こと田中久重（一七九九―一八八一）という人物で、東芝の創業者です。「梵暦」と呼ばれる仏教天文学を構築して須弥山の世界観を理論的に証明しようとした円通の門弟たちによる依頼を承けて製作されたもので、その時期は嘉永年間（一八四八―一八五三）とされています。

神奈川県のＪＲ川崎駅の近くにある東芝未来科学館に須弥山儀の実物が展示されています。口絵

2の左の写真は、東芝未来科学館に展示されている須弥山儀の全体像ですが、上部のガラス張りになっている部分の内部に須弥山を中心とする世界がかたどられています。右の写真が、上部のガラスを外した内部の様子です。中央にかたどられている四角いところが須弥山(頂天の円盤の真下部分)、それを重層的に囲む七つの列が七山、円周部の縁取り部分のギザギザが鉄囲山を表しています。手前が南側に当たりますが、いくつかかたどられている島のうち、真ん中あたりにあるいちばん大きな島が贍部洲を表しているようです。贍部洲の形状をはじめとして、『倶舎論』に説かれる幾何学的な須弥山世界の様相とは異なっているところも結構あります。東芝未来科学館の展示ブースには須弥山儀の動作の仕組みを説明するビデオ映像もありますので、みなさんも是非一度足を運んでご覧になってみてはいかがでしょうか。

おわりに

本稿では、伝統的な仏教で「空間」がどのようなものと考えられてきたのか、「空」「虚空」「世界(世間)」という三つの仏教の言葉に注目しながら見てきました。まとまりのない雑駁な話になりましたが、それぞれの言葉の意味内容が異なっていること、伝統的な仏教で私たちの生きている世界を含む「空間」がどう考えられていたかということについて、多少なりとも興味をもっていただけたら幸いです。

読書案内

定方晟『須弥山と極楽』（講談社現代新書、一九七三年）
　『倶舎論』に説かれる須弥山の世界観が図とともに分かりやすく解説されています。
岩田慶治・杉浦康平編『アジアの宇宙観』（講談社、一九八九年）
　仏教の須弥山世界観を含む、アジアのさまざまな世界観が解説されています。
櫻部建『倶舎論』（仏典講座一八、大蔵出版、一九八一年）
　本稿で取り上げた「虚空」「空界」「有為法」「無為法」「器世間」「須弥山」「贍部洲」など、仏教の専門用語の教理的解釈が説かれています。教義学書ですので、難解な内容も含まれています。
応地利明『絵地図の世界像』（岩波新書、一九九六年）
　日本が世界のどこに位置すると考えられてきたのか、わが国の古い絵地図に基づいて解説されています。
吉田忠「近世における仏教と西洋的自然観の出会い」『近代化と伝統』（【大系】仏教と日本人　第一一巻、春秋社、一九八六年）
　須弥山の世界観をめぐる論争の系譜が解説されています。

第二章　たちあがる「空間」

――現代アートの一断面

浅沼敬子

はじめに

「美術（fine art〔英〕/ beaux-arts〔仏〕/ schöne Kunst〔独〕/ belle arti〔伊〕）」という言葉は、西洋では数世紀にわたって、日本では幕末・明治期にこの概念が導入されてからさまざまな混乱や議論を乗り越えて、長いあいだ「絵画」や「彫刻」という芸術ジャンルと結びついて使われてきました。現在でも「美術」というと絵画作品を思い浮かべる人が少なくないと思います。一方で、現存する美術家で絵画制作だけに従事している人はむしろ少なく、昨今日本で増加の一途をたどっている国際美術展などで、絵画作品がメインとなることはまずありません。現代美術・現代アートは、たとえ反抗的であったにせよ西洋美術のいわば「嫡子」として生じてきたはずですが、少なくともわが国では、伝統的な絵画作品と現代美術・現代アートの史的関係性が解説されてこなかったため、一般的な美術（史）理解から孤立したかたちで多くの現代美術イベントが開催されている現状があると思います。「インスタレーション」や「アート・プロジェクト」、「パフォーマンス・アート」といった現代美術を構成するさまざまな美術ジャンルのうち、本稿では、本書のテーマである「空間」を重要な構成要素とする「インスタレーション」という美術形態を取り上げ、それがどのような作品を指すのか（第一節）、「インスタレーション」を語る上で問題となる「絵画」の概念はいつ誕生したのか（第二節）、「インスタレーション」がどのような美術史的経緯で生じたのか（第三節、第四節）、概説したいと思います。

一 「インスタレーション」とは何か

「インスタレーション（Installation）」「インスタレーション・アート（Installation Art）」とは、英語の「インストール（install）」に由来する現代美術の用語です。『グローヴ美術事典』をひも解くと、この語は「しばしば一時的にしつらえられた特殊な室内のために考案された構成や集合体を言い表す」用語であり、「空間全体を物理的に支配することによって、個別のオブジェであった伝統的な彫刻と区別される」と説明されています。ここで簡潔に語られているように、「インスタレーション」とは、従来の絵画や彫刻と異なって、個々の対象物ではなくそれを取り囲む空間を含めて芸術作品と見なす芸術の一形式であり、一九六〇—七〇年代に普及しました。

西洋美術の歴史において、絵画や彫刻がその周辺環境から独立した存在として認知されてきた時期は、それほど長くありません。古代から中世初期の墓室壁画にせよ、中世期の教会建築の彫像にせよ、独立して鑑賞されるべき作品とは見なされていませんでした。後述するように、周辺環境から自立した存在としての「絵画」という概念の原型は一五世紀に提示され、カンヴァス（画布）、タブロー（板や布など、移動可能な方形の平面に描かれる絵画）という形態の登場とも相まって、一六世紀以降徐々に西洋文化に根づいていきました。それに対して二〇世紀には、再び絵画や彫刻を、それらを取り巻く周辺環境に接続させようとするさまざまな動きが起こります。本稿が取り上げる「インスタレーション」とは、そうしたさまざまな流れによって二〇世紀後半に顕在化した美術の一形式です。

「インスタレーション」は現在ごく一般的な芸術形式となっていますので、作例は枚挙にいとまがありません。本節では、単に空間全体を表現の場としているだけでなく、作品が設置された空間の歴史や意味をも汲み取って作品の一部としている例として、ベルリンのドイツ国会議事堂の中庭に設置されたハンス・ハーケの『全住民へ（DER BEVÖLKERUNG）』（二〇〇〇年―）という作品を取り上げたいと思います（図2-1）。

「ライヒスタークス・ゲボイデ」と呼ばれるドイツの国会議事堂は、ベルリンの中央駅前にあります。かつて一八七一年に統一した新生ドイツ帝国の議場として設計、建設され、一九一八年のドイツ革命の際は、この建物がドイツ共和国宣言の場となりました。一九三三年の放火事件とナチス・ドイツの政権掌握、第二次世界大戦による廃墟化といった歴史を経て、一九九〇年にドイツが再統一された後、ノーマン・フォスターの建築によって、改めてドイツの国会議事堂として生まれ

図 2-1　ハンス・ハーケ『全住民へ / DER BEVÖLKERUNG』（2000 年〜）

1999 年提案，2000 年開始　ネオン文字，枠，土　ネオン文字（厚さ 60 cm，長さ 120 cm）枠（680×208×30 cm）

変わった建物です。

この建物には二つの大きな中庭がありますが、その北側に設置されているのがこの作品です。約二×七メートル大の長方形の箱に、作品タイトルともなっている「全住民へ」の文字がはめ込まれています。箱の中には、文字を囲むかたちで土が入れられていますので、二〇〇六年に私が作品を撮影したときは、「DER」と「-UNG」以外は、植物が繁茂してよく見えませんでした。

まずはこの「全住民へ」という文言について説明しましょう。これは、ドイツ国会議事堂西側入口に掲げられている「ドイツ人民へ（DEM DEUTSCHEN VOLKE）」という銘をもじったものです。この文言はもともと、一八九四年にこの建物の献堂式が行われる際に、設計者であり建築家のパウル・ヴァロットによって入れられるはずでしたが、建物の建造にうるさく干渉したヴィルヘルム二世の反対によって、長く刻まれることはありませんでした。ヴィルヘルム二世の渋々の許可が出て銘が掲げられたのは、二〇年以上経った一九一六年だったとされています。ヴィルヘルム二世にとっては自由主義的に響いたかもしれない文言ですが、一九八四年にこの銘を見たハーケには、強い違和感を与えました。第一に、「民族」の意味を強く持つ「Volk(e)」という言葉は、ナチス・ドイツの民族主義を彷彿とさせました。第二次世界大戦後の東ドイツで「Volk」という語が、人々を監視・統制する体制側の組織名にしばしば使われたことを、彼は想起しました。彼にとってこの言葉は、多くの移民を受け入れて移民国家となった西ドイツの現状とも齟齬をきたすものでした。ドイツに住み、ドイツの学校に通い、ドイツで仕事をしながらも、「ドイツの人民」として国家運営に参加できない人々の存在を、この言葉はすくい取っていないと彼は考えたわけです。「全住民へ」という作品タイトルには、ドイツの土地に住むあらゆる人々に向けた作品をという彼の意思が込められています。彼の言葉を引用しましょう。

「ドイツ連邦議会の構成員たちは、神秘的な人民(Volk)にではなく、住民(BEVÖLKERUNG)に応える。ドイツの種族的統一というフィクションに対して、連邦共和国の領土(Territorium：ラテン語でterraとは、大地、土壌、土地のことである)こそが国際法によって認知され、定められた現実であり、その物質的存在は、大地に据えられた境界石によって定められている。ドイツ国民に関する法律は、排他的な「血の法(ius sanguinis)」によるものから、あまねく包括的な「土壌の法(ius soli)」へと変化していく。ドイツ連邦共和国の土地は、その境域に生きるすべての人々に対して共同に、分けへだてなく与えられているのである。」(Cat: *Hans Haacke wirklich: Werke 1959-2006*, Deichtorhallen Hamburg/Akademie der Künste, Berlin, 2006-2007, p. 221）

同作の形状を見るならば、既述のように文言の周りには土が敷き詰められ、さまざまな植物が繁茂しています。この土は、各地の代議士が選挙で選出されて国会に出るとき、自らの選挙区から運び込んできたものです。そして、任期が終わったらそれに相当する分の土を持ち帰ります。もともと土壌がはらんでいた種子が、中庭に入る光や雨によって芽を出したり、風で運び込まれた種子が芽を出したりすることで、「全住民へ」の周りの土壌に植物が育つのです。つまりここで植物は、ドイツの代議制民主主義のあり方を示す「素材」であるとともに、もちろん植物自体は自身の要請によって育ちますので、その土壌に育つ個別の生の「自由」をも象徴しているといえるのではないでしょうか。

後述するように「インスタレーション」は、もともとはそれが置かれる場所の歴史や意味をすくい取ったものというよりは、周囲の空間を作品の一部とする設置型の作品を意味しました。しかし、ハーケの作品に明らかなように、現在では美術館やギャラリーに限らずさまざまな場や空間がインスタレーションの舞台となっていますし、その場や空間が有する歴史や意味までもが作品の一部となっています。そして芸術家の力量も、自身の介入によってそういった歴史や意味をどれほど見事に顕在化させうるかによって測られるようになっているといえるでしょう。

二　「枠」の概念

前節で触れたように、古代からの絵画の伝統を誇るヨーロッパでも、周囲の環境から切り離され、それだけで自立した空間としての絵画という考え方は、それほど古いものではありません。壁に掛けられ、自在に動かすことのできる――つまり、周囲の空間から切り離して鑑賞されるべき――「絵画」の考え方の原型が明らかになるのが一五世紀、特にレオン・バティスタ・アルベルティの『絵画論』という著作によってです（ラテン語版が一四三五年、トスカーナ語／イタリア語版が一四三六年に完成）。古代ギリシャ・ローマのさまざまな知識に通じたアルベルティは、当時の数学（幾何学）理論とその古典の知識を動員して、絵画の作図法や絵画を制作する者の心得を説きました。その中に、次のような文章があります。

「私は自分が描きたいと思うだけの大きさの四角のわく〔方形〕を引く。これを、私は描こうとするものを、通して見るための開いた窓であるとみなそう。」（レオン・バッティスタ・アルベルティ『絵画論』三輪福松訳、中央公論美術出版社、一九九二年、二六頁）

まずは、ここでアルベルティが、四角い「わく（枠）」を絵画作図の基礎と見なしていることを確認しておきましょう。美術史学ではアルベルティがここで提示した「窓」という概念に言及されることが多いのですが、「枠」であれ「窓」であれ、周囲の壁にうがたれた穴、周囲の壁とは切り離された世界の存在が、ここで示唆されているのです。

この文章が含まれている同書の第一部は、絵画作図法の基本について、数学(幾何学)的観点から書かれた部分です。絵の作図が点と線によってはじまること、描かれるべき対象の輪郭や表面といった「不変の」要素、光線や視点といった「可変的」要素へと記述が展開していきます。その上で、本書でもっとも言及されてきた箇所がつづきます。対象のかたち(見え方)は、対象の各所、各面から各種の光線が人間の目に届いて決定されるため、人間の目こそさまざまな光線の集約点であると彼は述べるのです。彼によれば、人間の目を中心としたこの光線の集合体が「視的ピラミッド」であり、絵画とは、そのピラミッドの「一裁断面」なのです。

「絵を眺める者は、その絵が前に述べたようにして描かれたものであれば、視的ピラミッドの一裁断面を見ることになろう。」(同書、二〇頁。傍点浅沼)

このピラミッドに対応した絵画作図法としてアルベルティが提示するのが、いわゆる「一点透視図法」の作図法です。一点透視図法はアルベルティが開発したものではなく、当時すでに最新の数学的作図法として知られていました。また、アルベルティが同書で説明した透視図法の正確さ、不

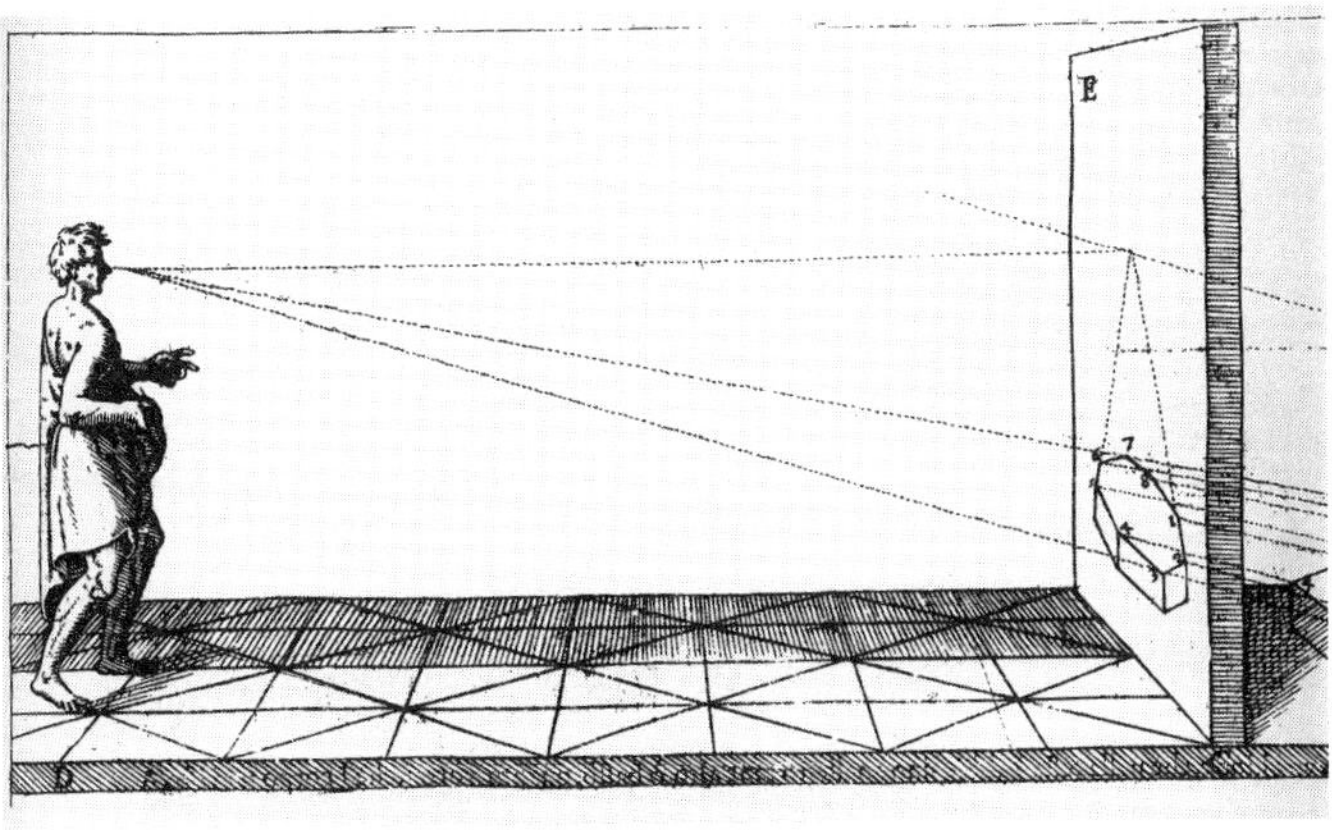

図 2-2　ジャコモ・バロッツィ・ダ・ヴィニョーラ
『実践的遠近法の二つの法則』（1583 年）挿図より

正確さも、現在にいたるまで専門家によってさまざまに議論されています。しかしいずれにせよ同書以降透視図法はさらに流行し、より精緻な理論が出回ることになりました（図 2-2）。点と線を基礎として、人間の目の高さを想定した一点――後続する書籍では改善されていきますが、本書では人間の目が二つあることや、（この指摘はかなり後になってのものですが、）絶えず動いていることなどは考慮されていません――を中心として対象世界を構成する作図法やその考え方、そしてその作図の基本となる絵画の枠組みという考えは、以後の西洋絵画のあり方を大きく規定していきます。

なおアルベルティは同書第三章で、いわゆる「歴史画」の概念をも提示しています。ここでアルベルティが語っている「歴史画」とは、過去の事象としての歴史をなんらかの仕方で再現した絵という意味ではなく、古典の知識を織り込んだ寓意画といった意味合いが強いですが、広く捉えれば、芸術家のさまざまな知識を披瀝するものと言うことができます。本書で提示された「歴史画」の概念、そして人体の研究をもとにするその制作方法もまた、その後の西洋絵画の方向性を大きく決定づけることになりました。

ただし、現代の私たちからすると、ここには大きな矛盾があるように見えます。通常私たちが窓の外を見るとき、私たちには時間的にも空間的にも限定されたある一定の場面しか見えません。それに対して「歴史画」は、寓意画と捉えるにせよ、古典に限らずなんらかの物語の再現であるにせよ、時間的にも空間的にも異なった諸要素の組み合わせです。したがって、「開かれた窓」と「歴史画」という性質的に背反する二つのものを結びつけるのは、本来かなりの難題ということになるのではないでしょうか。同書が書かれたのは一五世紀ですが、おそらく宗教的、慣習的要因も手伝って、同書の内容を十分に反映した作例は、少なくとも同時代には多くないのではないかと思います。あくまで「歴史画」をキリスト教的主題も含めて物語を描いた画と見なした場合ですが、有名なレオナルド・ダ・ヴィンチの『最後の晩餐』(一四九五―九八年)は、例外的に、アルベルティの『絵画論』の要請にかなりの部分応えた希少な作例ということができるでしょう。この作品自体は、ミラノのサンタ・マリア・デッレ・グラツィエ修道院の食堂壁画として、その空間に合致するように描かれていますので、周辺環境から完全に独立した枠組みを有した作品とは言いがたいかもしれません。しかし、ひとつの画面内にさまざまな時間に属するエピソードを入れ込んでしまう「異時同図法」や、物語の補足説明をするために主となる画面とは別に周囲の壁面にエピソードを描くといったさまざまな方法が駆使されていた一五世紀当時、この作品は、キリストが弟子たちに「お前たちのうちの誰かが私を売るだろう」と伝えた際の場の動揺という、時間的・空間的に限られた場面を切り取っています。しかもその弟子たちのひとりひとりが最も効果的なポーズを取るよう、人体と肢体の研究を入念に行っていること（人体と肢体、ポーズと表情の研究）、十二人の弟子たちを三人ずつ四つのグループに分けることで、画面の混乱を避けて統制された画面構成を行っていること（節度ある画面構成）、キリストの額部分を中心にした一点透視図法で画面内空間が構成されていること（一点透視図法による一貫した作図）等、アルベルティの言説を彷彿とさせる画面となっています。

ダ・ヴィンチの『最後の晩餐』は、方形の枠内に時間的・空間的に限定された虚構世界が構成された——すなわち、枠内で絵画の物語世界が完結した——一五世紀としては希少な作例とは言えますが、絵画それ自体が壁から引き離されたわけではありませんでした。「歴史画」やしばしばそれと分離が難しい「宗教画」は、教会や聖堂、宮殿を飾る第一級の絵画ジャンルとして一九世紀にいたるまで西洋美術史に君臨しますが、カンヴァスの登場もあって、一六世紀頃には絵画そのものを壁から取り外して移動したり売買したりすることが可能となっていきます。つまり、アルベルティの『絵画論』が書かれた一五世紀には概念的暗示に留まっていた、言わば「枠取りされることによって周囲の空間から切り離され、その内部に完結した虚構空間を有する」絵画の概念が、一六、一七世紀を通じて徐々に実現されていったと見ることができるのです。

三　二〇世紀の芸術動向——インスタレーション前史

アルベルティの『絵画論』が書かれた一五世紀以降、西洋絵画は枠内に多彩な世界を展開していきます。静物画や肖像画、風俗画に風景画といった絵画ジャンルがほぼ出そろったと言える一七—一八世紀は、絵画史の黄金時代であったと言っても過言ではないでしょう。便宜的にこの時期を西洋美術史の「近世」として区切ると、一九世紀には、この「近世」期に確立したさまざまな西洋絵画の決まりごとを打ち崩していく流れが起こります。たとえば、絵画の中心となる「視点」が変わりました。すでに述べたように、一五世紀のアルベルティの絵画論では、絵の前に立つ人間の目の高さが画面構成の中心でした。画面の中に描かれる事物は、この目の高さ、目からの距離を想定して構成される必要がありました。しかし、一九世紀に「ジャポニスム」と呼ばれる日本美術の流行現象によってこの画面構成法は大きく変更を迫られ、二〇世紀初頭に顕著になるアフリカやオセアニア圏の事物の流入——この現象はしばしば西洋美術史では「プリミティヴィズム」と呼ばれてきました——によって崩れ去ってしまいます。もちろん、このような西洋圏外から流入した文化の影響以外にも、西洋美術の基本であった「光」や「色彩」、「遠近」や「視点」といった問題に取り組んだセザンヌのような芸術家もいます。このようにさまざまな探求によって西洋絵画の「近世」的な決まりごとが徐々に打ち崩されたすえに、二〇世紀前半期に抽象画が生まれます。

二〇世紀前半に完全な抽象画を生み出した芸術家としては、オランダのモンドリアンやロシアのマレーヴィチらが挙げられると思います。注目すべきは、こうして抽象画が台頭、登場してくるのと同時に、現実の三次元空間の存在が大きくクローズアップされるようになったことです。たとえば、赤、青、黄(そして白)の原色の色面を黒い線で仕切った完全な抽象作品を生み出したモンドリアンは、パリの自室の壁に色パネルを取りつけ——借間だったので、壁に直接色を塗ることができなかったためです——家具や調度品にも色を塗ることで、自らの作品空間を室内空間全体に延長しようとしました。「空間」は、当時モンドリアン周辺でも、そしてマレーヴィチ周辺でも重要な概念となりつつあったようです。

こうした二〇世紀初頭の「空間」化、あるいは立体化への芸術動向が集約した例であり、また、後に普及する「インスタレーション」の先駆としてしばしば挙げられるのが、ドイツのハノーファーで一九二三年頃から展開したクルト・シュヴィッタースの『メルツバウ(Merzbau)』という作品です。広い交友関係を持っていたシュヴィッタースは、ロシアやオランダの動向を知っていました。タイトルの「メルツ」という語は、シュヴィッタースが自らのコラージュ作品に使うために雑誌等から切り抜いた中に見つけた語です(もとは「Commerz- und Privatbank(商業個人銀行)」の広告だったとも言われます)。この語を気に入った彼は、もとの文脈から切り離して新たな接合を生み出す自らの創作原理に合致した用語として多用します。一九一五年、シュヴィッタースは結婚を期にハノーファーの両親の家に戻り、そこにアトリエを構えました。はじめは歯車やボビンケースなど、さまざまな物体を寄せ集めて小さなアッサンブラージュ（集積作品）をつくっていましたが、それが次第に塔状になり、一九二〇年代後半には壁一面にさまざまな物体が貼り重ねられるようになりました。塔のオブジェとして、台座の上の彫刻作品のように自立していた作品が、室内全体に拡大していったわけです。残された写真から、一九二〇年代にはいろいろな物体が貼り付けられて雑然とした様子だったアトリエの壁面が、一九三〇年代に入ると全体に色や形態が統一され、間に生まれた空間にそれぞれ構成物がはめ込まれて、空間全体が一つの作品となっていったことが指摘されています。すでに述べたようにシュヴィッタースには国境を越えて多くの友人がいましたが、彼の友人たちは、自分の鉛筆がくすね盗られたり、髪の毛を切り取られたり、切った爪やタバコの吸殻が拾い集められたりして、この作品に組み込まれていくのを黙認していたというエピソードもあります。ありとあらゆるものが「作品」の構成要素となったのです。

現在、美術史的に「インスタレーション」の先駆的例のひとつと目される同作ですが、シュヴィッタース自身が構成したハノーファーの作品は、残っていません。一九三三年にナチス・ドイツが政権を掌握して前衛芸術に対する弾圧が厳しくなる中、シュヴィッタース本人が一九三七年にノルウェーへ亡命し、作品は中断されました。シュヴィッタースは亡命先でも作品制作をつづけますが、ハノーファーの作品は、連合軍による一九四三年の爆撃によって消滅しました。この例が示すように、二〇世紀初頭のさまざまな前衛芸術活動は、全体主義の台頭や第二次世界大戦の勃発によって、少なくともヨーロッパではいったん下火になります。また、第二次世界大戦直後のアメリカも抑圧的な体制で、特にドイツ語圏やロシア語圏で起こった芸術運動は敵視される傾向がありました。中断を余儀なくされた第二次世界大戦前のヨーロッパの前衛芸術活動の「掘り起こし」の動きが顕著になるのは、おおむね一九五〇年代に入ってからだと思います。アメリカの例を挙げますと、一九五一年に、ロバート・マザウェルというアメリカの芸術家が『ダダの画家と詩人たち』という本を出版しています。彼はこの本で、多くの関連文献とともにクルト・シュヴィッタースの作品や文章を紹介し、枠組みにとらわれずさまざまな要素を総合する芸術作品という考えを伝えるのに貢献しました。語学に堪能だったマザウェルは、広くヨーロッパの前衛芸術を第二次世界大戦後のアメリカに伝える役目を果たしましたが、この本もその一例と言えます。

『グローヴ美術事典』では、「インスタレーション（・アート）」が「エンヴァイラメンタル・アート」という美術用語と同義語として扱われています。この「エンヴァイラメンタル・アート」や、そのもととなった「エンヴァイラメント」という用語は現在では美術の現場で使われることはなくなりましたが、一九六〇年代には現在の「インスタレーション」とほぼ同じ意味で広く使われていました。この「エンヴァイラメント」という用語および芸術形式を一九五七—一九五八年に発案したのが、アメリカのアラン・カプロウという芸術家でした。彼は先述のマザウェルの『ダダの画家と詩人たち』を読んでいたとも言われています。「エンヴァイラメンタル・アート」や「エンヴァイラメント」は日本でも「環境芸術」「環境」とも訳されて普及しましたが、現在一般に「環境」という言葉と結びつけられている「自然」の意味は、一九五八年の時点では、ありません。カプロウがこの言葉で主張したのは、絵画芸術の枠組みを拡大して、人間やそれを取り巻く環境全体にまで広げようということでした。とは言え少なくとも一九五八年の時点では、「エンヴァイラメント」の名称で行われた活動が屋外展開することはありませんでした。彼がこの言葉で具体的に意図していたのは、主として室内の空間全体を使った芸術作品の形態であったと言えます。たとえば一九五八年にニューヨークのハンザ・ギャラリーで《無題のエンヴァイラメント》のタイトルで行われた展示では、天井から吊り下げられたビニールシートで会場全体に通路がつくられ、訪問者はその間を歩き回りました。ホッチキスやややかんの出す日常音でつくった「音楽」が流される暗い会場内を、ときどき照射される光によって現れる他の客の顔に驚いたりしながら、人々は手探りで歩き回ったと言われます。

この作例が示すように、カプロウ自身は、参加者が実際に周囲の環境に働きかけることができる作品を「エンヴァイラメント」と考えていました。しかし、カプロウと同時代の芸術家たちは――たとえ彼と近しい関係にあった場合でも――必ずしも彼の考えを十分理解しておらず、参加者による空間への働きかけやそれによる空間の変容といった要素がなくとも、空間全体を芸術作品の必須の構成要素としていれば、「エンヴァイラメント」「エンヴァイラメンタル」と見なす例が続出しました。この用語自体は、芸術作品の形態変化にともなって一九五八年以降急速に普及し、一九六〇年代にはアメリカだけでなくヨーロッパや日本にも普及していきます。それとともに、室内空間全体を使った芸術形態も普及していきますが、そうした作品はカプロウの本来の意図を超えて、それぞれの芸術家によって多様化していきました。比較的身近な例を挙げますと、この時期ニューヨークにいた草間彌生も、一九六三年の《集積の一千のボート・ショー》展で最初の「インスタレーション」作品を発表したと回想しています（当時はまだ「インスタレーション」という言葉はなかったので、「エンヴァイラメント」「エンヴァイラメンタル・スカルプチャー」などと呼ばれていました）。これは、ギャラリー空間の真ん中に詰め物で覆われたボートを設置した上で、天井や壁一面に同ボートのポスターをびっしりと張り巡らせた「空間作品」だったといいます。彼女が翌一九六四年に発表した《ドライヴィング・イメージ・ショー》では、会場にまき散らされたマカロニを訪問者が踏みつぶすなど、作品と参加者の身体的接触が認められますが、一九六三年の作品には参加者と空間との相互介入は認められません。しかしそれでも当時は「エンヴァイラメンタル」な作例と見なされたのです。草間作品が示すように、芸術作品が絵画や彫刻という自立した形態から、室内空間全体へ、そしてさらには屋外の空間に展開し、空間全体をひとつの芸術作品にしてしまう――そうした流れが、一九六〇年代に起きるのです。

四　ミニマリズムの例――ロバート・モリスを中心に

前節では、特にシュヴィッタースとカプロウの例を挙げて、二〇世紀の芸術作品が徐々に現実の三次元空間に展開してきたことを記しました。カプロウの「エンヴァイラメント」が全世界的に流布していった一九六〇年代は、ほかにもさまざまな動きが起こっていますが、もうひとつの重要な動向としてミニマリズムを挙げたいと思います。「ミニマリズム」「ミニマル・アート」は、一九六〇年代前半から中頃にかけて特にアメリカのニューヨークにおいて顕著となった美術動向で、直方体のように極端に単純な形態を持つ作品群を指します。批評家たちがこの現象に対してさまざまな用語を編み出しましたが、一九六五年に美学者のリチャード・ウォルハイムの用いた「ミニマル・アート」という言葉が定着しました。このような流行が起きた理由はさまざまに論じられていますが、少なくとも代表的な芸術家たちの言説を見るかぎり、共通していたのは「絵画のくびき」から離脱したいという願望であったと思います。

「イリュージョン」、あるいは「イリュージョニズム」という言葉があります。「幻影」とも訳されたこの言葉は、絵画にせよ彫刻にせよ、実際に現前する物質的存在――たとえば絵画は、物質としては木組みに麻布が張られたカンヴァス上に絵の具が置かれた存在であり、彫刻は、木や青銅、鉄等を加工した物質的存在です――の上に、別のなにものかを想起させることを意味します。伝統的に絵画や彫刻は、ただの物質を使って、いかにそこに存在しないはずの聖人なり、神話上の美女なり、猛獣なりの「幻影」を生み出すことができるかに制作者の技量が認められてきたジャンルですから、「イリュージョニズム」というのは、まさに造形美術の本質的要素であったとも言えるわけです。アメリカの一九五〇年代は、既述のように一方ではカプロウのように従来の絵画とは異なった方向を模索する動きがありましたが、その一方では幾多の美術家たちが――カンヴァスの上に塗り残しをしたり絵の具を盛り上げたりしてその物質性を強調したり、カンヴァスを裏返して貼りつけたり、他の物体を画面に貼りつけたり、実にさまざまなやり方で――絵画が持つ「イリュージョニズム」と格闘していた時期でもありました。一九六〇年代に台頭したミニマリズムの代表的芸術家であるドナルド・ジャッドは、作品を壁から引き離して現実の三次元空間に展開することで、枠に囲まれた絵画平面につきまとうこの問題から決定的に逃れようとしたのだと言うことができます。また、本稿で取り上げるロバート・モリスは、当初自分の作品を言い表すのに「彫刻」という言葉を使いましたが、それは、彫刻が「イリュージョニズム」という絵画のくびきから本来的に免れていると考えたからです。彼によれば「彫刻」とは、虚偽の三次元空間という「幻影」を生み出す絵画と異なって、それ自体現実の三次元空間に物体として存在するがゆえに、絵画が抱えている問題から自由な領域なのです。作品の表面にさまざまな技巧が施されていると「イリュージョン」が発生してしまいますので、必然的に彼らの作品はシンプルになりました。「イリュージョン」が伝統的に画家や彫刻家の技量と結びつけられてきたため、彼らは手仕事の痕跡を忌避し、できるだけ滑らかでクールな表面を目指しました。ミニマリズムの代表的作例としてしばしば取り上げられる、モリスの一九六四年のグリーン・ギャラリーでの展示(図2-3)を見てみますと、灰色に塗られた直方体の構造物がギャラリー空間に点在しています。こうして灰色という、言わば「無味乾燥な」色が採用されたのは、赤や緑などの説明的な色彩を使うことで「イリュージョン」的暗示が生じ、設置された構造物によって提起される問題から人々の注意が逸れることを、芸術家本人が危惧したからと言えるでしょう。

本稿第二節で、一五世紀に「枠で囲まれた虚構空間」という絵画観が提示されたことに言及しました。アルベルティは既出の『絵画論』の中で、画家が二次元平面の上に虚構の三次元空間を現出させるための具体的な技法として「透視図法」の説明を行っていました。つまりアルベルティは、いかにして「イリュージョン」を生み出すかを腐心して解説していたのです。アルベルティ以後、「枠」に囲まれた絵画空間が多様化して絵画技法も数多く登場しましたが、それらが目指していたのも見事な「イリュージョン」の創出だったと言うことができます。そして、一九世紀以降の絵画史とは、こうした技法がひとつひとつ瓦解していく過程でもありました。こうした西洋美術の歴史に、ミニマリズムの芸術家たちのいく人かはきわめて自覚的でした。ジャッドの言葉を借りるならば、彼らは、「西洋美術の、重要にして最も厄介な遺産」から何とか脱しようと試みていたのです。

モリスはミニマリズムの芸術家として有名ですが、それ以外にもさまざまな動向に携わっており、全貌の把握が難しい作家です。しかし、人間の身体と、身体に影響するさまざまな「力学」に対する関心は彼の作品に一貫して認められるように思います。たとえば彼は、一九六一年に、ニュー

図 2-3 ロバート・モリス，ニューヨーク，グリーン・ギャラリーの展示風景（1964–1965 年）

ヨークのオノ・ヨーコのアトリエに『通路』という空間作品を設置しました。来場者は合板でつくられた約一六メートル長の通路（迷路）を通っていきます。はじめは数人一緒に通れるほど広いのですが、徐々に狭くなり、最後は一人でも通るのが不可能になります。当然、最初は身体的に圧迫感を感じずに済みますが、通路を進むにつれて圧迫感が増していき、最終的にギュウギュウの圧力に押しつぶされそうになる様子が想像できます。つまり、目には見えず、そして実際にも存在しないはずの圧力の存在が、人間の身体との関係において意識されていく経緯が感覚される作品と言えるでしょう。

図2-3の一九六四年の展示では、会場に入ってすぐ、上部に梁が橋渡されています。つまり、入ってきた人はこの下を通らなければなりません。それから、壁に立てかけられたL字状の構造物をくぐっていくか、それともその隣の、ギャラリー空間の中央部を貫通する大きな直方体の横を通っていくか、迷うかもしれません。この直方体の手前を通って、向って左側に抜けようとすると、通常は直角の床の隅が三角形の構造物で覆われて、直角に凹んでいるはずの部分が凸状にせり出してきているのに出くわすことでしょう。そしてその向こう側には、上から四角形の構造物がぶら下がって、やはりその下を通る人に圧力を感じさせることになるでしょう。よく知られたこの展示においても、モリスは随所で、来場者の身体とのさまざまな「見えない」緊張関係を仕掛けているわけです。言うまでもなく、このように「内部を巡る」作品においては、立ち位置によって、あるいは光の差し加減によっても見える光景が変わりますので、作品全体の統一した形状を把握するのは

難しくなります。上からぶら下がる四角い構造物の下を通るときには、人は緊張を感じるでしょうし、L字状の形状物をくぐるときは、体を屈めることで、身体にある程度の負荷がかかることになるでしょう。そのときどきで、視覚的、身体的に、体験する側による作品の捉え方が変化するわけです。したがってモリスはこの作例においても、設置された物体の形状に人々の注意を向けるだけでなく、その物体と、その周辺を歩き回る人との間に生じる緊張と弛緩をはらんだ関係性に焦点を当てていると言えます。以下、モリスの言葉を引用しましょう。

「最近の最もすぐれた作品のあるものは（中略）自らが存在する空間や光の状況変化に、より敏感である。言うなれば、こういった作品は（空間と光という）この二つの属性に鋭く反応し、それらによって明らかに変化する。作品の、明らかに最も不変の属性であるはずのかたちすら、変わらずにいることはできない。と言うのも、見る人が作品との位置関係を変えることによって、絶えずかたちも変化するからである。」（Robert Morris, Notes on Sculpture, Part 2（1966）, in *Continuous Project Altered Daily: The Writings of Robert Morris*, The MIT Press: Cambridge（Massachusets）& London（*England*）, 1993, p16）

実はこの時期のモリスは、この引用文にあるように、そのときどきの条件によって変化する作品の見え方や捉えられ方に注目する一方で、その変化にもかかわらず統一した形態として認知される人間の心理的メカニズムにも関心を寄せていました。既述の作例でも、人は歩き回りながら刻一刻と変わる作品の形状や自分との身体的、心理的距離を感受しながらも、会場を一巡すれば、あるいは一巡するまでもなく、空間全体の構成を把握することができたでしょう。モリスには、大きさも形状も同じ構造物を、場所によって角度や間隔を変えて設置した『無題（L字型の梁）』（一九六五―一九六七年）という作品もありますが、こうした作例は形態把握に対するモリスの「心理学的」関心をよく表しています。既述の通り、モリスは同時代のニューヨークの芸術家たちと同様「イリュージョニズム」からの離脱を模索していましたが、こうした「反イリュージョニズム」的作例において、色味を抑えつつ形状を吟味された対象がいかに把握されるのかを検証することで、翻って、本来そこにないはずのものを人々が「投影」する「イリュージョニズム」のあり方をも検証していたと言えるかもしれません。

　モリスについては、絵画の枠組みを超えて現実の三次元空間に展開したというだけでなく、作品がそれを感受する人との関係において、ひいてはそれが設置された空間や場との関係において成立するという作品観を提示した点が強調される必要があります。もちろん彼一人の功績ではありませんし、モリス自身決して「場の意味」を追求した芸術家とは言えませんが、モリス以降の美術はむしろ関係性に焦点が移って作品の物質的、恒常的存在感が重視されなくなり、芸術作品の重要な要件として、設置される空間が物理的、意味的にいかなる場であるのかが重視されていく傾向があるからです。たとえ物体としては同じであっても、どこに設置されるかによって、作品の見え方や意味が大きく異なってくるということ、物体それ自体で自立した芸術作品なのではなく、その都度の諸条件を含めて「作品」なのだということが、「インスタレーション」芸術の考え方です。本稿冒頭で紹介した二〇世紀後半期に一般化していく「インスタレーション」芸術の考え方の原型が、モリスの活動と文章に認められるのではないかと思います。

おわりに

本稿では、現実の三次元空間を使った「インスタレーション」という美術形態が、一五世紀に概念的に提示された、方形の枠に囲まれた虚構空間という絵画観に対して、それぞれの芸術家がときに意識的に対抗するかたちで生み出されてきたことを紹介しました。こうした活動を通じて、一九六〇年代後半には、美術のあり方が大きく変わりました。美術家は、あらかじめアトリエで制作した作品を展示会場に持ち込むのではなく、ギャラリーであれ美術館であれ屋外であれ、その場所、その空間に合わせて作品を形成するようになっていきます。美術館の機能、美術館学芸員の仕事の内容も大きく変わりました。所蔵する作品を調査、保管、管理し、必要に応じて館外に貸し出したり、館内に展示したりすることだけが美術館とそこで働く人間の仕事ではなくなり、芸術家とともに、どこで、どのような設置を行うかを考え、設置を可能にするためにさまざまなサポートを行うことも大きな職務となったのです。そこで「空間」が重要な要素であることは、言うまでもありません。かつての絵画作品において「空間」とは、その枠内に展開する虚構の「空間」を意味しました。しばしば指摘されてきたように、その枠の外の世界は必ずしも重要な要素ではなかったのです。しかし現在では、本稿第一節で紹介したように、作品はそれが置かれた場所、空間の歴史と意味をも含めて作品たりえます。その作品の形態自体が、関与する人々の活動によって生み出されている例も少なくありません。

一九六〇年代末頃から、欧米でも、日本でも、その場に合わせて作品制作が行われる「設置型」「体験型」の展覧会が普及してきました。このような変化を展覧会のテーマとして打ち出したのが、一九六九年から一九七〇年にかけて、ニューヨークの近代美術館で開催された《空間（Spaces）》展でした。

訪問者が、真っ暗な空間の中を手探りで進んだり、反対に真っ白な空間の中で無音状態を体験したり、きわめて特殊な体験をすることになった《空間》展は、そのタイトル通り「空間」をテーマとした企画展でした。そして「設置すること（installation）が芸術作品を現実に体現するものとなった」とカタログ冒頭に明記した画期的展覧会でもあります。この展覧会カタログで、企画者は次のように書いています。

「かつて、空間は芸術作品の単なるアトリビュート（※付属物）であった。そこで空間は、絵画のイリュージョニズムの伝統や、彫刻の塊の配置によって意味づけられ、見る人とオブジェを隔てる空間は、単なる距離として無視された。いまでは、この目に見えない次元が現実の構成要素と見なされ、単に再現されるのではなく芸術家によって形成され、特徴づけられ、見る人や芸術をより広い視野や規模の状況に巻き込み、取り込むことができるようになったのである。」（Jennifer Licht, no title, in Cat.：*Spaces*, The Museum of Modern Art, New York, 1969–1970, p. 5）

同展はもちろん、美術が「枠」から「場」と「空間」へと変化したことを示す道標のひとつにすぎず、とりわけ印象的な「インスタレーション」作品は、私の見るところ、さまざまな歴史を抱えたヨーロッパでこそ生み出されてきたと思います。しかしながら、同展は、美術作品が「見る」ものではなくその中に「入り込む」ものであるということ、そして特殊な体験を通じて人びとの日常を見つめなおさせる契機ともなりうる可能性を示した点で、画期的であったと言うことができるのではないでしょうか。

読書案内

北川フラム『美術は地域をひらく　大地の芸術祭一〇の思想』（現代企画室、二〇一四年）
二〇〇〇年の第一回から回を重ね、二〇一五年で第六回を迎えた《大地の芸術祭》という「地域型」芸術祭において、過疎化する日本の農村と現代芸術とがどのように折り合っていったのか、それを主導した著者の理念とともに書かれています。インスタレーションの概説書ではありませんが、本書掲載の多くのインスタレーション作品が、周辺環境との協働例となっています。

レオン・バッティスタ・アルベルティ『絵画論』（三輪福松訳、中央公論美術出版社、一九九二年）
本文中で紹介したように、一五世紀以降の西洋美術史に大きな影響を与えた古典的著作の邦訳です。

マルク・ダシー『ダダ――前衛芸術《アヴァンギャルド》の誕生』（藤田治彦監修、遠藤ゆかり訳、創元社、二〇〇八年）
二〇世紀初頭、一九一六年にスイスで誕生した前衛芸術運動「ダダ」の概説書です。本稿で紹介したクルト・シュヴィッタースがどのような芸術環境にあったのかを知ることができます。

草間彌生『無限の網　草間彌生自伝』（作品社、二〇〇二年）
長野県の旧家に生まれ育った著者が一九五七年に単身アメリカに渡り、美術家として才能を開花させていく経緯が語られます。ニューヨークでの著者の交遊歴や、なにより著者本人の作品歴が、現代美術のスタイルの歴史ともなっています。

ジェイムズ・マイヤー『ミニマリズム』（小坂雅行訳、ファイドン株式会社、二〇〇五年）
本稿第四節で触れた一九六〇年代アメリカ（特にニューヨーク）で展開したミニマリズムの概説書です。豊富な図版とともに、その誕生から一九八〇年代までの展開を詳しく知ることができます。

＊本稿の挿図（図2-1、図2-3）は、JASPAR（一般社団法人日本美術著作権協会）を通じて、BILD-KUNST及びARS（Artists Rights Society）, New York より許可を得て掲載しています。

第三章　古文書から見る過去の都市空間

――モロッコの古都フェスとその郊外

佐藤健太郎

はじめに

遠い昔の遠い国の人びとは、どのような空間の中で生活していたのでしょうか。そしてそれを私たちはどうしたら知ることができるのでしょうか。

歴史学は過去を知る学問ですが、タイムマシンでも使わなければ直接過去の人びとの暮らしを見聞きすることはできません。そこで、過去に書き記された文献を通して遠い昔のことを知るのが歴史学です。このような文献のことを、歴史学の材料ということで史料といいます。その中には、年代記、旅行記、書簡、行政文書、契約文書など、さまざまな種類があります。適切な史料があれば何百年も前の遠い昔のことや、何千キロも離れた遠い国のことを知ることができるのです。

ですが、文献だけではもどかしい思いをすることもあります。街の喧噪や空気感、空間の広がりなどを文献から感じ取るのは困難で、その場に身を置いてみないとなかなか実感が湧きません。そうしたときに役に立つのが実地を歩いてみることです。実際にその場に立ってみると、文献史料から抱いていた漠然としたイメージが、一気に現実感を伴って立ち現れてくることがあります。自然環境や文化の異なる遠い国の歴史であれば、なおさらです。

もちろん、私たちが体験できるのは、過去ではなく現在の空間だけです。実地での体験は非常に強い印象を残すので、ともするとその印象に引きずられてしまって、過去の実像を歪めてしまう可能性もあります。文献史料から得た情報を実地体験で肉付けしつつ、同時に実地での印象を文献史料で補正する、このように両者をバランスよく往復する作業を通してはじめて、私たちは過去の空間をよりよく知ることができるのではないかと思います。

この章では、一六―一八世紀にモロッコの古都フェスで書かれた古文書を道しるべに、実地での見聞と照らし合わせながら、当時のモロッコの都市空間へと読者のみなさんをご案内します。直接体験することは決してかなわない過去の都市空間を、歴史研究者がどのようにして理解するのか、その作業の一例を知っていただければさいわいです。

一　古文書と古都フェス

東洋文庫所蔵文書

まずは、道しるべとなる古文書について説明しましょう。東京の駒込にある東洋文庫という図書館兼研究機関に所蔵されている八点の皮紙文書です。東洋文庫では「ヴェラム文書」（ヴェラムとは皮紙のこと）と通称しています。日本やオランダの書店を経由して最終的に東洋文庫が購入するに至ったのですが、もとは、あるオランダ人研究者が一九八〇年代前半にフェスの町で入手したものでした。おそらくフェスの旧家が何らかの事情で家に伝わる古文書を手放したのでしょうが、そのあたりの詳細は残念ながら判然としません。

文書の素材は動物の皮です。羊皮紙と言いたいところですが、実のところ何の動物の皮かはわかっていません。羊かもしれませんし、牛かもしれません。モロッコではこの種の皮紙のことを「ガゼル皮（ラック・アル＝ガザール）」と呼ぶことが多いですが、これもある種の総称で必ずしもガゼル（アフリカ大陸に住むウシ科の動物）の皮とは限らないようです。八点の文書のサイズは表3-1にあるようにさまざまですが、動物の背中全体、もしくはその半分とおぼしきものもあって、かなり大きいです。そのほとんどはヒジュラ暦（イスラーム暦）の一〇世紀から一二世紀にかけて作成されたもので、西暦に換算すると一六世紀から一八世紀、日本で言えば戦国時代から江戸時代にあたります。

この大きな皮紙の中には、何件もの証書が記されています。もちろん、これらはまったく無関係な証書がばらばらに記されているわけではなく、互いに密接に関連しています。具体的には一つの不動産についての購入証書とその関連証書が記されているのです。そして皮紙文書の裏面には、当該不動産の物件名を含む標題が記されています。ある不動産を取引する際には、購入証書だけではな

表 3-1　東洋文庫所蔵皮紙文書一覧

番号	標　題	作成年代（ヒジュラ暦／西暦）	サイズ〔cm〕	証書数
Ⅰ	イブン・ハイユーン通りの家屋の証書	957～ 986／1550～1578	92×61	10
Ⅱ	サイトゥートの果樹園	945～1087／1539～1676	80×30	23
Ⅲ	サブウ・ルーヤート通りの家屋の契約	990～1047／1583～1637	72×30	5
Ⅳ	ハバーラートの果樹園	1032～1254／1623～1838	51×27	11
Ⅴ	圧搾所の契約	1080～1134／1670～1722	74×59	15
Ⅵ	ワーディー・マーリフの土地	1124～1238／1712～1823	39×42	5
Ⅶ	イブン・ハイユーン通りの別室の半分の証書	1094～1153／1683～1741	72×37	5
Ⅷ	ハバーラート，バヌー・ムサーフィルの果樹園	1133～1254／1721～1838	69×51	15

くさまざまな関連証書が必要になります。たとえば売り手の所有権を示す証書（遺産相続証書や過去の購入証書など）、売り手が代理人の場合はその資格を示す証書（遺言による後見人指名証書など）、価格査定の証書、物件の瑕疵《かし》を示す証書、後払い代金の完済証書などなどです。場合によっては、よそからこれらの関連証書を転記してくることもあります。また、一回の売買だけが記されているのではなく、何年か後の売買が記されていることもあります。おそらくこれらの皮紙文書は、一種の権利証書として、売買や相続で所有者が変わるごとに新しい所有者の手元で保管されていたのだと思われます。

このように、この皮紙文書は、一件の不動産を取り巻くさまざまな人間関係を映し出す、一六―一八世紀のフェス社会を知るための貴重な文献史料です。こうした人間模様も非常に興味深いのですが、今回は最初に述べたように、これらの不動産がどんな空間にあったのか、という点に焦点をあてたいと思います。まず文書の記述を出発点として、二〇一四年春の実地調査での見聞と照らし合わせながら、不動産の場所を可能な範囲で特定していきます。その上で、フェスの都市空間や生活空間の中で、これらの不動産が果たしていた役割を考えてみたいと思います。

なお、この古文書については、二〇〇九年から五名の共同研究チーム（三浦徹・原山隆広・吉村武典・亀谷学の諸氏と私）を組んで解読と内容の分析、そして実地調査を行い、二〇一五年春にその研究成果を出版したところです（Miura Toru and Sato Kentaro ed., *The Vellum Contract Documents in Morocco in the Sixteenth to Nineteenth Centuries*, Tokyo: Toyo Bunko, 2015）。したがって、以下の話も、私一人の力によるものではなく、仲間たちとの共同作業の成果ということになります。

モロッコの古都フェス

具体的に古文書の検討に入る前に、話の舞台となるモロッコとその古都フェスについても、簡単に概略を説明しておきましょう。モロッコはアフリカ大陸北西端に位置する国で、現在の人口は三千万人強（日本の約四分の一）、その大多数はイスラーム教徒（ムスリム）です。言語は、八世紀にイスラームとともに中東方面から伝わってきたアラビア語と、それ以前から用いられていたベルベル語（近年はアマズィグ語とも呼ばれるようになってきました）の両方がありますが、書き言葉として用いられてきたのはもっぱらアラビア語でした。ですから、今回の皮紙文書のように、歴史研究者が使う文献史料は主にアラビア語で書かれています。

モロッコというと砂漠の国という印象が強いかもしれません。確かにサハラ砂漠はモロッコ観光の大きな目玉ですが、実は砂漠は国土の南半分にしか広がっていません。北半分は、日本ほどではないにしても、それなりに雨の降る豊かな地中海性気候の土地です。イタリアやスペインと同じような自然環境と思ってもらえればいいでしょう。今回の話の舞台となる都市フェスも、このような豊かな農業地域の真ん中に位置しています。

都市フェスはモロッコ内陸部に八世紀の末頃に建設されました。日本でいうと平安京の造営とほぼ同じ頃です。以後、モロッコの政治・経済・文化・宗教の中心地として栄えてきました。中東・地中海世界やヨーロッパの多くの都市と同様に、城壁で囲まれた都市です。中央にはフェス川が南から北へと流れ、その両岸に市街地が広がっています。標高は川沿いの中心部で約二八〇メートル、川から離れて周縁部に向かうほど標高が高くなる坂の多い町で、最大標高差は約一〇〇メートルにも達します。形状は東西方向に長い形をしていて幅は約二キロメートル、面積は約二・五平方キロメートルですので、約一・八平方キロメートルの北海道大学札幌キャンパスよりひとまわり大きいくらいでしょうか。古い時代の人口を算出することは困難ですが、植民地期の一九二六年の調査では約六万五千人。これは王宮が海岸部のラバトに移りフェスが斜陽を迎えた時期の数字ですので、それ以前には大体六万から一〇万人弱くらいで推移していたと思われます。なおフェスにはこの古い市街地に加えて、南西に王宮を中心に一三世紀に作られた新フェスという地区と、さらに西に近代都市として二〇世紀以降に発展した新市街とがありますが、こちらは今回の話の対象外です。

フェスを語るときには、町の外に広がる農村地帯も欠かすことができません。フェスの南には平

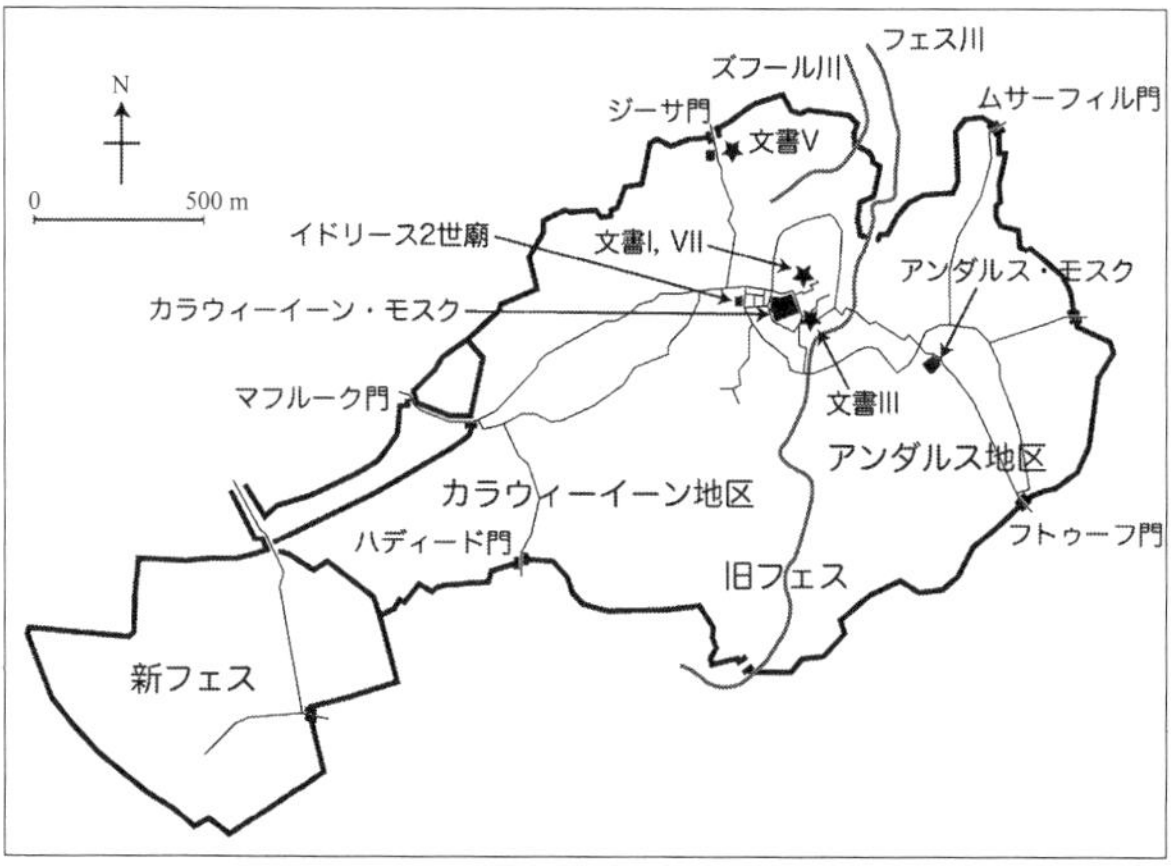

図 3-1　都市フェス
（★印は東洋文庫の皮紙文書が扱う不動産の位置）

野が広がっていて、主に小麦や野菜などを栽培する畑が広がっています。一方、北側は高原になっていて、こちらはオリーブ、ブドウ、イチジクなどの果樹栽培が盛んなところです。これら周辺農村でとれる小麦や野菜、畜産物はもちろん都市住民の食糧となりますが、それだけではありません。農村地帯からもたらされる産品は、フェスの町の商工業を支える重要な原材料ともなります。たとえば、オリーブからは油が、ブドウやイチジクなどからは乾燥果実が、羊毛からは繊維製品が、家畜の皮からは皮革製品が作られます。これらの製品は、いずれも都市内で消費されるだけではなく、商人の手によって輸出にも回されます。フェスに限った話ではありませんが、前近代の都市生活は郊外の農村の存在と有機的に結びつきながら営まれていたのです。

二　中心街の家屋

ではここからは、いよいよ東洋文庫の皮紙文書がどんな不動産を対象としているのか、そしてその物件がどんな空間の中にあるのかを実際に見ていきましょう。まず最初に取り上げるのは文書Ⅲが対象としているフェス中心街の家屋です。

文書Ⅲは、一枚の皮紙の中に五件の証書が含まれており、裏面には「サブウ・ルーヤート通りの家屋の契約」と標題がついています。つまり、この五件の証書はすべて、この名で呼ばれる通りの近くに位置する家屋関連の証書だということになります。では、この家屋はフェスの町の中の一体どこにあったのでしょうか。

まずサブウ・ルーヤート通りですが、実は現在でも残っています。フェス旧市街の中央部にはカラウィーイーン・モスクという町いちばんのモスクがあり、それを取り巻くように周回道路があります。その周回道路から東にのびる袋小路がサブウ・ルーヤート通りです。サブウとは数字の「七」、ルーヤートとは「曲がり角」の複数形ですので、日本語に直訳すれば「七曲がり」といったところでしょうか。その名の通り、くねくねと折れ曲がった路地です。フェス旧市街の真ん中に位置するだけあって、比較的有名な通りのようで、町の人に聞くと、大体みな、ああ、あそこね、という感じでわかってくれます。もっとも、近くの川沿いに臭いを発する皮なめし工房の地区がある

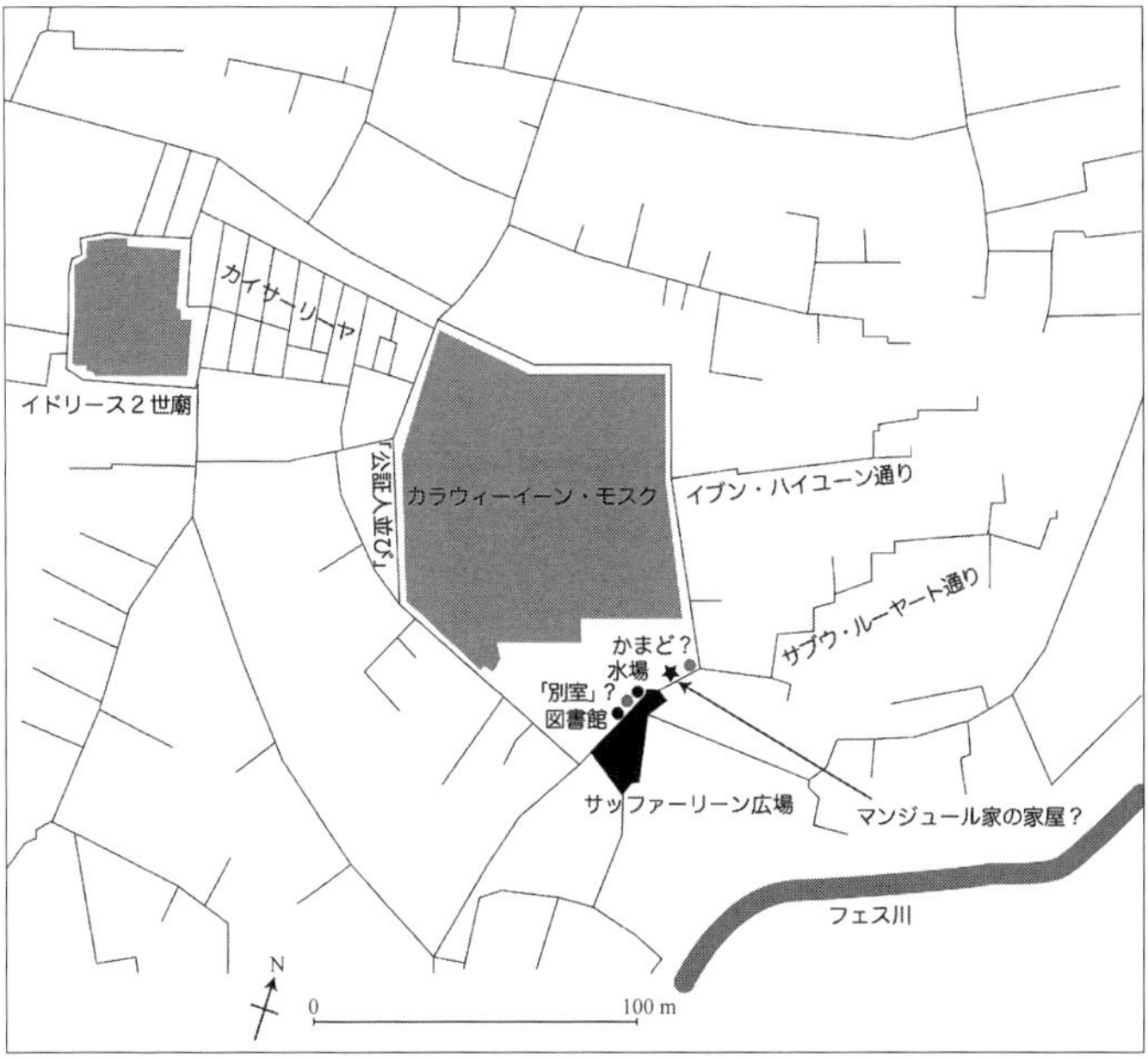

図 3-2　フェス中心街
（★印は東洋文庫の皮紙文書が扱う不動産の位置）

ので、鼻に手を当てて苦笑いする人もいますが。

ただし、文書Ⅲで扱われている物件が、直接この路地に面しているというわけではないようです。この文書の冒頭にはヒジュラ暦九九〇年／西暦一五八三年（以下、ヒジュラ暦の日付と西暦換算後の日付は／で区切って表記します）付けの家屋の購入証書が記されています。不動産の売買契約を結ぶ際には、当然、売買対象を特定しなければなりませんので、証書には必ず物件の位置が記されています。この購入証書では、対象物件は次のように特定されています。

図3-3　サブウ・ルーヤート通りの入り口

①フェス、カラウィィーイーン地区、サブウ・ルーヤート通り近くの、ナイヤーリーンに位置する家屋である。そこにある水場とパン焼きかまどに接し、またカラウィィーイーン・モスクの礼拝指導者（イマーム）の別室の隣である。その家はマンジュールという名で知られており、その名だけで［特定するのに］十分である。

どうやら、物件自体はサブウ・ルーヤート通りに直接面しているわけではなく、あくまで「近く」にあるだけのようです。おそらく、有名な通りの名を使って物件のおおむねの位置を示したのでしょう。文書Ⅲには、ほかにも物件の位置に言及した証書があります。それらの証書の中から、もう少し位置特定の参考になりそうな記述を引用してみましょう。

②マンジュールの水場という名で知られるサッファーリーン広場の水場から出て、フェス、カラウィィーイーン地区のサブウ・ルーヤート通りの方向へ向かって左側に位置する家屋である。前述の水場とカラウィィーイーン・モスクの礼拝指導者の別室とパン焼きかまどに接している。

（先買権行使証書、九九一／一五八三年）

③フェス、サブウ・ルーヤート通りの門に位置する家屋である。前述のスィーディー・カースィムの家屋として知られている（遺産相続証書、一〇三七／一六二八年）

④フェス、カラウィーイーン地区のサブウ・ルーヤート通りから出て、スィーディー・ベルカースィム・バッカールの修道場へ向かって右側、最初の通りの最初に位置する家屋である（財産交換証書、一〇四五／一六三六年）

物件の位置を特定するために、さまざまな地名や目印となる建物が書かれています。「ナイヤーリーン」や「スィーディー・ベルカースィム・バッカールの修道場」など、見当がつかなかった目印もありますが、いくつかは手がかりがあります。まず、フェスの住民なら誰もが知っているのが②に出てくるサッファーリーン（「真鍮細工師」の意）広場です。フェス川の岸から少し坂道を上ってカラウィーイーン・モスクに突き当たったところです。小さな広場ですが、狭い路地が入り組むフェス旧市街の中では、珍しく開けた開放感のある場所で、日本語の旅行ガイドブックなどでも町歩きの目印として紹介されています。そのサッファーリーン広場の一角には、今では使われなくなっていますが確かに水場の跡があります。

また①と②を見ると、問題の家屋は水場のほかに、パン焼きかまどやカラウィーイーン・モスクの礼拝指導者の別室にも隣接しているとあります。パン焼きかまどというのは、日本人にはぴんと

図 3-4　サッファーリーン広場。左奥へ下るとフェス川

来ないかもしれませんが、かつてはフェスに限らず中東や地中海一帯の小麦文化圏の都市生活には必須の施設でした。主食のパンを焼くには大きなかまどが必要ですが、一般的な住宅でこれを備えているところはほとんどありません。人びとは、自宅で小麦粉を練ってパン生地を作ったあと、それを近所のパン焼きかまどに持ち込み、若干の使用料を払ってパンを焼いてもらうのです。では、この近所にパン焼きかまどはあるのでしょうか。実は二〇一四年の実地調査の際には見当たりませんでした。ですが、一九九六年に歴史的建造物の調査・保全を目的にモロッコ文化省が作成した地図によれば、サブウ・ルーヤート通りの入り口付近にはパン焼きかまどがあったことになっています。その場所は現在は反物屋になっていますが、かなり大きな内部空間を考えると、かつて大規模なパン焼きかまどの施設があったとしても不思議ではないように思われます。

では、「礼拝指導者の別室」はどうでしょうか。さしあたり別室と訳しましたが、アラビア語原文ではミスリーヤとあります。標準的なアラビア語辞書には載っていないモロッコ方言独特の単語で、建物の中で、通常の玄関とは別の独立した入り口を持つ部屋のことを指します。家族が暮らすプライベートな空間を通さず直接外にアクセスできることから、客間として人を迎えたり、使用人を住まわせたり、ときには独り者の住居として賃貸ししたりするなど、さまざまな用途に用いられる部屋です。「礼拝指導者の」というのがどういうことなのかはよくわかりませんが、モスクに隣接しているので、その礼拝指導者が使っていたのか、あるいは賃貸ししてその収益を礼拝指導者の給与にあてていたのかもしれません。

このような「別室」を近所に確認することはできるのでしょうか。確実ではないのですが、可能性のある場所はあります。サッファーリーン広場に面して大きな図書館がありますが、その正面玄関の右の方に一つ用途不明の扉があります。緑色の瓦のひさしがついた、小さくてもなかなか立派な扉です。この扉が図書館二階の中庭につながっていて、正面玄関とは別の独立した入り口になっているようなのです。図書館として改修する際にいろいろ手は加えられているのですが、ひょっとすると昔はこの扉の先が中庭ではなく、「別室」になっていたのではないかと想像しています。

ここまでを考慮に入れると、文書Ⅲで取引の対象となっている家屋は、サッファーリーン広場からサブウ・ルーヤート通り方面へと少し進んだところ、別室、水場、かまどが連なる左側の並びにあったのではないかと思われます。④では逆向きにサブウ・ルーヤート通りから見て位置が説明されていますので右側の並びということになります。図3-5のようにサッファーリーン広場からサブウ・ルーヤート通り方面をのぞむと、道の上にまで建物が張り出していてトンネルのようになっています。これを抜けるとすぐにサブウ・ルーヤート通りの入口がありますので、おそらく、このトンネルの中、左側に問題の家屋があったのでしょう。

では、このサブウ・ルーヤート通り、あるいはその近所はフェスの都市社会の中ではどんな位置づけの空間なのでしょうか。この通りは、「七曲がり」と言うくらいくねくねと折れ曲がった道で見通しが悪く、道幅も狭いので昼間でも薄暗い通りです。しかも、袋小路になっていて通り抜けることはできません。こういうと、なにやら怪しげで柄の悪い地区のように聞こえるかもしれません。写真を見るとなんだか壁もぼろぼろです。しかし、実はこの通りは、かつてはフェス旧市街の中でも指折りの高級住宅街でした。この界隈はカラウィーイーン・モスクという町いちばんのモスクの近所ですので、いわば都市フェスのへそにあたる地区です。モスクの西側と南側は商店や工房が軒を連ねるにぎやかな繁華街ですが、モスクの北側と東側はサブウ・ルーヤート通りのような袋小路が何本か走っていて、路地の奥は静かな住宅街

図 3-5　サッファーリーン広場からサブウ・ルーヤート通り方面をのぞむ

になっています。路地の写真を見ると、とてもそんな高級住宅街には見えないかもしれませんが、モロッコの邸宅は外見だけで判断することはできません。殺風景な壁の向こう側には、まったくの別世界が広がっているのです。図3-6はサブウ・ルーヤート通りの一角に位置するある邸宅の中庭です。正確にはかつてはジャスース家という名家の邸宅だったものを、ホテルに改装した建物です。床面と柱の下部は色鮮やかなモザイクタイルで、柱の上部は精巧な化粧漆喰細工で飾られた、相当立派な中庭です。モロッコの古い家屋はこのように中庭を中心として、その周囲を居室が取り囲むような形態になっているものが数多くあります。外見よりも内部空間の心地よさを重視する形になっているのです。

図 3-6　サブウ・ルーヤート通りにあるジャスース家の旧邸宅

文書Ⅲで扱われている家屋もこのような名家の邸宅だったのでしょう。①にはこの家屋がマンジュールという名で知られていたとありますが、証書によればこの家屋はそもそもアブドゥルアズィーズ・マンジュールなる人物の所有だったというので、所有者の家名がそのまま家屋の名前になってしまったのでしょう。このアブドゥルアズィーズとの血縁関係は定かではありませんが、さまざまな文献史料にあたってみると、①や②の証書とほぼ同時代の人にアフマド・マンジュール（一五八七年没）という当時とても有名だった知識人がいたことがわかります。②によれば家屋のみならず水場までがこの家名で呼ばれているので、よほど有名な一族だったのでしょう。また、一九世紀末の史料によると、マンジュール家の商人ムハンマドなる人物がサブウ・ルーヤート通りに家屋を所有していました。実は文書Ⅲの家屋は一六三六年付けの財産交換契約によってマンジュール家の手を離れてしまうのですが、どうやらこの一族はほかにもこの界隈に家屋を所有していたようです。マンジュール家のように三〇〇年近くも続く名家が立派な邸宅を構えていたのが、町いちばんのモスクに隣接する中心街の空間だったのです。

三　町外れの工房

次は少し趣を変えて町外れの方に向かってみましょう。町の中心部から北の方へと坂を上っていくとジーサ門という町の出口に行き着きます。なまってギーサ門と発音されることもあります。この門の近くにあった工房を扱うのが文書Ⅴです。裏面の標題には「圧搾所の契約」とあって証書一五点が記されています。

まず、工房の位置を知る手がかりになりそうな記述を見てみましょう。

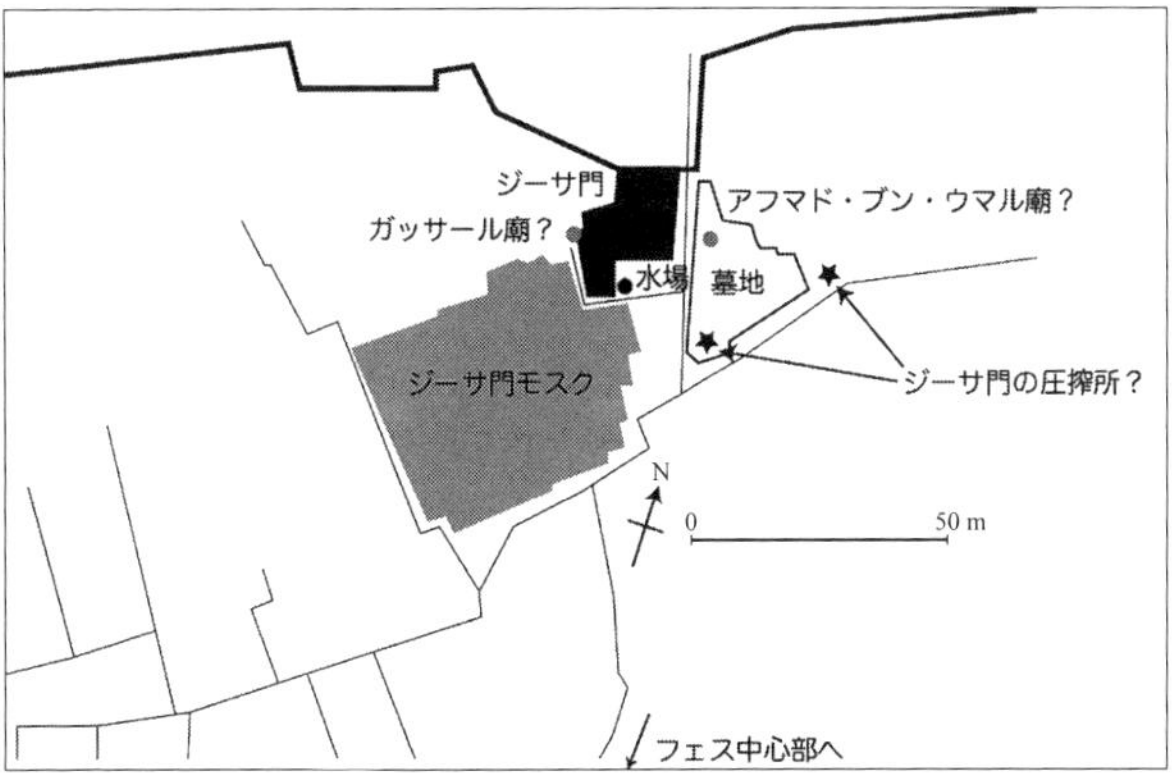

図 3-7　ジーサ門周辺

①かつて羊飼い小屋だった廃屋。ジーサ門の内側に位置している。スィーディー・アフマド・ブン・ウマルの墓廟と、スィーディー・アフマド・ブン・ヤフヤーの果樹園と、バラーミカ通りに隣接している。（物件の所有権確認証書、一〇九六／一六八五年）

②スィーディー・ガッサールとジーサ門の水場に面している地所。小市場からの曲がり道の右側に位置している。長さ一七ズィラーウ、幅六ズィラーウ（一ズィラーウは約五四センチメートル）。（価格査定証書、一一一六／一七〇六年）

③神に護られた都市フェスの門の一つであるジーサ門の内側に位置する新たに建設された圧搾所。前述の門に向かい合い、背後ではそこにある店舗と聖者スィーディー・アフマド・ブン・ヤフヤーの息子たちの果樹園と道路に隣接している。（購入証書、一一二三／一七一一年）

④ジーサ門の内側に位置する三つの石を持つ圧搾所。

前述の門に向かい合い、著名な聖者スィーディー・アフマド・ブン・ヤフヤーの息子たちの果樹園と道路に隣接している。（購入証書、一一三四／一七二二年）

どうやらこの工房は、①の「廃屋」と②の「地所」という二つの物件を統合して③の段階で新たに「圧搾所」として建設されたもののようです。場所は、すべての証書で、ジーサ門の内側に位置していることが述べられています。また、①によれば「スィーディー・アフマド・ブン・ウマルの墓廟」に隣接しているとあります。この人物は一六五五年に没した聖者で、死後もその御利益が期待されたのでしょう、その墓廟は人びとの参詣対象となっていました。スィーディーとは「我が尊きお方」といった意味で、モロッコでは神の覚えめでたく奇蹟を起こすと信じられていた聖者につけられる敬称です。フェスの町にはこのような聖者の墓廟がたくさんあって、参詣案内を兼ねた聖者伝のような著作も書かれています。そのうち一九世紀末に書かれた文献によると、スィーディー・アフマド・ブン・ウマルの墓廟はジーサ門の近くにあり、「彼は坂道の右側、前述の小市場にあるシャリーフ・アブー・イナーン一族の墓地に葬られた。墓の上には廟が築かれた。それは入り口の左にある」といいます。坂道というのは、フェス中心部からジーサ門へと登る坂道のことでしょう。小市場は証書②にも出てくる言葉です。そして、ジーサ門の近辺を歩いてみると、確かに「アブー・イナーン一族の墓地」という標識のかかった塀に囲まれた一角があります。扉は閉ざされていて中には入れませんでしたが、おそらくこの中にアフマド・ブン・ウマルの墓廟もあるのでしょう。

一方、②によれば「スィーディー・ガッサール」と「ジーサ門の水場」に面しているとあります。スィーディーという敬称からわかるようにガッサールという人もやはり聖者として崇敬を集めていた人で、ここでは彼の墓廟のことを指しているのでしょう。先ほどと同じ聖者伝によるとこの聖者はジーサ門と同名のモスクとの間に位置する墓地に葬られていたそうですが、実地で確認することはできませんでした。しかし、「ジーサ門の水場」の方は簡単に見つけることができます。図3-8を見ると、屋根付きでモザイク装飾の施されたなかなか立派な水場です（写真では、ジーサ門モスクの改修工事のために土砂や土嚢が積み重なっているのが残念ですが）。この水場は道を挟んでちょうどアブー・イナーン一族の墓地に面する場所に位置しています。スィーディー・アフマド・ブン・ヤフヤーの果樹園とバラーミカ通りについては、手がかりはつかめませんでした。

図 3-8　ジーサ門の水場

これらのことを勘案すると、問題の圧搾所の位置は、図3-7に示したように、当時の墓地が今より小さければ左下の星印、そうでなければ右上の星印あたりだったのではないかと考えて

図3-9　石を用いた伝統的なオリーブ油圧搾器

います。現在、右上の星印の箇所にはかなり大きな羊毛加工の作業場があります。一八世紀にさかのぼるような古い建物ではなさそうですが、かつてここに別の種類の工房があったとしても不思議ではないように思います。

さて、この圧搾所は、一体何を搾る工房だったのでしょうか。確実な証拠はありませんが、オリーブ油の圧搾所と考えるのがいちばん自然だと思います。④によれば、この圧搾所には「三つの石」があったそうですが、これは図3-9のような大きな石を用いた伝統的なオリーブ油圧搾器のことでしょう。この写真はフェス郊外の農村で撮影したものですが、同じような形のオリーブ油圧搾器はモロッコ各地で見ることができます。石の台の上に麻袋に入れたオリーブの実を置き、大きな石のローラーを家畜に引かせて転がし、油を絞り出す仕組みです。

ジーサ門はフェスの町と北の郊外に広がる果樹園や牧草地との結節点でした。したがって、門の近くには郊外から持ち込まれた原材料を加工する工房が立ち並んでいます。そうした工房の代表的なものがオリーブ油圧搾所でした。二〇世紀前半にフランス人が書いたフェス地誌によれば、ジーサ門の近くは産業地区となっていて、とりわけオリーブ油工房がたくさんあったそうです。一八世

図 3-10　ジーサ門と城外

紀初頭の契約である文書Vの圧搾所とは約二〇〇年の開きがありますが、同じような景観だったのかもしれません。もっとも、現在では、このあたりには圧搾所は見当たりません。代わりに非常に目立つのが製材所です。なぜ製材所に切り替わってしまったのかはわかりませんでしたが、産業にも浮き沈みがあるようです。

また、①によれば、もともとこの工房の建物は羊飼い小屋だったといいます。この点もジーサ門一帯と町の外の空間とのつながりを物語っています。家畜を飼育するには、町の外に広がる牧草地へのアクセスがよい方が好ましいのは言うまでもありません。現在でも、ジーサ門の外にそびえる丘の斜面で羊に草を食ませている光景に出くわすことがありますが、こうした羊飼いたちの拠点として機能していたのが、この工房のもととなった建物なのでしょう。

さて、この羊飼い小屋は、文書Vの最初の証書が記された段階ではすでに廃屋となっています。いつ、どのような理由で使われなくなってしまったのかは、まったくわかりません。この廃屋を圧搾所につくり変えたのが、ムハンマド・マアンという人物です。彼は、一七〇九年付けの購入証書によれば、一二二〇ウーキーヤという価格で廃屋と地所とを購入しています。

そして二年後の一七一一年付けの購入証書（上に引用した③）では、この場所に彼自身が新設した圧搾所のうち四分の一の持分を二五〇〇ウーキーヤで別の人物に売却しています。四分の一の持分で価格は約二倍ですから、二年間でこの不動産の価値はざっと八倍にまではね上がったことになります。いわば、彼は廃屋に対して設備投資（「三つの石」すなわち圧搾器も彼が用意したのでしょう）を行うことで、荒れ果てていた不動産を再生させることに成功したのです。

このムハンマド・マアンについては、別の文献史料からもその存在を確認することができます。それによると彼は当時のフェスの中でも敬虔さで知られた有名なスーフィー（修行者）でした（一七二二年没）。父アフマドや祖父ムハンマドも同様のスーフィーで、史料から見る限りでは、むしろ父や祖父の方が有名な人物だったようです。この一族は祖父ムハンマドの代から自分と弟子たちのための修道場を持っていて、また同時に修道場を運営するために多くの不動産も有していました。

元来スーフィーとは清貧の生活の中でひたすら神を思う修行者のことですが、実は俗世間から離れた隠者ばかりとは限りません。積極的に社会と関わりをもつスーフィーも数多くいました。特に弟子を抱えて教団組織を形成するようになったスーフィーは、一三世紀頃から活動の拠点として修道場を構えはじめます。修道場は修行の場であるのはもちろんですが、同時に貧者への施しの場となったり、困窮した人の駆け込み寺となったり、社会の中で生じる紛争を調停・解決したりと、さまざまな社会的機能を果たします。そうした機能を果たすためにはある程度の財力が必要ですが、逆にその機能ゆえに寄進やお布施といった形で財を蓄えることも可能でした。マアン家もこのような社会と関わりを持つスーフィーの一族だったのです。

一八世紀フェスの名士列伝はムハンマド・マアンについてこう述べています。「彼は不動産から得た収入をすべて喜捨するのを常としていた。借金を抱えていたが、それは善行の道に尽くすために費やしたものだった。亡くなったとき、彼の不動産はすべて借金の返済にあてられた」。確かに文書Ⅴによれば、彼は問題の圧搾所の持分のうち半分を一七一七年に売却していますが、その代金は彼が買い手に対して負っていた負債と帳消しということで清算されています。また、彼はそれ以前にもいささか奇妙な行動をとっています。一七一一年から一五年にかけて、二度にわたって圧搾所を売却しては一―二年後に同額で買い戻すということを繰り返しているのです。この行動の意味するところはまだ詳細な検討が必要ですが、どうも慢性的に資金繰りの必要に迫られていたように も見えます。

彼が負債を負ってまで資金を必要としていた理由はわかりません。先の名士列伝の記述を信じれば慈善活動のためでしょうし、あるいは圧搾所新設のような投資のためかもしれません。ただ、ここで注目したいのは、彼のように社会と関わりを持つスーフィーが都市空間の発展に寄与していたという点です。マアン家の修道場はフェスの町の南部、フェス川東岸にありました。ジーサ門からはずいぶん離れたところで、どういう経緯で彼があの廃屋に目をつけたのかは不明です。しかし、いずれにせよ、マアン家の経済活動が都市フェスの広い範囲にわたって展開されていたことは間違いありません。そして彼らの活動は、荒廃していた建物を圧搾所としてよみがえらせ、ジーサ門周辺の産業地区のにぎわいに一定の貢献をしていたのです。

ただし、これは余談になりますが、名士列伝によれば、実はムハンマド・マアン本人は信仰一筋の人物で、ひたすら自宅と修道場の間を往復する生活を送っていたといいます。とても圧搾所新設に投資するような目端の利く人物には見えません。もしかすると、彼は世間知らずの三代目お坊ちゃんで、やり手の弟子か誰かに財産の管理を全面的に委ねていたのかもしれません。マアン家やその教団はともかく、彼個人にとっての生活空間はとても狭い範囲のものだったようです。

四　郊外の農地

東洋文庫所蔵の八点の皮紙文書のうち、実は半分にあたる四点はフェス郊外の土地を対象としています。そこで、都市空間から離れることになりますが、今度は町の外に出てみることにしましょう。道しるべとなるのは、「サイトゥートの果樹園」という標題がついている文書Ⅱです。まずはこれまでと同様に、この果樹園の位置を示す記述から確認してみましょう。

①ラムタのハンダク・アッ＝サブウに位置する天水耕地。ターズィーの果樹園、イブン・ジャッルーンの果樹園、道路、山の斜面、カースィム・ブン・イブラーヒーム・アッタールの果樹園に接している。（購入証書、九七五／一五六七年）

図 3-11　フェス郊外
（★印は東洋文庫の皮紙文書が扱う不動産の位置）

②ターリグ山のハンダク・アッ=サブウの下にある。（物件の所有権確認証書、九六五／一五五八年）

③ラムタのサイトゥート近くのファッダーン・アル=ジャッザールに位置する果樹園。？［欠損のため判読不能］の果樹園、ハーッジュ・シュルティーの果樹園、イブン・ジャッルーンの果樹園に接している。（購入証書、九六九／一五六二年）

④ザーリグのファッダーン・アル=ジャッザールという名で知られる場所に位置している。ターズィー・バッカールの果樹園、ハーッジュ・シュルティーの果樹園、イブン・ジャッルーンの果樹園に接している。（購入証書、九七五／一五六七年）

⑤ラムタのハンダク・アッ=サブウにあるファッダーン・アル=ジャッザールに位置す

るイチジク、ブドウ、オリーブが植えられた果樹園。ターズィー・バッカールの果樹園、ハーッジュ・シュルティーの果樹園、イブン・ジャッルーンの果樹園に接している。（購入証書、一〇一四／一六〇五年）

ここに出てくるフェス郊外の地名や目印の中で、まず簡単に特定できるのは②のターリグ山と④のザーリグです。この二つはいずれもザラーグ山という同じ山のことを指しています。フェスの北にそびえる標高九〇二メートルの山で、視界の開けたところならフェスの町のどこからでも目に入る、誰もが知っている山です。町からの直線距離は五キロメートルほどですが、カーブした坂道を登っていくので一〇キロメートルくらいの道のりになります。もう一つはっきりと特定できるのが①③⑤に出てくるラムタで、こちらはザラーグ山の北側に広がるなだらかな高原地帯のことです。したがって、問題の果樹園は、フェスの北側、山向こうに位置しているということになります。

図 3-12　ジーサ門からザラーグ山をのぞむ

しかし、その他の地名については、確かな手がかりはありません。それぞれの証書には果樹園の境界をはっきり示すために、隣接する土地や目印が列挙されていますが、これらについてはまったくわかりません。また、ラムタよりもう少し小さな範囲の地名として、③ではサイトゥートという地名が使われています。この地名は文書IIの標題にも使われているので、ぜひその場所を確認したかったのですが、実地調査でラムタに住む人びとに尋ねてみても、誰も知りませんでした。一方、③④⑤にはファッダーン・アル＝ジャッザールという地名が出てきます。ファッダーンは元来は「くびきで繋いだ雄牛二頭」もしくは「雄牛二頭が耕す土地」のことで、転じて大きな農地の意味にもなります。ジャッザールは人名だと思われるので、ジャッザールさんという人が関係する農地あるいは農村のようなのですが、文書IIにはこの名の人物は登場しません。この地名も尋ねてみましたが、知っている人はいませんでした。

このほか、①②⑤にはハンダク・アッ＝サブウという地名がでてきます。ハンダクは「堀」あるいは転じて「谷」、サブウは数字の「七」のことですので、日本語にすれば「七の谷」といったところでしょうか。この地名については、一文字違いのハンダク・アッ＝ラブウなら知っているという人がいました。

図 3-13　ラムタの農村地帯

図3-14　ハンダク・アッ=ラブウ

「ラブウ」だと「住居」という意味ですが、数字の「四」（アルバア）という単語も連想させる子音の組み合わせです。「四の谷」ということになるのでしょうか。実際にその場所へ行ってみると、高原をえぐるようにして走る大きな谷でした。谷の底からは川のせせらぎが聞こえ、そしてゆるやかに下っていく谷の斜面には一面、オリーブの樹が植えられていました。ラムタには何本か小さな川が流れていて、同じような谷がいくつもあります。果たして昔はこの中に「七の谷」と呼ばれていた谷もあったのか、それは定かではありませんが、文書Ⅱの果樹園もおそらく同じような谷間の斜面にあったのでしょう。

ラムタは、なだらかな丘とハンダク・アッ=ラブウのような谷とが幾重にも連なるのどかな農村地帯です。ザラーグ山の南斜面は一気に標高二〇〇メートル前後のフェス川まで落ち込んでいますが、北側のラムタはおおむね四〇〇から六〇〇メートルくらいの標高の高原になっていて、ここにオリーブのような果樹が見渡す限り植えられています。収穫されたオリーブの圧搾も行われていて、図3-9で紹介した伝統的な圧搾器の写真もここで撮ったものです。もっとも、現在のラムタには近代的な大規模オリーブ油工場も建設されているので、こうした手作業の圧搾は今ではあまり流行らないようです。また果樹栽培のほかに、野菜栽培や羊などの家畜飼育も行われています。

では、このような郊外の農村地帯と都市フェスとはどのような関係にあったのでしょうか。文書Ⅱが作成される少し前、一六世紀前半のイタリアでアフリカ事情を著したレオ・アフリカヌスは、ラムタについて次のように記しています。

［ザラーグ山の］南斜面にはまったく人は住んでいないが、北側には村や城が限りなく続いている。ほとんどの可耕地にはブドウが植えられていて、とても上質のブドウを産する。私は人生の中でこれほど甘いブドウを味わったことはない。この地で産するオリーブやその他あらゆる種類の果物も同じように上質である。これは土地が乾いているためである。その住民はとても裕福で、フェスの町の中に家屋を持たない者はいないほどである。また、フェスの名士はみなザラーグ山にブドウ畑を持っている。

レオ・アフリカヌスは、本名ハサン・ワッザーンというグラナダ生まれのムスリムで、フェスに暮らしたこともある人なので、これは彼自身の見聞をもとにした記述と考えていいでしょう。これによると、ラムタの人はフェスに家屋を、逆にフェスの人はラムタに農地を所有していたことがわかります。「みな」というのはさすがに誇張でしょうが、都市と近郊農村の緊密な関係がうかがわれる記述です。都市民がラムタに果樹園を所有していた様子は文書Ⅱ自体からも明らかになります。この文書が扱うラムタの果樹園の取引の中には、カウリー家、サッラージュ家、マッシャート家といった当時のフェスの名家の人間が持分所有者として姿を現しているのです。文書の中には耕作者の存在は現れてきませんが、彼ら地主がラムタの農民を小作人としていたことは間違いないでしょう。

都市フェスからラムタへの道のりは先にも述べたように約一〇キロメートルです。山を一つ越えるのが難儀ですが、一日かければ徒歩でも十分にたどり着ける距離です。少し無理をすれば日帰りで往復することも可能でしょう。毎日通うのはさすがに不可能でしょうが、時折、現場の農民たちがきちんと果樹の手入れをしているか監督に赴くくらいならば、問題はなさそうです。果樹園の監督がてら、都会の喧噪を逃れて何日か田舎でのんびり過ごす、といったこともあったかもしれません。フェスの人たちにとっての生活空間は、都市の中だけでなく、郊外の農村にも広がっていたのです。

ラムタの景観について、一言だけ補足しておきましょう。現在のラムタで最も多く目にする作物はオリーブです。写真を見ても丘や谷の斜面いっぱいに丸くこんもりと葉の茂ったオリーブの樹が植えられているのがわかります。ただ、先ほどのレオ・アフリカヌスの記述を見てみると、確かにオリーブも栽培されているのですが、むしろブドウの方が重要視されています。また、文書Ⅱでは、⑤の中で、イチジク、ブドウ、オリーブと三種類の果樹が言及されています。これらを見ると、どうも一六世紀の段階では今ほどにオリーブ一色という状況ではなかったようです。当然のことですが、実地調査で得られた空間の印象は、文献史料と照合して必要に応じて補正しなければならないのです。

五　証書作成の場

ここまで、東洋文庫所蔵の皮紙文書を道しるべに、一六世紀から一八世紀の都市フェスとその近郊の空間を歩いてきました。最後は、道しるべとなってくれたこれらの皮紙文書がどのような場で作成されたのかを簡単に紹介して、しめくくりとしましょう。皮紙文書そのものの中には、その作成の場についての直接的な記述はありませんが、証書を作成した人物については手がかりがあります。冒頭でも述べたように一つの皮紙文書の中には複数の証書が収められていますが、その各々の証書の末尾には原則として二つの署名が記されています。この署名を書いた二人が証書を作成した人物なのです。ここでは公証人と呼んでおきましょう。

イスラーム法では、公正なムスリム男性二名が証言した内容には原則として証拠能力が認められることになっています。これに基づいて、公正であるとあらかじめ裁判官（カーディー）に認定された人物二名が職業的公証人として契約や陳述に立ち会い、その内容を証書として書き記すという仕組みがありました。彼らが末尾に署名を付すことで、いざというときに証書内容の正しさについて

図 3-15　「公証人並び」の道路名標識

二名の証言が得られることが担保されるため、証書は効力を発揮することができたのです。また証書を作成するには、多種多様なケースに応じてイスラーム法に則った定まった書式がありますが、彼らはそのようなイスラーム法と書式についての専門知識も持っていました。こうした公証人のことをモロッコではアドル（複数形ウドゥール）と呼びます。アドルというのはもともと「公正」という意味ですが、それが転じて公証人をも意味するようになったのです。

　先ほど引用したレオ・アフリカヌスによれば、一六世紀のフェスには八〇軒の公証人事務所があり、それぞれの事務所では公証人が二人一組で営業していました。これらの公証人事務所は、カラウィーイーン・モスクの壁沿いに並んでいたといいます。また、二〇世紀前半のフェス地誌によれば、公証人事務所はスィマート・アル＝ウドゥール、すなわち「公証人並び」と呼ばれる通り沿いに軒を連ねていました。実は、この「公証人並び」という名の通りは、現在でも残っています。カラウィーイーン・モスクを取り巻く周回道路のうちモスク西側がそれにあたります。

　公証人たちがカラウィーイーン・モスクの近くに事務所を構えたのには理由があります。先に述べたように彼らの資格は裁判官(カーディー)によって認定されるものでしたが、その裁判官の執務場所がカラウィーイーン・モスク(後にはモスクに隣接した建物)だったのです。公証人と裁判官の関わりは、資格認定だけに限りません。孤児の財産に関わる案件や公証人資格を持たない人間の陳述を証書化する場合など、作成する証書の内容によっては、裁判官の認証を得る必要がありました。実際に東洋文庫所蔵文書の中にも、公証人の署名とともに裁判官の署名が記されているものが少なからずあります。おそらく公証人たちは、自分の事務所と裁判官が執務するモスクとの間を往復しながら、仕事をしていたのでしょう。ときには証書作成を依頼した顧客たちと連れだって「公証人並び」を歩きながら、裁判官のもとに赴くこともあったのかもしれません。

ここまで、皮紙に書かれた古文書に導かれながら、モロッコの古都フェスのさまざまな空間を歩いてきました。古文書は、一見するとただの文字の羅列にしか見えないかもしれません。しかし、その中には過去の

図 3-16　カラウィーイーン・モスクの中庭

人びとの生活を知る手がかりが数多く隠されています。もちろん、一枚の古文書だけでは限界があります。他の文献史料や実地調査による傍証を通してはじめて、彼らの生活空間を思い描くことができるようになるのです。古文書を道しるべとしたこの町歩きを通して、三百年から四百年も昔の、モロッコという遠い国に暮らしていた人びとの生活空間を、少しでも身近に感じていただければ、うれしく思います。

読書案内

私市正年・佐藤健太郎編著『モロッコを知るための65章』(明石書店、二〇〇七年)
　モロッコに関するさまざまなトピックを複数の執筆者が簡潔に紹介する入門書。
陣内秀信・新井勇治編『イスラーム世界の都市空間』(法政大学出版局、二〇〇二年)
　建築学や都市工学の立場からイスラーム世界の都市空間を論じています。
東洋文庫編『アジア学の宝庫、東洋文庫──東洋学の史料と研究』(勉誠出版、二〇一五年)
　東洋文庫とその所蔵史資料を紹介しています。私たちの共同研究チームのリーダー三浦徹氏による「海を渡った皮紙(ヴェラム)文書──モロッコの契約文書コレクション」を収録。
松原康介『モロッコの歴史都市フェスの保全と近代化』(学芸出版社、二〇〇八年)
　フランス植民地支配から独立後にかけてのフェスの近代化と保全のせめぎあいを描き出しています。
米山俊直著・村川敏弘写真『モロッコの迷宮都市フェス』(平凡社、一九九六年)
　アフリカ学で知られた文化人類学者によるフェス訪問記。写真も豊富。

第四章　「文化を展示する」とは何か

佐々木　亨

一　展示空間は勝手気ままな解釈と誤読の世界

ミュージアム（博物館や美術館など）の展示空間では、展示担当者が思ってもいないことが起こります。

たとえば、国立歴史民俗博物館（千葉県佐倉市）に勤務していた橋本裕之氏は、来館者の会話内容からわかった展示室の実態を明かしています（橋本裕之「物質文化の劇場」『民族学研究』六二（四）、一九九八年、五二七―五六二頁）。

一九九一年にこの博物館で開催された企画展「変身する――仮面と異相の精神史」を同氏は担当しました。この展示の趣旨は、「変身する。この行為はいつも私たちを引きつけてやまない。そのことを知るための手がかりは数多く残されているが、ふだんの暮らしのなかに話題をもとめるだけでも、変身する行為にまつわる興味深いできごとがけっして少なくない事実に、あらためて気づかされるはずである」というもので、日本の大衆社会および民俗社会が生み出した変身を描き出そうとしました。展示は、「大衆社会における変身」「関係のなかの変身」「変身・変化の民俗」「変身の社会史」「芸能としての変身」「都市と変身」という六つのテーマから成り立っていました。

展示担当者は展示がはじまったら展示室にはあまり足を運ばず、来館者の反応に無頓着であると同氏は述べています。正直に言うと、私も十数年前までそのような学芸員（資料収集や展示制作を担当する専門スタッフ）であったと記憶しています。しかし、橋本氏は、展示がはじまった後もしばしば展示室に足を運び、来館者の様子を観察したのみならず、複数で見学している方々の会話に耳を傾けました。それは、担当者が意図したメッセージがどの程度まで来館者に理解されているのかを知りたかったためと述べています。じっくりと来館者を観察した「変身・変化の民俗」のコーナーでは、その多様性をしのばせる資料として、世界の諸民族の仮面二九点と企画展を開催する博物館が所蔵する日本の仮面二六点を展示していました。以下は中年の男女数人が交わしていた会話を橋本氏が再構成したもので、その一角における会話の典型を示しているとしています。

女1「見て見て。あのお面、お隣の橋本さんとこのおじいちゃんに似てない？」
男1「ほんと、そっくりだな（笑）。」
女2「どれどれ。あら、いやだ。ほんと（笑）。」
男1「でもそういえば、最近あのじいさんあんまり見かけないな。」

女1「何いってんのよ。もうずいぶん前から入院してるのよ。」
女2「へえ、知らなかった。どこが悪いの？」
かくして、このグループは展示されている仮面をそっちのけにして、メキシコの仮面によく似たおじいちゃんとその家族に関する噂話について花を咲かせはじめる。こうした会話は会期中を通して聞くことができた。この広い世の中、仮面に似た人が相当多いらしい。

この会話を聞いたときの気持ちを「その結果は無惨なものであり、当初こそすっかり意気消沈してしまった。私が出会った会話の大半は、私たちが意図していたことに縁遠い話題に終始しており、思わず吹き出してしまうような珍妙な話題が持ちあがることも少なくなかった。すなわち、私たちが日本文化における変身の精神史的景観を伝えるという意図を持って物を展示したにもかかわらず、来館者の大半は展示された物を自分勝手に解釈していたのである。ああ無情。」と表現しています。

このように、民族文化の展示では、「展示をする人」が伝えたいメッセージはあまり伝わらず、その代わりに「展示を観る人」が自由気ままに勝手に展示を解釈し、誤読している空間といえそうです。博物館側と展示を観る人との間には、お互いのコミュニケーションが良好に成立していない関係が見て取れます。

この背景には、博物館側の見せ方や語り方が学術的内容に偏りすぎていたことが考えられます。さらに民族文化に関する展示では、このほかにもう一つ要因があります。それは展示制作の過程では、学芸員に代表される「展示をする人」と展示対象の文化の担い手である「展示される人」が存在しますが、これまで長い間、両者の間の対話と協働がほとんどなく、「展示される人」の意向が一切考慮されてこなかったことです。

以下では、「展示をする人」と「展示される人」との関係、展示と「展示を観る人」との関係について紹介していきます。

二　「展示をする人」と「展示される人」の関係史

一般の来館者が展示を観る際、「展示をする人」と「展示される人」との関係を意識していないと思います。ところが、民族や文化に関する展示、たとえばアイヌ文化に関する展示などでは、「展示をする人」の興味・感心のほかに、「展示される人」＝「アイヌ文化の担い手」の考えや意向が非常に大切なことは想像に難くありません。ここでは、アイヌ文化展示を含め、民族文化の展示における「展示をする人」と「展示される人」との関係についてみていきます。

みなさんは、「展示をする人」と「展示される人」がどういう関係で展示制作に臨んでいるとお考えでしょうか。このことはアイヌ文化展示にかかわらず、たとえば、現代の若者におけるマンガ文化を博物館で展示するときを想定するとわかりやすいかもしれません。この場合、博物館の学芸員とマンガ好きな若者たちとが、どんな関係で展示を作り上げていくでしょうか。普通の感覚で予想すると、まず両者で展示の構想を十分に議論し、その後はお互いに役割分担し、展示構成・空間設計やパネルの原稿書きは学芸員が、展示するマンガ文化に関する資料やそれに関わる情報の提供は若者たちが担当し、お互いに打ち合わせしながら展示を完成に近づけていく、という関係を想像すると思います。

しかし、先住民文化の展示に関しては、このような対話と協働作業が博物館で定着したのは二〇〇〇年前後であり、それまでは「展示をする人」が「展示される人」の意向や考え方をまったく考慮しないやり方で展示制作が進められてきました。

以下では、吉田憲司氏の「異文化と自文化の展示をめぐる新たな動き・二〇〇六」（大阪人権博物館編『博物館の展示表象　差別・異文化・地域』大阪人権博物館、二〇〇七年）を引用しながら、対話と協働が成立するまでの経緯を紹介します。

欧米の各国が競ってその勢力を誇示した一九世紀末から二〇世紀初頭に開催された万国博覧会において、植民地の様子を紹介することが盛んに行われてきました。その際、そこに暮らす先住民の人びとを博覧会会場に再現した家屋で生活させ、見世物にしていたという事実があります。

また、今から三〇年ほど前の一九八八年、カナダのカルガリーでの冬季オリンピックの際、記念事業として企画された地元博物館での先住民の芸術を展示する企画展に対して、ボイコット運動が起こったという事例があります。これは、先住民であるインディアンの同盟組織から、展示対象となった先住民との間で事前に十分な議論を行わず、ヨーロッパとの接触当時の伝統的な先住民文化ばかりを一方的に展示したなどの理由によるものでした。

先住民が博覧会の見世物にされたり、自分たちの文化が意に沿わない形で一方的に展示されたりするという歴史が、前世紀の終わり頃まで続いていました。この背景には、人種主義的な差別的な考え方があったと言われています。

しかし、前世紀の終わり頃、たとえば一九九八年にオープンしたニュージーランド国立博物館テ・パパ・トンガレワは、多数派に属するヨーロッパ系住民と先住民マオリの双方のためのミュージアムを標榜し、マオリ自身が自分たちの文化遺産を保管し、その利用の仕方もコントロールする権利が認められています。また、展示に関わる学芸員は全員がマオリ出身者です。このミュージアムが誕生した背景には、開館以前に全米各地で開催されたマオリ美術に関する展覧会が関係しています。ニュージーランドのミュージアムが所蔵するマオリの遺産で構成されたこの展覧会では、遺産をニュージーランドから持ち出す前に、マオリの首長たちに出展の合意を求めました。また、各地で行われる展覧会のたびに、マオリの代表者たちはオープニング・パーティーに出席し、その場で儀礼を演じてきました。このことが、ミュージアムの所蔵資料がミュージアムだけのものでなく、本来の所有者のものでもありつづけていることを再認識させ、先住民の権利回復運動の一つとして新たなミュージアムの誕生へとつながりました。

また、二〇〇〇年のシドニーオリンピックでは、オーストラリアの先住民であるアボリジニが、オリンピックをむしろ自分たちの受けてきた苦難の歴史を世界に訴える機会と捉え、さまざまな文化プログラムを組織していきました。たとえば、アボリジニの文化運動指導者であり芸術家でもある学芸員は、ヨーロッパからの開拓者によって失われた祖先の魂を慰めるための作品を制作しました。その作品はキャンベラの国立大学彫刻園に展示されました。

このように二〇〇〇年前後から、民族の文化を展示する際には、「展示をする人」が一方的に企画・実施するのではなく、「展示される人」の積極的な関与が必要であり、それを得ることで双方の利益となり、展示がより有意義なものになると考えられるようになりました。また、先住民による主体的な活動によって、その主張が展示を通して広く伝えられるようになりました。

三　日本の民族文化についての従来の展示

ここでは、日本におけるアイヌ文化の展示で、「展示をする人」と「展示される人」との関係がどうであったかを見ていきましょう。

国立民族学博物館（大阪府吹田市。以下「民博」と省略）は、世界中に暮らすさまざまな民族の生活文化を展示している博物館です。ただし、宝物や文化財など貴重なものではなく、人びとが日頃使っているものを中心に、その生活と文化を理解してもらうことを目的としています。そのため、衣食住などの生活用具を重視した展示になっています。この博物館の東アジア展示室に「アイヌの文化」展示コーナーがあり、展示構成は以下のようになっています。①「多様な衣服」では、素材の違いにより、季節や目的に応じたさまざまな衣服が作られていたことを紹介しつつ、アイヌが、北海道を中心に、サハリン（樺太）南部、クリール（千島）列島、さらに本州北端に及ぶ広大な地域で生活してきた民族であることを示しています（図4－1a）。次の②「家と集落」では、実際に伝統的な住居（チセ）をほぼ実物大で復元し、その中に置く道具類や住居中央の炉なども再現されています（図4－1b）。また、生活に欠かせない狩猟や漁撈などの生業に関する道具も展示されています。さらに、③「信仰と儀礼」ではアイヌの世界観を紹介し（図4－1c）、④「くらしに生きる工芸」では身近な自然から得た植物や動物を素材に作られたさまざまな生活用具を展示しています。

このように、アイヌの伝統的な文化を中心に、衣食住・生業・精神世界・工芸という区分で百科事典の項目のように展示構成する手法は、民博に限ったことではありません。旧北海道開拓記念館の常設展示のテーマ二「アイヌ文化の成立」でも、アイヌ文化の成立の歴史を概観した上で、①「アイヌ民族の生活」では衣食住・生業を、②「アイヌ民族の信仰」ではクマ送りを中心に精神世界を紹介していました。当時の展示では、そのあとのテーマ三「蝦夷地のころ」、テーマ四「近代のはじまり」などでもアイヌ文化やその生活に触れていました。しかし、今日のアイヌの人たちの生活や文化などは扱われていませんでした。

先住民であるアイヌの文化に関する展示を、みなさんもこれまでいろいろなところでご覧になっていると思います。今私が紹介した博物館のアイヌ文化展示は、きっとみなさんの頭の中にある、典型的なアイヌ文化展示であると想像します。つまり、アイヌの伝統的な文化を、衣食住・生業・

a
b
c

図 4-1　国立民族学博物館　東アジア展示　アイヌ文化展示コーナーの展示。a)「多様な衣服」 b)「家と集落」 c)「信仰と儀礼」

図 4-2　国立民族学博物館　東アジア展示　アイヌ文化展示コーナー「くらしに生きる工芸」

精神世界・工芸という区分で百科事典の項目のように展示するスタイルです。

　私がかつて勤務していた、北海道立北方民族博物館（網走市）における北方先住民文化の展示構成も同様のものでした。当時、展示室を歩いていると、イヌイト（エスキモー）の竪穴住居のジオラマを観たお客様から「イヌイトは今も、冬の間、このような家に住んで、アザラシの脂肪を焚いて暖を取っているんですか？」との質問をよく受けました。きっとイヌイトからすると、誤解を招く、たいへん迷惑な展示と思うことでしょう。このことは、先住民に対する正しい理解をある意味で阻害することになり、また先住民の差別意識を助長することにもなりかねません。

　伝統的な文化のみを扱う展示への反省から、二〇〇〇年頃より、旧来の展示に欠落していた部分を補う修正主義的な展示が行われるようになりました。民博の「アイヌの文化」展示コーナーの④に展示されている現代アイヌ工芸家が制作した作品の展示は、この考え方によって追加されたものです（図4-2）。また民博では、アイヌ文化に関する常設展示をリニューアルし、二〇一六年三月にオープンしました。旧北海道開拓記念館は二〇一五年四月にリニューアルオープンし、北海道博物館となりましたが、アイヌ展示の中の「現在を知る」コーナーでは、アイヌの家族で交わされる会話を想定し、現代社会におけるアイヌの位置づけを紹介しています。

四　日本の民族文化展示における対話と協働のはじまり

前節の最後で紹介したアイヌ文化展示における、展示の追加やリニューアルは、第二節で見てきた世界的な動向と無関係ではありません。以下では、日本の博物館における先住民文化展示での対話と協働の様子を紹介します。

アイヌ文化展示における対話と協働

はじめに、アイヌ文化振興・研究推進機構と開催博物館が主催した企画展示の事例を見てみます。この機構は、一九九七年にアイヌ文化の振興等を行い、アイヌの人びとの民族としての誇りが尊重される社会の実現などを目的に制定された「アイヌ新法」（アイヌ文化の振興並びにアイヌの伝統等に関する知識の普及及び啓発に関する法律）に規定された業務を行う法人として設立されました。

二〇〇三—二〇〇四年にかけて、徳島県立博物館、旭川市博物館、国立民族学博物館で開催された「アイヌからのメッセージ——ものづくりと心」の展示図録に、以下のように記されています（吉田憲司「先住民族と博物館」アイヌ文化振興・研究推進機構編『アイヌからのメッセージ——ものづくりと心』アイヌ文化振興・研究推進機構、二〇〇五年、一四六—一五〇頁）。

企画の母体は財団法人アイヌ文化振興・研究推進機構であるが、展示のコンセプトづくりから展示物の選定、会場構成など、すべてが、この企画に共感され、いちはやく参画を表明されたアイヌの出身の企画委員の手で進められた。（中略）企画委員会には、展示の巡回先である徳島県立博物館と国立民族学博物館から、開催機関の代表として私を含め四名が加わったが、私たち四名の役割は、それぞれの館における観客の受け止め方を視野に入れての、解説の方法や展示物の空間配置を考えるというものに留まった。

このように「展示をする人」と「展示される人」との間に対話と協働があったことが明確に書かれています。この展示では、現代アイヌ工芸作家の活動の状況やその背景、アイヌが推薦した工芸品、アイヌ文化継承の現在とこれからの展望などを、資料とメッセージによって紹介しています。

オセアニア展示における対話と協働

次に、民博におけるオセアニア展示リニューアルの過程を紹介します。一九七七年の民博開館当時からオセアニア展示はリニューアルされていませんでした。その展示をリニューアルするための検討が、一九九八年から始まりました。以下、民博の林勲男氏の報告（「オセアニア常設展示リニューアル」『民博通信』九四・九五、二〇〇一・二〇〇二年、五五―六一頁、三三―四三頁）からその内容を見ていきます。

これまでのオセアニア展示では、「海の民族」「くらし」「儀礼の世界」というテーマで、この地域に暮らす先住民の伝統的な文化を展示していました。それをリニューアルする際に、留意すべき五項目を設定し、その中に次の二項目がありました。

・現代的テーマを選ぶこと
・展示対象となる社会（人びと、組織）との協力関係を重視すること

まさに、これまで本稿で述べてきた民族文化展示の課題を克服することを目指していたことがわかります。

では、どのような展示が、どのようなプロセスで制作されたのでしょうか。リニューアル後の展示は三部構成になっています。「導入部」では、オセアニアへの人の移動や言語、自然環境、交易や航海など従来のテーマを継承しました。「伝統的な文化を紹介するコーナー」では、これまでの展示の規模を縮小し、再構成しました（図4-3）。そして、三つめの部分を「現代的テーマのコーナー」とし、「先住民の文化運動」に焦点をあてて企画しました。オセアニアの先住民運動とは、欧米の植民地支配の過程で失った基本的権利（主権、土地権、人権など）と文化の回復を求める運動

図 4-3　国立民族学博物館　オセアニア展示　伝統的な文化を紹介するコーナー

のことで、政治と文化の主張が基になっています。具体的には、展示対象民族・地域ごとに、先住ハワイ人に関しては経済活動を、ニュージーランドのマオリについては芸術工芸活動（図4-4）を、オーストラリアのアボリジニに関しては土地権回復運動をテーマとしました。

　ここでは、先住ハワイ人の経済活動を紹介する展示内容とそのプロセスを詳細に見ていきましょう。この経済活動を紹介するために、オアフ島のハウラという町に実在する生活協同組合の店舗のレプリカを展示しています（図4-5）。この生協はハワイ人の経済活動を支援する目的で設立され、連邦政府の補助を受けています。展示場ではレプリカ店舗の中に、伝統的技術を活用して製作し、生協に販売を委託したヒョウタンの器・貝殻の装身具などの商品、文化的伝統の意味が色濃く表れているアロマセラピー用植物オイル、主権や民族自決の回復を求める主張がプリントされたTシャツ、ハワイの歴史や文化に関する書籍・ハワイ語の教材など、実際に販売されている実にさまざまなものが展示されています。これらのものを民博が展示資料として購入できるよ

図 4-4 国立民族学博物館 オセアニア展示
マオリの芸術工芸活動を紹介するコーナー

図 4-5 国立民族学博物館 オセアニア展示 先住ハワイ人の生協店舗(レプリカ)

うに、生協が全面的に協力しました。このような対話と協働作業は二年間以上にわたり行われましたが、その間、民博と生協との間でいくつかの合意が交わされました。生協の実名「ハレ・クーアイ」を展示でも使用すること、日英ハワイ語の三言語による展示解説文を作成すること、また展示解説文の正確さのチェックや店舗レプリカの展示に関する助言を与えるコンサルタントを生協側から派遣することなどです。より良い展示を目指した「展示をする人」と「展示される人」との対話と協働関係が、この展示リニューアルで実現できたと担当者は振り返っています。リニューアルが完成し、二〇〇一年三月に一般公開された際のオープニング式典には、生協の専務取締役、生協が派遣したコンサルタントなどが出席しました（なお、二〇一五年一一月現在、オセアニア展示は最初のリニューアルからさらに改訂されています）。

対話と協働の作業プロセス

展示対象となるアイヌ文化が最終的に展示となるまでの作業プロセスを、簡単な図式にすると図4-6のようになります。大きく分けて、博物館内部で行われる「展示制作のプロセス」と、博物館の外から及ぼされる「展示制作のプロセスへの影響力」（設置者の意思、展示検討委員会の意思）が存在します。博物館内部での「展示制作のプロセス」では、展示構成を表現する「シナリオ」の完成以前と以後に作業を分けることができます。シナリオ完成以前には、「コンセプトの検討」、「シナリオの検討」があり、以後には「展示資料の選定」、「展示資料の提供・製作」、「展示手法の

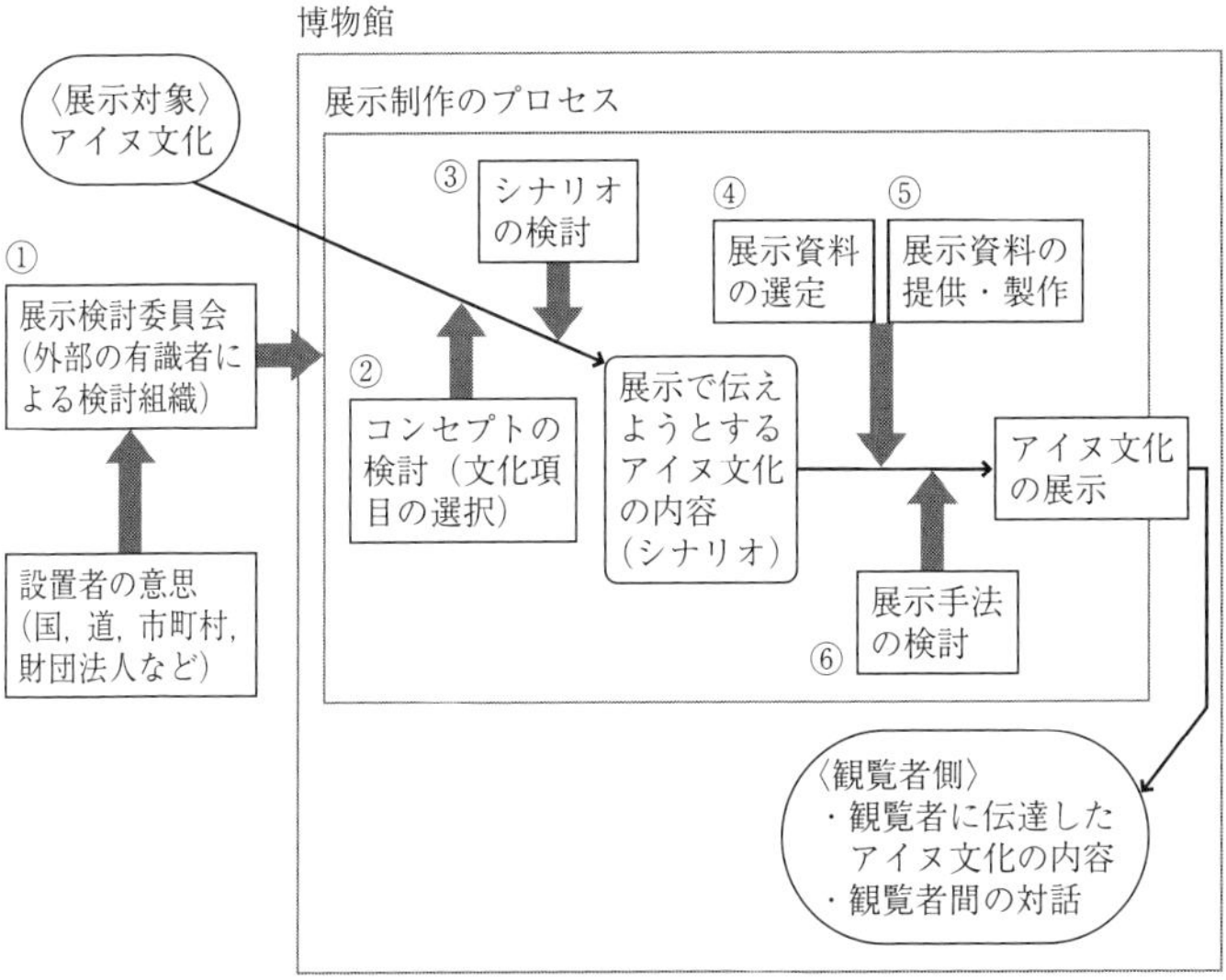

図 4‐6　アイヌ文化展示の制作フロー　対話と協働に関する六つの段階

検討」があります。

　ここでは図4‐6の展示制作フローの中から、「展示をする人」と「展示される人」との対話と協働関係の有り様をみるのに相応しいと思われる①展示検討委員会への参加、②コンセプトの検討、③シナリオの検討、④展示資料の選定、⑤展示資料の提供・製作、⑥展示手法の検討の六つの段階について、この章で紹介した二つの展示を検証してみます。

　「アイヌからのメッセージ」展では、表4‐1のように①・②・④・⑤において、「展示される人」による各段階への参画があったことが、先の展示図録の記述から読み取ることができます。一方、民博でのオセアニア展示のリニューアルでは、④・⑤・⑥で参画があったと思われます。ただ

表 4-1　「アイヌからのメッセージ」展と「オセアニア展示リニューアル」における対話と協働での「展示される人」の参画

	対話と協働作業の項目					
	①企画検討委員会への参加	②コンセプトの検討	③シナリオの作成	④展示資料の選定	⑤展示資料の提供・製作	⑥展示手法の検討
機構「アイヌからのメッセージ」展 2003-2004 年	○	○		○	○	
民博「オセアニア展示リニューアル」2001 年		△		○	○	○

し、コンサルタントを派遣していることから、②にも関わっていたと見ることもできそうです。どちらの展示でも③のシナリオの作成は、「展示される人」の参画が認められませんでした。従来、この作業は博物館学芸員が専門的な知識や技術をもとに行ってきたので、「展示される人」の側に学芸員がいないと難しいと言えます。今後、「展示される人」側に属する学芸員が増えることで、③の段階を担うケースが増えるものと考えます。

わが国でも、アイヌ文化のみならず、その他の先住民文化に関する展示においても、対話と協働作業が行われていることがわかりました。ここで紹介した二〇〇一年完成の民博のオセアニア展示リニューアルや二〇〇三—二〇〇四年開催の「アイヌからのメッセージ」展が日本における両者の対話と協働のさきがけであったと言われています。これは世界的な転換時期とほぼ同じであると言えます。

五　展示は新たな意味を創出する装置

民族文化の展示において、「展示をする人」と「展示される人」

図 4-7 国立民族学博物館 アフリカ展示(左下：国立民族学博物館がアフリカで収集した木製の椅子)

との対話と協働の関係が最近まで存在していなかったことがわかりました。そのため、「展示される人」が表したい文化、伝えたい文化ではなく、「展示をする人」が表現したい伝統的な文化のみが語られてきたと言えます。

最後にもう一つ、展示と「展示を観る人」との関係についてご紹介します。

私たちは、博物館の展示を観て、さらにその資料に関して書かれている文字パネルを読むと、その資料を固定的に観ることを強制されてしまいます。また、そのようにその資料を観るものだと捉えるのではないでしょうか。

たとえば、図4-7はリニューアル前の民博のアフリカ展示室で、アフリカに住む諸民族の伝統的な文化が展示されているコーナーの写真です。このコーナーに図4-7左下の木製の椅子が資料として展示されていても、なんら違和感がないと思います。ところが、この木製の椅子は、実際は図4-8のように同館の展示導入部に置かれています。みなさんは、この写真を見てどう感じるでしょうか。ある人は、右隣に並んでいるアート作品のような椅子と同様、有名なアーティストが作った椅子と捉えるかもしれません。

実際、図4-8の左下の説明文には、以下のように書かれています。

椅子
民族：ロビ　コートジボワール共和国　二〇〇七年収集
椅子〈ラダー・バック・チェア〉
チャールズ・R・マッキントッシュ作
グラスゴー　イギリス　二〇〇六年再制作（原作一九〇三年）

ものには、それを生み出した人の豊かな創造性が読み取れます。
それを道具とみるか、アートとみるか。
それは、あなたの見方しだいです。

このような展示空間をもっと大規模に展開した展示として、民博で二〇一四年に開催された特別

図 4-8　国立民族学博物館の導入部の展示

図 4-9　国立民族学博物館「イメージの力」展の「見出されたイメージ」コーナー

民族資料として収集されたナイフや剣(右の壁)，天井から吊り下げられているかごは，美術館のようなホワイトキューブの展示空間では，アート作品として存在します。

展「イメージの力」のエピローグ「見出されたイメージ」を挙げることができます（図4-9）。このコーナーには以下のような説明がついています。

（前略）このセクションでは、日常生活における実用のために生み出されてきた器物を、美術館における現代美術のインスタレーションの手法で展示しています。そこでは、あらゆるものを「作品」化してしまう美術館のセッティングの中で、博物館に「資料」としておさめられてきた器物が「美術作品」に変貌するのを目の当たりにできるだろう。それは、イメージが常に新たな意味づけに対して開かれていることを示すものである。展覧会のエピローグに当たるこの章は、イメージと私たちの関係を今一度相対化し、見つめなおす場として設けられている。
（「イメージの力」実行委員会編『イメージの力——国立民族学博物館コレクションにさぐる』国立民族学博物館、二〇一四年）

この二つの事例は、何を物語っているでしょうか。

私はこのように考えます。展示されるモノは、その収集時点では収集者の関心のある学問領域の基準に則って選択され、データが記録されます。しかし、展示手法や展示室の有り様によって、収集時の文脈とはまったく異なった意味がモノに与えられるということではないでしょうか。そう考えると、展示から伝わるメッセージは、モノが持つ固有な情報ではなく、展示制作者（「展示をする人」と「展示される人」）が意図したメッセージであると言えるでしょう。

特別展「イメージの力」の企画を担当した一人である民博の吉田憲司氏は、一九九九年に『文化の「発見」』（岩波書店、一八五頁）の中で、展示とは「文化の客観的な表象の装置」ではなく、「新たな意味の創出の装置」であると主張しています。この考え方で解釈すると、二〇〇〇年以前の民族文化展示は「展示をする人」による意味の創出であり、それ以降は「展示をする人」と「展示される人」との対話と協働による、新たな意味の創出に向けた展示であると言えます。

しかし一方で、新たな意味の創出をする展示は好ましくない場面で利用されることもあります。たとえば、展示の持つ力を国家や権力者が巧妙に利用すると、戦争や紛争といった過去の出来事を自分たちにとって都合が悪くないように展示上で構成し、あたかも展示内容が多くの人びとに共有された物語＝歴史であるかのように提示することが可能になります。人びとの考え方や思想はそのようにコントロールされうることを、私たちは忘れてはいけません。

読書案内

アイヌ文化振興・研究推進機構編『アイヌからのメッセージ――ものづくりと心』（展示図録）（アイヌ文化振興・研究推進機構、二〇〇五年）
展示されるアイヌ文化を担う人びととの対話と協働を意識して、展示制作作業が進められた大規模特別展の図録です。

大阪人権博物館編『博物館の展示表象　差別・異文化・地域』（大阪人権博物館、二〇〇七年）
博物館展示に見られる政治性、博覧会と植民地主義の関係など、今日の博物館を読み解く際の参考になります。

高倉浩樹編『展示する人類学――日本と異文化をつなぐ対話』（昭和堂、二〇一四年）
日本の文化人類学研究者七名が、日本、インドネシア、ロシアなどで開催した展示における対話と協働を考察しています。

山崎幸治ほか編『先人の手あと　北大所蔵アイヌ資料―受けつぐ技―』（展示図録）（北海道大学総合博物館　北海道大学アイヌ・先住民研究センター、二〇〇九年）
展示されるアイヌ文化を担う人びとの思いと、展示をする人びとの学びがわかる企画展の図録です。

吉田憲司『文化の「発見」――驚異の部屋からヴァーチャル・ミュージアムまで』（岩波書店、一九九九年）
欧米と日本の博物館において、民族展示がこれまでたどってきた道とこれからの方向を論じています。

第五章　「無限の空間の永遠の沈黙」をまえにして
――パスカルからカミュへ

竹内修一

僕はこれまで楽天家であったためか、ただ幼稚であったためか、(中略)生きること、将来のことなど本気で考えたことがありませんでした。ただ将来は現時点の延長にすぎないとしか考えなかった。でも、最近、やはりそうではないのだと思うようになり、また少なくともそうだとしたら、生きていくことは耐えがたいと感じるようになりました。やっぱり意味(それだけの価値)というものがあって、その存在を信じることが今の自分を支えているような気がしています。

――寺道浩二

はじめに

全体のテーマが「空間」である今年度の公開講座で、フランス文学を題材にして何かできないか、というご依頼がありました。この機会に、ずいぶん前から考えていたことをお話ししたいと思います。それは、『パンセ』という書物で知られる一七世紀の天才科学者・宗教家ブレーズ・パスカル（一六二三―一六六二）と『異邦人』や『ペスト』といった小説で有名な二〇世紀の作家アルベール・カミュ（一九一三―一九六〇）との関係です。「空間」をキーワードとして、二人の書き残したテクストを読んでみれば、カミュにとって、とりわけ「不条理の文学」と呼ばれた初期の作品を書いていた頃のこの作家にとって、パスカルこそが主要な対話相手であり、ひいては仮想敵であったことを明らかにすることができるように思えるのです。

はじめにパスカルの『パンセ』のなかから、「空間」という語を含む名高い断章をご紹介します。

この無限の空間の永遠の沈黙が私を恐怖させる。

印象的な一文です。公開講座全体のテーマが「空間」であるとうかがったとき、まず思い起こしたのが、この断章でした。みなさんは、この「私」が感じる「恐怖」を実感することができるでしょうか。あるいは、想像してみることができるでしょうか。できるとおっしゃる方も、できないとおっしゃる方もいらっしゃることでしょう。では、「無限の空間」というものを実感することはできるでしょうか。こちらは、空間には果てがなく、どこまでも続いてゆくということですので、私たちの常識に合致する事柄であるように思われます。しかしながら、中世において、空間が「無限」であると思っていた人間はほとんどいませんでした。「無限の空間」とは、一七世紀の科学革命によって言わば発見されたものなのです。そしてパスカルはこの科学革命の担い手のひとりでした。その一方で、彼はキリスト教に深く帰依し、信仰をもたない人々に対してキリスト教の正しさを証明する書物を準備していましたが、それが完成するまえに亡くなりました。『パンセ』という書物を構成している文章の多くは、パスカルの死後発見された、その著作のための準備ノートなのです。

本講義では、まずパスカルの『パンセ』がどのような書物であるのかをご紹介し、右の断章が書かれた歴史的コンテクストを確認します。そのあと、『パンセ』の熱心な読者であったアルベール・カミュとパスカルとの関係について考えてみます。これまであまり指摘されてきませんでしたが、『パンセ』はカミュの最初の小説『異邦人』に強く反響しています。私の考えでは、この小説はパスカルに対するカミュの応答として読むことができるのです。ここでは、その一例だけを挙げておきましょう。物語の結末で、死刑囚となった主人公は、「自分が幸福だったし、今もなお幸福である」と言います。牢獄という閉じられた「空間」のなかで、死刑囚の感じるこの逆説的な「幸福」は、右の断章で「無限の空間」をまえにして、「私」が感じる「恐怖」と比較してみることによって、はじめて理解することができるように思えるのです。

一　『パンセ』という書物

初版（ポール・ロワイヤル版）『パンセ』

パスカルの『パンセ』は、言うまでもなく、フランス文学の古典的作品としてわが国でも多くの読書家に親しまれてきました。よく知られているように、この書物は大小さまざまな文章――一つが「断章（fragment）」と呼ばれます――を収録しており、そのなかには、「クレオパトラの鼻」や「人間は考える葦である」といった人口に膾炙《かいしゃ》した一節を含むものもあります。しかしこの本に収録されている文章を書いていたとき、詩人でも小説家でも劇作家でもなかったパスカルそのひとには文学作品を創造しているという意識はまったくありませんでした。「パンセ」というタイトルもパスカルが付けたわけではありません。では、どうしてパスカルの書いたものが、今日まで伝えられ、フランス文学史に名を残すことになったのでしょうか。まずは『パンセ』とはどのような書物であるのかを説明せねばなりません。実は、二〇一五年八月より、全三巻となる予定で岩波文庫から塩川徹也先生による『パンセ』の新訳が刊行されはじめました。上巻の「解説」に、パスカルの『パンセ』がたどってきた歴史が詳述されています。主としてその「解説」を参考にしながら、この書物が出版された事情を見てみましょう。

生前パスカルは天才数学者・科学者として知られていました。一六歳のときには『円錐曲線論』

を執筆し、射影幾何学における「パスカルの定理」を証明しています。二〇代のはじめには、史上初の計算機を考案製作し、そのあと大気圧と流体の考察を行い「パスカルの原理」や「(ヘクト)パスカル」という圧力の単位に名を残しています。彼はまた確率論や微分積分学の創始者の一人にも数えられています。

他方でパスカルは敬虔なキリスト教徒でした。たしかに彼の生涯には、キリスト教から離れて社交界に出入りしていたいわゆる「世俗時代」もありましたが、二度にわたる回心を経て、キリスト教の信仰に深く帰依しました。とりわけパスカルは、ポール・ロワイヤル修道院のまわりに集まったジャンセニスムと呼ばれる宗教運動の同調者でありました。

パスカルが生きた絶対王政期のフランスにおいて、表面上は誰もがキリスト教徒でした。しかし信仰をもたない自由思想家と呼ばれる人々も現れていました。パスカルは、晩年──といっても三〇代後半ですが──そうした自由思想家や無神論者に対して、彼らの主張の間違いを示し、キリスト教の正しさを明証的に説得する書物を書くことを企てます。その書物のために、パスカルは大小さまざまな紙片に、アイデアや聖書からの引用などを書き留めます。パスカルは近親者に自分の計画を話し、将来の著作がどのようなものになるのかについてポール・ロワイヤル修道院で講演を行ったと伝えられています。しかしその書物の完成を待つことなく、亡くなります。未完の書物は、パスカル研究の伝統では、「キリスト教護教論」とか「キリスト教の弁明」と呼ばれています。

パスカルの死後、一六七〇年にパスカルの近親者や友人の尽力によって、『パンセ』の初版が刊行されました。その正式なフランス語のタイトルは以下の通りです。日本語訳も併記します。

Pensées de M. Pascal sur la religion et sur quelques autres sujets, qui ont esté trouvées après sa mort parmy ses papiers

死後書類の中から見出された宗教および他のいくつかの主題に関するパスカル氏のパンセ

「パンセ」という語は、名詞に単数と複数の区別のない日本語ではわかりませんが、フランス語では複数形になっています。「考える(penser)」という動詞に由来する名詞「パンセ(pensée)」は「考えること」や「思想」を表すのみならず、簡潔な表現にされた思索、格言、断章を意味することもあります。ですから、たとえば「クレオパトラの鼻。それがもっと低かったなら、大地の表面はすっかり変わっていただろう。」(一六二。数字はブランシュヴィック版の断章番号を指す。以下同)という警句もまた、一つの「パンセ」であるとみなすことができるのです。『パンセ(Pensées)』という書物はそうした一つ一つの「パンセ(pensée)」の集積体であると言えます。

ポール・ロワイヤル版と呼ばれるこの初版『パンセ』は、一般読者の好評を得て、版を重ねてゆきます。しかしその内容に関しては大きな問題がありました。編集者たちは、パスカルの残した原稿のすべてではなく、わかりやすく、ある程度完成した文章を選んで収録しました。また不完全な文章には文を書き加え、当時の文体の理想に照らし合わせて、パスカルの文章にしばしば改変を施しています。現在の書物編纂の基準から見れば、不完全な版であると言わざるをえないのです。ともあれこのポール・ロワイヤル版が一九世紀に至るまで読み継がれていきます。

一九世紀半ば以降の『パンセ』

一九世紀半ばに、『パンセ』をめぐる状況が一変します。ポール・ロワイヤル版がパスカルの原稿を忠実に再現しているわけではないことが、問題視されるようになったのです。その端緒は、一八四二年、王立図書館にあったパスカルの原稿を見た哲学者ヴィクトール・クザンがポール・ロワイヤル版が必ずしもパスカルの原稿を尊重していないことを発見し、アカデミー・フランセーズで報告を行ったことです。これを受けて、一八四四年、フォジェールという学者がパスカルの原稿に忠実な『パンセ』を刊行します。しかしそれが決定版になることはなく、それ以降今日に至るまで、実に二〇以上の新たな『パンセ』が刊行されてゆくことになります。

パスカルそのひとが書いた原稿が残されているにもかかわらず、どうして多くの異なった『パンセ』が存在しているのでしょうか。それは、肉筆原稿がある特殊な経緯を経て現在に伝えられているからです。パスカルは、大小さまざまな紙片に、さまざまな長さの文章を書いていました。それらの紙片は、パスカルの死後五〇年ほどたってから、紛失を避けるため、台紙に貼り付けられました。台紙という言わば二次元「空間」に、各々の紙片を貼り付けるという作業が行われたのです。当時は紙自体が高価であったために、いくつかの紙片を貼り付けたあと、空いたスペースに大きさが合致する他の紙片を貼り付けることもあったようです。つまり各々の断章は、パスカルの意図とは関係なく台紙の上に配列されたのです。ところで、『パンセ』という書物の編集とは、原稿を判読して断章の内容を確定したあとは、書物のページという二次元「空間」に断章を配列することに行き着きます。しかし肉筆原稿が貼り付けられている台紙を見ただけでは、どのような順番で断章を並べるべきなのかについて、手がかりを得ることができないのです。

このような状況下、一九世紀末にレオン・ブランシュヴィックという哲学者によって刊行された『パンセ』は、その後二〇世紀半ばに至るまで、長いあいだ読み継がれました。この版の意義は、パスカルが準備していた書物を再現することを潔く諦め、断章をテーマ別に配置したことにあります。各々の断章がどこに書いてあるのかを無視し、内容が近いものを近くに並べたのです。本講義の後半で取り上げるアルベール・カミュは一九一三年にアルジェリアで生まれていますので、彼が読んだのもブランシュヴィック版『パンセ』であるはずです。日本語に翻訳された『パンセ』の多くはこのブランシュヴィック版を底本としています。この講義でも、断章を引用するときには、ブランシュヴィック版の断章番号と主として前田陽一・由木康訳（「中公文庫」「中公クラシックス」等）を利用しています。

二〇世紀になってから、『パンセ』の編集に新たな波が訪れました。台紙に貼り付けられた断章の順番は、まったくあてになりません。しかしパスカルの死後すぐに作成された二つの写本が、どうやらパスカルが死んだときの原稿の状態を尊重しているらしいことがわかってきたのです。こうして、第一写本に基づくラフュマ版（一九五一年）、ルゲルン版（一九七七年）、第二写本に基づくセリエ版（一九七六年）が出版されました。現在のフランスでは、主としてルゲルン版とセリエ版が流通しているようですが、パスカル研究者による新たな註を付け加えられたブランシュヴィック版も生き残っています。

ちなみに、パスカルの肉筆原稿および第一写本、第二写本は、フランス国立図書館に保管されていますが、近年国立図書館のサイト「ガリカ（Gallica）」で、それぞれの写真版を見ることができるようになりました。アドレスを記しておきましょう。

パスカルの原稿　http://gallica.bnf.fr/ark:/12148/btv1b52504189f
第一写本　http://gallica.bnf.fr/ark:/12148/btv1b60000694t
第二写本　http://gallica.bnf.fr/ark:/12148/btv1b7200029v

写真を見てみると、自分だけにわかればよいように書かれていたパスカルそのひとの原稿は解読が困難であり、それに対して、二つの写本はきれいな文字で書かれていることが確認できます。

以上見てきたように、フランスで出版されてきた『パンセ』という書物には歴史があります。同様に、日本における『パンセ』の翻訳にも歴史がありますが、それは、たとえばアルチュール・ランボーの『地獄の季節』には小林秀雄以来複数の翻訳があり、翻訳史がある、というのとは、少し異なるということを今やおわかりいただけるでしょう。『地獄の季節』に関しては、訳すべきフランス語のテクストは同一であり、各々の翻訳は各訳者の訳業であるとみなすことができます。それに対して『パンセ』に関しては、どのように訳すのかという問題と同時に、いやそれ以前に、どの版を底本にして翻訳するのかという問題があるのです。そして、どの版を底本にするかによって、断章の配列が異なってくるのです。前述の通り、現在わが国でもっとも普及していると思われる前田陽一・由木康訳は、ブランシュヴィック版をもとにしています。松浪信三郎訳（講談社文庫）、田辺保訳（教文館）はラフュマ版を底本としています。いちばん新しい塩川徹也訳（岩波文庫）は、フランスで書物として刊行された『パンセ』ではなく、各々の断章に関してはパスカルそのひとの原稿を、断章の配列に関しては第一写本を底本としたそうです。

断章の読み方が変わる例

『パンセ』が言わば編集者が作る書物であり、何を底本とするかによって断章の区切り方や配列が異なることがおわかりいただけたかと思います。『パンセ』のなかには、編集者によって断章そのものの読み方が異なる例もあります。原稿を詳しく見た研究者が、従来の読み方を否定して新たな読み方を採用するわけです。ブランシュヴィック版の断章六二八がその一例でしょう。前田陽一・由木康訳では、以下のようになっている箇所です。

ユダヤ人の古さ。――ある書物と他の書物のあいだには、いかに大きな相違があることか。
（中略）
一個人が書いて、民族に発表する書物と、一民族が自分で作る書物とのあいだには、大きな相違がある。そういう書物が民族とともに古いということは、疑うことができない。

「一個人が書いて、民族に発表する書物」と「一民族が自分で作る書物」が比較されていますが、ここで言われる「民族」とはユダヤ人であり、「書物」とはもちろん聖書のことです。多数の人間が知恵を出して作る書物の方が一人の人間が書く書物よりも優れているという主張を読むことができるでしょう。ところで、最近の版では、この読み方は否定されています。「一民族が（中略）作る書物（le livre que fait un peuple）」ではなく「一民族を作る書物（le livre qui fait un peuple）」と読まれるようになったのです。フランス語の関係代名詞が que ではなく qui と判読されたわけですが、この小さな変更は、決して小さくはない解釈上の変更をもたらします。「作る」という動詞の主語と目的語（「民族」と「書物」）が逆転するので、「聖書」こそが「ユダヤ人」を作ったことになります。この一節は、ユダヤ民族は聖書の証人として神が作ったのだというういわゆる「ユダヤ人証人説」をパスカルが共有していたことを示唆しているのです。

ちなみに、ブランシュヴィック版の英訳によって『パンセ』を読んだと言われる芥川龍之介は、パスカルの名前を挙げずに、右の断章を言わば剽窃して使っています。『侏儒の言葉』という晩年に書き継いでいたアフォリズム集のなかに、彼は以下のように書いているのです。

聖　書

一人の知恵は民族の知恵に若かない。唯もう少し簡潔であれば。………

ほかのところではパスカルの「クレオパトラの鼻」をめぐる断章について書いていますので、芥川は『パンセ』を読んでいたことを隠してはいません。ですが、ここではパスカルにまったく言及せず、あたかも自分の考えであるかのように、右のように記しているのです。しかしこの「聖書」をめぐる「一人の知恵は民族の知恵に若かない」という一文は、明らかにブランシュヴィック版断章六二八の「一個人が書いて、民族に発表する書物と、一民族が自分で作る書物とのあいだには、大きな相違がある」という箇所をふまえたもの、もっと言えば盗用したものであると言えるでしょう。もっとも、最近の『パンセ』の編者たちが「一民族が(中略)作る書物」という読み方を否定し、「一民族を作る書物」としている以上、芥川のアフォリズムがパスカルの考えの剽窃であると言うことは、もはやできないかもしれません。

二　「この無限の空間の永遠の沈黙が私を恐怖させる」

「空間」の辞書的定義

『パンセ』がどのような書物であるのかを見てきました。次に、はじめに引用しました「無限の空間」について書かれた断章を詳しく見ていきたいのですが、その前にそもそも「空間」とは何なのか、辞書的な定義を確認しておきましょう。

今回の講義だけでなく、今年度の公開講座全体のテーマとなっている「空間」ですが、小学館の『日本国語大辞典』では、「物が何も存在しない、あいている所。また、上下四方の無限の広がり。」としています。「空間」という語の初期の用例として、中村正直訳『西国立志編』(一八七〇─七二)──現在では『自助論』と訳されるサミュエル・スマイルズの著作です──や『改正増補和英語林集成』(一八八六)のなかの一文を引いていますから、どうやらこの語は明治以降にspaceにあたるヨーロッパ語の訳語として使われ始めたようです。それ以前、たとえば江戸時代には、「空間」という表現は、もしかしたら仏教の世界では使われていたかもしれませんが、庶民にとっては何のことだかさっぱりわからない言葉であったでしょう。

百科事典が「空間」をどのように説明しているかも見ておきましょう。『ブリタニカ国際大百科事典』の「空間」の項には、以下のように記されています。

一般には、自然現象が生起する三次元の広がりをいう。数学用語としては、二通りの使い方がある。狭義には、直接的に経験するこの広がり、数学的には三次元ユークリッド空間をいい、その一点の位置は三個の座標によって指定される。（後略）

このような空間の説明は、私たちにとって、なじみのあるものではないでしょうか。高校の数学で三次元ユークリッド空間を学び、そのなかの任意の点が三つの座標によって示されることを私たちは知っています。数字に限界がない以上、三つの座標に入れる数字には限界がなく、したがって空間にも限界はないものと想定されます。各地の大学入試では、毎年のように、「ｘｙｚ空間」における直線や円をめぐる問題が出題されています。中等教育を受け、大学入試のために数学を勉強することによって、私たちはこのような「空間」概念に知らないうちに親しんでいたのです。ところで、大学入試の数学で出題されるような、座標で示される点によって考える幾何学のことを、日本語では解析幾何学と言いますが、フランス語ではしばしばデカルト幾何学と呼びます。座標によって空間における点を示し、その座標によって幾何学を研究することを始めたのは、パスカルの同時代人である著名な哲学者ルネ・デカルト（一五九六―一六五〇）なのです。

もう一つ専門的な事典を参照しておきましょう。岩波書店の『哲学・思想事典』の「空間」の項目は、「空間」概念を歴史的に概観し、近代に関しては以下のように説明しています。

【近代】天動説と地動説の間の論争は、中世と近代の空間概念の変化と密接に連関している。中心と周辺との絶対的区別を持ち、物質的な元素が、それらの本性に相応しい場所を占めるという考え方にかわって、宇宙のどの場所も、基本的に対等であって、同一の法則がすべての物質に無差別に妥当するという考え方が登場した。万有引力の法則は、地上の林檎の落下にも、天上の惑星の運動にも、同様に当てはまるものとして、理解された。

この説明によって、私たちがもつ「空間」概念が、いわゆる「科学革命」を経て生まれたものであることがよくわかります。中世において、ひとは空間を「中心と周辺との絶対的区別」をもつものとして理解していました。それに対して、近代ではそのような「絶対的区別」は廃棄され、「宇宙のどの場所も、基本的に対等であって、同一の法則がすべての物質に無差別に妥当する」ような空間へと変わったのです。それは数学的な座標で示される空間において、どの地点も対等であることと同じです。一言で言えば、近代において空間は〈均質〉なものとなったのです。これは一方で、「万有引力（universal gravitation）」の発見に象徴される自然科学分野の学問の発展を可能にします。物体の運動を司る「普遍的＝宇宙的（universal）」な法則は、「宇宙」のどこであっても、すなわち「地上の林檎の落下にも、天上の惑星の運動にも」等しく適用されるのです。他方で、「宇宙のどの場所も、基本的に対等」であり、〈均質〉であるとする考え方は、「中心と周辺との絶対的区別」を想定していたキリスト教の世界観を激しく揺り動かすことになります。

「無限の空間」のコンテクスト

ここで、この講義の最初に掲げた『パンセ』の断章をふたたび見てみましょう。ブランシュヴィック版では断章番号二〇六が付されているこの有名な一句の、フランス語原文は次の通りです。

Le silence éternel de ces espaces infinis m'effraye.

「この無限の空間の永遠の沈黙が私を恐怖させる」という訳を最初にご紹介しましたが、これは完全な直訳です。フランス語では「この無限の空間の永遠の沈黙」が主語であり、「恐怖させる」という動詞の目的語が「私」なのです。ちなみに、「中公クラシックス」の前田陽一訳では「この無限の空間、その永遠の沈黙が、私には恐ろしい」、塩川徹也訳では「永遠に沈黙するこの無限の空間、それを前にして私は戦慄する」となっています。このような訳の方が、「永遠の沈黙」を主語とする直訳よりも、日本語としては受け入れやすいかもしれません。

すでに述べたように、ここで言われる「無限の空間」とは、一七世紀の科学革命によって発見されたものです。ヨーロッパ中世において、この空間が無限に続くと考える人間はほとんどいなかったのです。それでは、この断章の直接的な主語「永遠の沈黙」とは、一体何を意味するのでしょうか。『隠れたる神』という象徴的なタイトルをもつ研究書のなかで、リュシアン・ゴルドマンはこの断章に関して以下のように記しています。

この断章は、彼〔パスカル〕の時代の合理主義のもっとも重要な科学上の成果である、無限の幾何学的空間の発見に結びつけられる。そして、それに神の沈黙を対置する。神はもはや合理主義の科学の空間にあっては語らない。（『隠れたる神』上巻、五〇頁）

このように、「永遠の沈黙」が意味するところは、「神の沈黙」にほかならないこと、すなわち「神はもはや合理主義の科学の空間にあっては語らない」ことをゴルドマンは指摘しています。「私」が「恐怖」するのは、神が沈黙してもはや人間に語りかけてくることのない空間をまえにしてなのです。

『パンセ』には、「無限の空間」と「私」について書かれた、もう少し長い断章があります。テーマ別による断章の配列を行うブランシュヴィック版では、右の断章の直前に置かれているものです。こちらの断章の方が、「無限の空間」のなかでひとが抱く感慨について、よりわかりやすく説明しているかもしれません。

私の一生の短い期間が、その前と後との永遠のなかに（中略）飲み込まれ、私の占めているところばかりか、私の見るかぎりのところでも小さなこの空間が、私の知らない、そして私を知らない無限に広い空間のなかに沈められているのを考えめぐらすと、私があそこでなくてここにいることに恐れと驚きを感じる。なぜなら、あそこでなくここ、あの時でなく現在の時に、なぜいなくてはならないのかという理由は全くないからである。だれが私をこの点に置いたのだろう。だれの命令とだれの処置とによって、この所とこの時とが私にあてがわれたのだろう。（二〇五）

この一節は、「無限に広い空間」が、「あそこ」と「ここ」のあいだに差異のない均質な空間であることを示唆します。と同時に、永遠の時間もまた、「あの時」と「現在の時」のあいだに差異を見出せない均質な時間です。このような均質な時空間において、なぜ「私」は、いま、ここにいるのか、という問いに答えを見出すことはできません。そのことが「私」を「恐怖」させ、「驚」かせるのです。

ところで、「あそこでなくここ、あの時でなく現在の時に、なぜいなくてはならないのかという理由は全くない」と書いたあと、右の断章の最後で、パスカルは「だれが私をこの点に置いたのだろう」という問いを、そして「だれの命令とだれの処置とによって、この所とこの時とが私にあてがわれたのだろう」という問いを提起しています。ここで注目すべきであるのはやはりこの問いでしょう。キリスト教の正しさを証明することを目的とする「護教論」の〈作者〉パスカルは、この問いに対して答えを用意していたはずです。すなわち、「私」を「この所とこの時」に置いたのは、神にほかならない、と。神の意志によって、「私」はこの時代とこの場所をあてがわれたに違いないのであり、それが「私」がここにいる理由であるはずです。さもなければ、もし神の「命令」と

「処置」であるのでないとすれば、「私」がここにいるのは、究極的に言えば、偶然であることになるでしょう。「無限の幾何学的空間」のなかでは、自分がここにいる理由は決して明らかにはならないのです。

「神なき人間の悲惨」と「気晴らし」

では、「この無限の空間の永遠の沈黙が私を恐怖させる」という断章や「あそこでなくここ」に自分がいる「理由は全くない」ことを発見する断章は、パスカルが準備していた「キリスト教護教論」において、どのような位置を占めるはずであったのでしょうか。パスカルはそうした断章を、自由思想家や無神論者に対してキリスト教の正しさを説得する書物において、いかに使うつもりであったのでしょうか。

断章六〇には、パスカルがその著作において、どのように議論を進めてゆくつもりであったのか、おおまかなプランが記されています。それによれば、まず「第一部」で「神なき人間の悲惨」を、「第二部」で「神とともにある人間の至福」を示すことになっていました。問題の断章が「神なき人間の悲惨」を示すものであることは明白です。神がもはや語りかけることはなく、永遠に沈黙したままの空間のうちで、ひとはもはや固有の場所をもちません。そして、神が不在であるならば、「人間の状態(condition humaine)」――しばしば「人間の条件」とも訳されてきました――は次のようなものだ、とパスカルは言います。

ここに幾人かの人が鎖につながれているのを想像しよう。みな死刑を宣告されている。そのなかの何人かが毎日他の人たちの目の前で殺されていく。残った者は、自分たちの運命もその仲間たちと同じであることを悟り、悲しみと絶望とのうちに互いに顔を見合わせながら、自分の番がくるのを待っている。これが人間の状態を描いた図なのである。(一九九)

「この無限の空間」のなかで神が沈黙し続けるならば、キリスト教が約束していた救済はありえません。そうであるならば、私たちはみな「悲しみと絶望のうちに」ある「死刑囚」です。これが「人間の状態」であるわけです。パスカルによれば、人間はこのような悲惨な状態を忘れるために「気晴らし」に没頭します。狩りやカードゲームや演劇あるいは学問さえも、パスカルにとっては、「神なき人間の悲惨」から目を逸らすための「気晴らし」にすぎないのです。

人間は、死と不幸と無知とを癒やすことができなかったので、幸福になるために、それらのことについて考えないことにした。(一六八)

これらの惨めなことにもかかわらず、人間は幸福であろうと願い、幸福であることしか願わず、またそう願わずにはいられない。

だが、それにはどうやったらいいのだろう。それをうまくやるには、自分が死なないようにな

らなければならない。しかしそれはできないので、そういうことを考えないことにした。（一六九）

読者の「気晴らし」を止めさせ、人々に「神なき人間の悲惨」を直視させること、自分の順番を待つ死刑囚であるという「人間の状態」を直視させること――これが、キリスト教の正しさを説得しようとするパスカルがその著作の導入部でやろうとしていたことです。そのあと彼は、「神ともにある人間の至福」を示すつもりであったのです。

「メモリアル」――神との出会いの記録

ところで、ルゲルン版やセリエ版など近年出版された『パンセ』には、「キリスト教護教論」のための準備ノートとみなすことはできない文章も収録されています。そうしたもののなかに、私たちが注目する「この無限の空間の永遠の沈黙が私を恐怖させる」という断章とは、まったく正反対の感情を伝えるものがあります。冒頭に十字架が記されているその文章を引用してみましょう。

†

恩恵の年一六五四年

一一月二三日、月曜日、教皇にして殉教者なる聖クレマンおよび殉教者名簿中の他の人々の祭日、

殉教者、聖クリソゴーヌおよび他の人々の祭日の前夜、

夜一〇時半ころより零時半ころまで、

火

アブラハムの神、イサクの神、ヤコブの神。
哲学者および識者の神ならず。
確実、確実、感情、歓喜、平和。
イエス・キリストの神。
〈わが神、すなわち汝らの神〉
汝の神はわが神とならん。
神以外の、この世およびいっさいのものの忘却。
神は福音に示されたる道によりてのみ見出さる。
人の魂の偉大さ。
正しき父よ、げに世は汝を知らず、されどわれは汝を知れり。
歓喜、歓喜、歓喜、歓喜の涙。（後略）

この文章は「メモリアル」もしくは「覚え書」と呼び習わされるものですが、要するに、一六五四年一一月二三日、パスカルが神と出会った神秘的体験を忘れないように記したメモなのです。この体験をきっかけとして、パスカルは信仰に身を捧げる決意をします。これが第二の回心と呼ばれるものです。実は、この文章が記されていた紙は、パスカルが死んだ後、彼の胴着のなかに縫い付けてあるのが見つかったものです。パスカルは、胴着を替えるたびに縫い直して、肌身離さず、この紙を身に付けていたらしいのです。

一読してわかるとおり、この「メモリアル」はパスカルそのひとの感動を直接伝えるものです。より正確に言えば、やや大きめの文字で記されている「火」以下がパスカルがその場で書き付けた内容であり、これこそがパスカルの体験のメモです。それより前の「恩恵の年一六五四年」から「夜一〇時半ころより零時半ころまで」までは、その体験をした日がカトリックの暦のなかでどのような祭日であるのかを調べて、後から書き加えたものであるようです。ここからわかるのは、キリスト教徒パスカルにとって、聖人の祝日で覆われたカトリック暦というものが意味をもっており、そのなかに自分の神秘的体験を位置づけようとしたということです。

私たちにとって見逃すことができないのは、右の文章が伝える体験において、神は決して沈黙してはいないことです。「キリスト教護教論」のために「この空間の永遠の沈黙が私を恐怖させる」と書き記したパスカルは、実際には彼に語りかける神に出会っていたのです。ここから『パンセ』の文章の中にあらわれる「私」とパスカルそのひとを安易に同一視することができないことがわかります。もちろん、パスカルが出会ったのが本当に神であったのか、私たちには確かめるすべはありません。確かなのは、パスカルそのひとが神に出会ったと信じたことです。「アブラハムの神、イサクの神、ヤコブの神。／哲学者および識者の神ならず。」という一節が示すのは、哲学者が自分の思想の根拠を示すために要請する神でもなく、学者が理論的に作り上げた神でもなく、ユダヤの族長たちのまえにかつて実際にあらわれた神が、パスカルにもあらわれた――パスカルはそのように信じた――ということでしょう。そのことを確認したうえで、私たちが注目すべきであるのは、何度もあらわれる「歓喜」や「確実」という語、そして「平和」――これは「心の平和(平穏)」ととるべきでしょう――という語です。こうした語が示す精神状態とは、「無限の空間の永遠の沈黙」をまえにして「私」が感じる「恐怖」とは、正反対のものでしょう。神と実際に出会い「歓喜の涙」を流すパスカルは、恐怖や不安とは無縁なのです。

「この無限の空間の永遠の沈黙が私を恐怖させる」という断章が「神なき人間の悲惨」を示すとすれば、この「メモリアル」こそは、「神とともにある人間の至福」とはどのようなものなのかを示す実例であると言うことができるでしょう。

三　パスカルに反抗するカミュ

パスカルの読者カミュ

一六七〇年に初版が刊行されて以来、パスカルの『パンセ』は、ヨーロッパの知識人ならば必ず手にとる書物であり続けてきました。二〇世紀の作家アルベール・カミュもまた例外ではありません。若い時期から『パンセ』を読んでいたカミュは、パスカルに対して賞賛と批判の混じった複雑な反応を示しています。たとえば、カミュが日記や創作ノート、読書メモといった雑多な文章を書き記していた『手帖』のなかに、以下のような一節を見つけることができます。

私は、パスカルに揺り動かされるが、しかし回心することはない者たちのひとりである。パスカル、もっとも偉大なひと、かつてもこんにちも。（『カミュの手帖』五六〇頁）

このように、カミュは『パンセ』の断章が彼を「揺り動かす」ことを認め、パスカルに対して「もっとも偉大なひと、かつてもこんにちも」という最大級の賛辞を送っているのです。その一方で、パスカルの文章を読んだあとでも、自分が決してキリスト教に帰依することはないことを確認しています。

別のところでは、パスカルに対する強い反発を見ることができます。ブリス・パランという哲学者の著書『表現の哲学について』の書評のなかで、カミュは、本来の書評から脱線しつつ、「パスカルが提案するのは、解決ではなくて服従である」（『カミュ全集』第3巻、一七六頁）と記しているのです。「キリスト教護教論」を準備していたパスカルの目指すところは、カミュの目には、神に対する「服従」であると映ります。それは、カミュには決して許容できるものではありませんでした。
もう一つ別の発言も見ておきましょう。第二次世界大戦が終わったあと、不条理の三部作（小説『異邦人』、エッセイ『シーシュポスの神話』、戯曲『カリギュラ』『誤解』）の作者として、一躍時代の寵児となっていた頃のカミュは、インタビューに応じて次のように言っています。

私にとって重要なのは、神の消失が世界に鳴り響かせた無意味［non-sens］のすべての結果を引き出すことである。だが、不条理のさきに、道徳の可能性を基礎付けねばならない。（一九四六年八月一〇日付の「ル・リテレール」紙。ポール・フールキエ『実存主義』、六四頁に引用）

この発言から読みとることができるのは、カミュの関心は「神の消失が世界に鳴り響かせた無意味のすべての結果を引き出すこと」であり、彼が自分の初期作品の主題とした「不条理」とは「神の消失が世界に鳴り響かせた無意味」とほぼ同義であるということです。パスカルの名に言及してはいませんが、この発言のうちにパスカル的な問題意識があることは明白です。「この無限の空間の永遠の沈黙が私を恐怖させる」とパスカルは書いていました。『シーシュポスの神話』や『異邦人』といった作品においてカミュが意図したのは、こう言ってよければ、この世界における神の沈黙が何をもたらしたのか、その帰結をはっきりと示すことでした。

シーシュポスの生きる空間

『シーシュポスの神話』は、若きカミュが自分の思想を宣言する書物ですが、そのなかにはパスカルの『パンセ』を思わせる箇所が何度も出てきます。たとえば、「不条理」についてカミュは以下のように書いています。「不条理は、人間の呼びかけと世界の不可解な沈黙との衝突によって生まれるのだ。」この「世界の不可解な沈黙」とは、パスカルの言う「空間の永遠の沈黙」を暗黙のうちに参照しているはずです。また、このエッセイの最終部で、人間の理想の姿として取り上げられるシーシュポスに関して、カミュは「シーシュポスは自分の惨めな状態を隅々まで知っている」と書きます。ここには、やはりパスカルが「キリスト教護教論」において読者に直視させようとした「神なき人間の悲惨(惨めさ)」が反響しているでしょう。

シーシュポスというのは、神々から罰せられて、山の麓から頂上まで岩を運ぶという仕事を永遠に続けるギリシア神話の登場人物です。彼はいかなる希望ももたず、まったく同じ仕事を反復するのです。シーシュポスが生きているのが言わば均質な時空間であることは明らかでしょう。山の麓にいようと頂上にいようと、ここにいようとあそこにいようと、昨日も今日も明日も、彼の運命にはもはやどんな変化も訪れません。カミュは無益な労役を反復し続けるシーシュポスこそが人間の理想の姿であるとして讃えたのです。北海道で冬になると、毎日の雪かきはいつまでも終わらない、永遠に続くのではないか、そのように思うときもあります。今日雪かきしても、明日の朝になったらまた積もっていて、永遠に雪かきをしなければならないのではないか、そんなふうに思うこともあります。しかし、それでもやはり、北海道にも春は来て、雪かきという労役から解放されます。それに対してシーシュポスはその労役から解放されることなく、永遠に繰り返します。そしてカミュはこのエッセイの最後に次のように書くのです。

主人がいなくなったこの宇宙は彼には不毛であるとも無意味なものであるとも思えない。（中略）シーシュポスは幸福であると想像しなければならない。

何のためにもならない仕事を繰り返すシーシュポスは「幸福である」、と思うことが、みなさんにはできるでしょうか。なかなか困難ではないでしょうか。しかし初期のカミュの思想を象徴するこの逆説的な一節は、パスカルに対する応答であると考えれば、理解できるように思います。ここで言われる「主人のいなくなった宇宙」とは、シーシュポスに罰を与えた神が消え去った世界のことでしょう。神が不在である世界で、同じ仕事を永遠に繰り返すシーシュポスに、カミュは「幸福」を見ようとします。それに対して、「この無限の空間の永遠の沈黙が私を恐怖させる」とパスカルは書いていました。シーシュポスも、『パンセ』に登場する「私」も、ともに神の沈黙する世界にいるのです。とすれば、ここで出現する「幸福」という言葉は、パスカルの断章にあらわれる「恐怖」という言葉に対抗して使われているように思われるのです。注意すべきであるのは、「シーシュポスは幸福である」ではなく、「幸福であると想像しなければならない」と書かれていることです。ここには、「神とともにある人間の至福」ではなく、神がいなくなった世界において、人間は幸福にならなければならぬ、というカミュの強い意志を見ることができるでしょう。

ただし、シーシュポスの「神話」を扱った箇所には、パスカルにとって、そしてカミュにとっても重要であった問題があらわれません。それは死の問題です。自分の番を待つ死刑囚こそが、「人間の状態」である、とパスカルは記していました。この問題を正面から取り上げたのが、カミュの最初の小説『異邦人』です。

死刑囚の生きる空間

『異邦人』は、フランスのみならず、わが国においても、多くの読者を獲得してきた書物です。比較的平易なフランス語で書かれたこの小説を注意深く読んでみると、『異邦人』とは、とりわけ原稿に「司祭と神の死」というタイトルが付されていた最終章は、パスカルに対するカミュの応答であり、反論であることがわかります。

この小説は二部構成になっていますが、その冒頭、中央、そして最終部に死が配置されています。母の死を告げる電報によって幕を開ける第一部では、主人公ムルソーの何気ない日常生活が描かれます。葬儀の翌日、彼は海水浴に行き、昔の同僚マリーに出会って恋人となります。普段はサラリーマンとして単調な生活を送る主人公は、ある日アパートの隣人レイモンと知り合いになり、彼のために手紙を代筆してやります。レイモンの友人マッソンの別荘に招かれたムルソーは、浜辺でアラブ人とのけんかに巻き込まれます。そのあとムルソーが一人でふたたび浜辺を歩いていると当のアラブ人に再会し、ナイフを出したこの男を射殺してしまいます。

小説第二部では、逮捕されたあとの主人公が描かれます。予審を経たあと、裁判の場面が続きます。そして第二部第四章の最後で、ムルソーに「フランス人民の名において斬首される」ことが言い渡されます。こうして彼は、人間は自分の順番を待つ死刑囚であるというパスカルのいわゆる「人間の状態」に置かれたのです。『異邦人』最終章は、死刑囚となったあとのムルソーが描かれます。まず彼は、死刑を逃れる方法があるかどうかを必死に考えますが、最終的には、自分の死を避けることはできないのだと結論づけます。その次に自分に「恩赦」が与えられる可能性について、そして「上告」について熟考しますが、結局、両方とも斥けます。ムルソーは自分が救済される可能性を否定し、牢獄のなかで生きてゆく決断をするのです。

このような小説の展開は、実際にはありそうにないものです。ムルソーが殺人を犯すに至った経緯をきちんと説明すれば、死刑に処されるはずなどないことを読者はよく知っています。また、時代背景を考慮に入れれば、アルジェリアがフランスの植民地であったこの時代、白人のフランス人入植者が現地のアラブ人を殺したとしても、死刑に処されることはほとんどありませんでした。仮に死刑を宣告されたとしても、それこそ「上告」なり「恩赦」なりによって、命は助けられる可能性が高かったのです。

それでは、どうしてムルソーは「恩赦」の可能性を否定するのでしょうか。どうして作者カミュは、小説の展開の本当らしさを犠牲にしてまで、ムルソーに「恩赦」を斥けさせたのでしょうか。ここには、言わば神学的含意を読むべきなのです。「現代国家理論の重要概念は、すべて世俗化した神学概念である」と二〇世紀の法学者カール・シュミットは書いていますが、「恩赦」という語は、そもそもはキリスト教でいう「恩恵（恩寵）」に由来します。キリスト教の教義から言えば、原罪を負うすべての人間は死を定められています。神は「恩恵」によって人間の罪を許して救済します。王権神授説が支配的であった旧体制下のフランスにおいては、「神権」をもつ国王が、「恩赦」によって、死刑囚を救済しました。そして、国王がいなくなったフランスにおいては、主権者であるフランス人民（もしくはその代表者）こそが「恩赦」を与える権利をもちます。とすれば、死刑囚ムルソーの「恩赦」の可能性の否定には、神による救済の拒否を読みとることができるのです。

死刑囚の幸福

ムルソーが「恩赦」を斥けたあと、刑務所付きの司祭が彼の独房を訪問します。死をまえにした囚人をキリスト教の信仰に導こうとする司祭に対して、ムルソーはなんとか冷静に対応します。しかし司祭の「あなたのために祈りましょう」という台詞をきっかけに激高し、この訪問者を激しくののしります。司祭が出て行ったあと、彼はひと眠りし、目覚めると平穏を取り戻します。小説『異邦人』の最後は次の通りです。

あの大きな怒りが、私の罪を洗い清め、希望をすべて空にしてしまったかのように、このしるしと星々に満ちた夜を前にして、私ははじめて世界の優しい無関心に心をひらいた。これほど世界を自分に近いものと感じ、自分の兄弟のように感じると、私は自分が幸福だったし、今もなお幸福であると感じた。一切がはたされ、私がより孤独でないことを感じるために、この私に残された望みは、私の処刑の日に大勢の見物人が集まり、憎悪の叫びをあげて私を迎えることだけだった。

印象的な一節ですが、理解しにくい箇所があるのも事実でしょう。なぜ死刑囚となった主人公は、この牢獄で「自分が幸福だったし、今もなお幸福である」と感じるのでしょうか。この問いに対する答えは、小説のなかに探しても決して見つからないように思います。私たちがここで思い出すべきなのは、やはりパスカルの『パンセ』ではないでしょうか。「神なき人間の悲惨」を言うパスカルは次のように書いていました。

これらの惨めなことにもかかわらず、人間は幸福であろうと願い、幸福であることしか願わず、またそう願わずにはいられない。

だが、それにはどうやったらいいのだろう。それをうまくやるには、自分が死なないようにならなければならない。しかしそれはできないので、そういうことを考えないことにした。

『異邦人』という小説が、とりわけこの最終章が、こうしたパスカルの思想に対するアンチ・テーゼとなっているのは明らかでしょう。死刑囚である主人公は「恩赦」が与えられる可能性を否定し、「上告」して救済を求めることもせず、何も新しいことが起こるはずのない牢獄のなかで、「自分が幸福だったし、今もなお幸福である」と感じるのです。パスカルに逆らって、「死なないようにならな」くても、この世界で「幸福」になりえることを私たちに教えるのです。

では、小説を閉じる最後の一文は、どのように理解すればよいでしょうか。なぜ最後にムルソーは、「私の処刑の日に大勢の見物人が集まり、憎悪の叫びをあげて私を迎える」ことを望むのでしょうか。逆説的ではありますが、カミュはムルソーにキリストのイメージを託しているように思います。この小説最後の一文は、新約聖書によって伝えられるキリストの最期を参照しているのです。「一切がはたされ（中略）るために」と訳されている箇所は原文では《Pour que tout soit consommé》なのですが、これは明らかにイエスが十字架の上で最後に発した言葉「成し遂げられた（Tout est consommé）」（『ヨハネによる福音書』一九章三〇節）をふまえているのです。そしてイエスの「処刑の日」には、「多くの見物人が集まり」「憎悪の叫び」をあげて彼を迎えたのは周知の通りですが、それと同じ最期をムルソーも望んでいるのです。作者カミュの証言も引いておきましょう。『異邦人』のアメリカ版が出版される際に、カミュが執筆した序文には以下のように記されていました。

『異邦人』のなかに、決然とした姿勢などいささかもなしに真実のために死ぬことを受けいれる男の物語を読んでも、大して間違ったことにはなるまい。私の作中人物のなかに、我々にふさわしい唯一のキリストを描こうと試みたのだ、私はやはり逆説的に、そんなふうに言ってみたこともある。（『カミュ全集』第8巻、一七六頁）

このようにムルソーとは「我々にふさわしい唯一のキリスト」であるとカミュは書いています。すなわち、彼は神なき時代に生きる私たちに示されたキリストなのです。このキリストは、もはや何も新しいことが起こらない牢獄のなかで、神は決して語りかけてこないこの空間において、「恩赦＝恩恵」の可能性を斥けて、死を見つめながら、自分は幸福であったし、今なお幸福である、と言います。さきほど見たように、『神話』の最後に「シーシュポスは幸福であると想像しなければならない」とカミュは書いていました。同様に、おそらく私たちは、ムルソーを幸福であると想像しなければならないのです。それこそが、人間が死刑囚であることを直視させたあと、パスカルに抗って、カミュがこの小説に込めたメッセージであると言えるでしょう。

おわりに

「この無限の空間の永遠の沈黙が私を恐怖させる。」『パンセ』のなかの名高いこの断章を導きの糸として、パスカルとカミュの関係を考えてきました。二人が生きた時代は違いますが、彼らはこの世界における神の沈黙をどのように考えるべきかという問題を共有していました。神が永遠に沈黙したままならば、この空間のなかで、私たちがここにいる理由はなくなってしまう。神の救済がありえないならば、私たちは順番を待っている死刑囚にすぎない。それは不条理であることから、パスカルは、神の方へとひとを導こうとしました。それに対してカミュは、不条理を引き受けて、人間は死刑囚として、神が沈黙するこの世界で幸福を見出さねばならぬ、と反論したのです。二人の主張はこのように正反対であるわけですが、忘れてはならないのは、両者ともに、私たちが通常の生活で行っている「気晴らし」をやめさせて、人間の真の姿を見せ、「人間の状態」について考えることを強いることです。それこそが、パスカルの『パンセ』を、そしてカミュの『異邦人』を、ひとがこれまで読み続けてきた、そして読み続けていくであろう理由ではないでしょうか。

参考文献

パスカル『パンセ』（中公文庫、中公クラシックス、岩波文庫など）
塩川徹也『パスカル『パンセ』を読む』（岩波書店、二〇〇一年）
リュシアン・ゴルドマン（山形頼洋・名田丈夫訳）『隠れたる神』上下巻（社会思想社、一九七二―七三年）
山上浩嗣『パスカルと身体の生』（大阪大学出版会、二〇一四年）
アレクサンドル・コイレ（野沢協訳）『コスモスの崩壊――閉ざされた世界から無限の宇宙へ』（白水社、一九七四年）
芥川龍之介『侏儒の言葉』（文春文庫、岩波文庫など）
アルベール・カミュ（窪田啓作訳）『異邦人』（新潮文庫、一九六三年）

アルベール・カミュ（柳沢文昭訳）『対訳　フランス語で読もう「異邦人」』（第三書房、二〇一二年）
アルベール・カミュ（清水徹訳）『シーシュポスの神話』（新潮文庫、一九六九年）
アルベール・カミュ（大久保敏彦訳）『カミュの手帖』（新潮社、一九九二年）
アルベール・カミュ『カミュ全集』全一〇巻（新潮社、一九七二―七三年）
三野博司『カミュ「異邦人」を読む――その謎と魅力』（彩流社、二〇〇二年。増補改訂版、二〇一〇年）
竹内修一『死刑囚たちの「歴史」――アルベール・カミュ『反抗的人間』をめぐって』（風間書房、二〇一一年）
竹内修一「恩赦と恩寵――カミュに於ける《grâce》の問題」（『カミュ研究』第9号、青山社、二〇一〇年）
ポール・フールキエ（矢内原伊作、田島節夫訳）『実存主義』（文庫クセジュ、一九六三年）
カール・シュミット（田中浩、原田武雄訳）『政治神学』（未来社、一九七一年）
山我哲雄「イエスの最後の言葉」（『図書』第七九七号、岩波書店、二〇一五年）

＊右の参考文献から引用した場合、訳文を変更した箇所があることをお断りしておきます。

第六章　ことばと空間
——日本語から考える

加藤重広

ジョナサン・スウィフト（一六六七—一七四五）の『ガリバー旅行記』の第三篇「バルニバービ渡航記」第五章に、自国語を改革しようとする言語研究所の話が出てきます。国語を効率的にするための改革案は二つあり、その第一案は、音節を切り詰めて単語を短くし、名詞だけを使うことにして、話しことばを短くし効率化をはかるというものでした。近代化に伴って語形の長い複合語や派生語が増える傾向がどの言語にも見られることは事実なので、ことばが長くなって非効率的と感じられることは当時からあったのでしょう。ただ、頻度の低い単語は多少長くても伝達の効率を下げるわけではありませんし、頻度が高ければ自然に省略したり略語をつくったりするので、人工的に制御する必要はありません。

国語を効率化するもう一つの方法は、ことばを使わないようにするというものでした。その代わりに実物を持ってきて見せながら用事を伝えればいいというのです。『ガリバー旅行記』は当時のイギリス社会を風刺したり、時代の風潮を揶揄したりする傾向が強いと言われていますが、この部分はかなり厳しい揶揄だと言えるでしょう。小石や本など持ち運び可能なものは実物を直接見せて伝達することができますが、さすがに「山」や「海」は持って行くことができません。相手をその場所に連れて行くことは可能ですが、「マリアナ海溝」や「エベレスト山頂」はそう簡単に行けません。そもそも効率を考えるとばかばかしい考えであることはすぐにわかります。

一　ことばなればこそ

あらためて言うまでもないことですが、ことばはその場にないものについても語ることができます。ことばのこの働きは、転位機能（displacement）などと呼ばれることがありますが、ことばにこの機能があるおかげで、目の前に存在しないものだけでなく、現実には存在しないものや想像上のものについても語ることができるのです。人間が嘘をつくことができるのも、ことばに転位機能があればこそ、なのです。

私たちが認識できるものにはたいてい名前がついていますが、その名前を私たちが知っているとは限りません。たとえば、世の中にはその名前を知らない他人がたくさんいます。それでも、「あの男性」「その女の人」「この子ども」のように、指し示すことは可能です。実在の事物を指し示す「これ」「それ」「あれ」のようなことばを指示詞と言います。指示詞があれば、名前や名称を知らなくても指し示すことができます。

指示詞は、いわゆる「コソアドことば」にあたるものを思い浮かべてもらえばよいのですが、まったく同じわけではないのでこの点は後ほど説明します。日本語は、コソアの三種類ですが、英語をはじめとする欧米の言語では、this と that のように二種類です。中国語(北京官話)も二種類で、世界中の言語を見ると、遠近の二種類の指示詞を持つものが大半を占めています。六種類の指示詞を持つ言語まで報告されていますが、日本語のように三種類を持つものは、主流の二種類の言語の次に多いタイプではあるものの、少数派です。

指示詞は、他者の発言や自分の発言に出てくることばや内容を指しても用いることができます。また、文章中でも用いることがあります。国語の試験で「文中の『それ』の指す内容を答えよ」などという設問がありますが、これも文脈の中にある表現や内容を指し示す用法です。これは文脈の中に指示対象があると考えて《文脈指示》と言いますが、より専門的に《照応》と言うこともあります。

また、空間内に物理的に存在している事物を指し示すこともあり、これは《現場指示》と呼びます。時に、《直示》あるいはその英語での言い方をそのまま使ってダイクシス(deixis)と言うこともあります。多くの言語で、指示詞は文脈指示と現場指示の両方の用法を持っています。私たちが、身の回りにあるものを指して「このペン」「その建物」「あの山」のように使うのが、現場指示の用法です。

多くの指示詞は、《文脈指示》と《現場指示》の両方を持っているのですが、心理言語学の創始者とも言われるカール・ビューラー(一八七九―一九六三)は、現場指示のほうが原始的だと述べています。確かに、目の前のものを指して「これ」と言うほうが使いやすい感じがしますね。これに対して、自分が説明したことを指して「こういう考え」のように使うのはやや高度な感じがします。その場にあるものは、話し手と聞き手が一定の注意を払って認識すれば指し示される対象が確定するので、それほど認知上の負担が大きくありません。文脈指示で使うためには、指し示す情報や内容をある程度記憶しておき、記憶領域の中で対象を指し示す必要があるので、知的処理の負担は大きくなります。この違いを考えると、確かにビューラーの言うように、現場指示のほうが原始的で、そこから人間の知的発達に伴って文脈指示の用法が派生して成立したと考えたくなります。

二　コソアドは簡単か

英語は、現場指示で用いる指示代名詞は this と that(またその複数形の these と those)だけです。このように、遠近の二種類を用いる言語が主流であることは先ほど述べましたが、初級文法を習う中学生などでは、これ＝this、それ＝it、あれ＝that と日本語を基準に捉える誤解が見られます。もちろん、it は現場指示には使わず文脈指示に使う三人称中性代名詞で、男性と女性を表す he や she の仲間です。日本語では、その場にいる人を指して「彼」で指し示すことができますが、これは

「かれ」が「あれ」と同じでもともと指示代名詞だからです。英語の he は現場指示に用いない単なる代名詞なので、そういう使い方はしません。とは言っても、その場に男性が一人いて、話し手でも聞き手でもなければ、he と言ったときに指し示せる人物は特定されてしまいますから、実質的には日本語の「彼」と同じように使えそうです。でも、そのようにその場にいる人を指して he や she を使うことはとても失礼なことなのだと英語のネイティブスピーカーから聞いたことがあります。その方は、子どものころ近くにいる父親のことも my dad ではなく、he で指したら、それが父親の耳に入ってしまい、ひどく叱られたそうです。日本語でも小学生が自分の父親を「彼」と言うと、子どもらしくなく不遜な印象を与えますが、それに似ているかもしれませんね。

日本語の指示詞は、「これ」「それ」「あれ」に代表されるコソアドことばです。コソアドという言い方は、小学校や中学校などの初等教育では使うことがあるようですが、専門的に使うことはまずありません。明治中期に大槻文彦（一八四七―一九二八）が著した日本語文法書では、これらをすべて代名詞として扱っています。厳密に言えば、この日本語文法書は大槻文彦が編んだ『言海』という辞書の付録でしたが、簡潔に要点がまとまっているとして、教科書に使いたいという要望が多く『語法指南』という書名で別途刊行されたのです。大槻文彦は、江戸中期に『解体新書』という訳書を著した杉田玄白（一七三三―一八一七）と前野良沢（一七二三―一八〇三）の弟子だった蘭学者・大槻玄沢（一七五七―一八二七）の孫です。玄沢の息子・大槻盤渓（一八〇一―一八七八）も著名な漢学者ですが、その息子の文彦も辞書や文法書によって大いに国語政策に貢献した明治の知識人でした。大槻家は仙台伊達藩の学者の家系で、大槻文彦は鳥羽・伏見の戦いの状況を報告するために京都に出向いていたこともあり、同じ時期に国境警備の観点から北海道の重要性を唱えるなど、さまざまなことに関心を持っていました。近代的な国文法書を書いたり、アイウエオ順に配列した近代初の国語辞典『言海』をつくったりしたことから、一般に大槻文彦は国語学者とされることが多いのですが、国語についての関心や知識が抜きん出ていたことは事実であるとしても、その経歴や業績から見るに、明治を代表する教養人・教育家と考えるのが妥当だと私は思います。

ちなみに『言海』以前の辞書はイロハ順が普通でした。それまでの慣習や伝統を変えれば、変えたことに対する反発が生じます。アイウエオ順配列の『言海』を見た福沢諭吉が「字引の項目をアイウエオで並べても、銭湯の下足入れはアイウエオ順になったりしない」と述べたと伝えられていますが、少なくとも当時の多くの日本人が違和感を持ったのは事実でしょう。当時、西洋列強には大型の近代辞書がありましたが、日本には近代的な大型辞書がなく、大槻は、西洋列強に追いつくには文化的に進歩することが重要だと考え、ほぼ独力で『言海』を完成させたのです。

さて、大槻の指示詞の話に戻ります。大槻は「これ」は近称、「それ」は中称、「あれ」は遠称、「どれ」は不定称としています。「どれ」は代名詞ですが、区分上は「疑問(代名)詞」であって、指示詞ではありません。しかし、日本語では「これ」などの代名詞、「この」「こんな」「このような」などの連体詞、「こう」「このように」などの副詞などが、コソアドの系列ごとにそろっているので、コソアドというくくり方は形式に着目すれば非常にわかりやすいと言えます。場所を表すときには、

「ここ・そこ」に対して「あそこ」とするのが標準語ですが、各地の方言では「ここ・そこ・あこ」とするものが見られ、この点については方言のほうがより一貫性が高いと言えますね。

大槻が示しているような、コソアが順に近いところから遠いところを指すという考えを距離説と言います。この距離説は、深く考えなければ私たちの感覚に合致していると言えるのですが、細かに見ていくとそれほど単純ではないのです。たとえば、「この空の下《もと》」と言うとき、空までの距離は近いのか遠いのか簡単には決められないでしょうが、物理的な距離を測定すると近いとは言えないでしょう。倶知安《くっちゃん》駅からは羊蹄山《ようていざん》が大きく見えますが、倶知安駅で列車を降りた私は「この山、富士山みたいな形してるなあ」とコ系を使い、羊蹄山の手前にある建物を指して「あの建物、おもしろい形してるなあ」とア系を使うことができます。このときは、羊蹄山より建物の方が物理的に近いのにア系を使い、より遠い山をコ系で指しているわけです。このようなことは例外的と言えるのですが、それにしても、距離によってコソアが絶対的に選択されると言えないことがわかります。

日本語を母語にしている大人は、指示詞は正しく使い分け、まず間違えることがありません。その意味では難しくないのですが、どのような原理や規則で使い分けているかを的確に説明することは難しいのです。

三　距離が逆転するとき

実は、指示詞のコソアの選択には、対象物までの距離だけが関わっているわけではなく、大きさも関わっているのです。たとえば、映画館に行って真ん中あたりの座席に座っているとします。映像が投影されるスクリーンが大きければ、「このスクリーン、大きいね」と言うことがありますね。スクリーンの上になにか突起物があるとき、「あの突起物は何だろう?」と聞くことができます。スクリーンとその上端にある突起物ですから、話し手からの物理的距離はほとんど変わりません。それでもスクリーンは「この」で指し、小さい突起物は「あの」で指すことがあるわけです。

私たちは、離れていればいるほど小さく見えることを経験的に知っています。もちろん、小さく見えるだけでそれ自体の大きさが変化するわけではありませんね。G・B・マシューズの『子どもは小さな哲学者』(鈴木晶訳、思索社、一九八三)という本には、離陸した飛行機を見ていた子どもが「あの飛行機は本当に小さくなっているの?」と尋ねる場面が出てきますが、小さくなったように見えるものは本当にそれ自体が縮小している場合と単に遠くに移動したために小さく見える場合があります。後者は見かけ上の大きさの変化で、実物の大きさは変化していません。遠いものが小さく見えることは誰でも経験的に知っていることではありますが、理論的に理解するのはまた別です。

絵の中で遠くのものを小さく描くことは古くからあるようですが、いわゆる遠近法に相当する描き方はイタリアのジョット・ディ・ポンドーネ（一二六七―一三三七）にはじまるとされています。ただ、ジョットは幾何学的な遠近法の理屈を理解して描いたわけではなく、写実的に書こうとした結果なのではないかと推定されており、遠近法の理論は建築家・彫刻家として知られるフィリッポ・ブルネレスキ（一三七七―一四四六）にはじまるのではないかと言われています。ブルネレスキと交友関係があり、『絵画論』を著したアルベルティ（第七章参照）は少しあとの時代の人物です。

もちろん、私たちは遠近法の理屈や技法を知らなくても遠くのものが小さく見えているだけで近づけば実際には大きいことを知っていますが、感覚的にわかるだけでなく理屈として知っていることは知識と結びつきます。経験知として確立されることは、世界の理解の仕方として重要な意味を持つのです。ルネサンス期の画家の中には遠近法の理論を学んで世界の真理を理解したと思った人もいたようですね。これはオーバーな話ですが、少なくとも、空間認識の方法としての遠近法は単なる絵画の一技法以上の意味を持っていたのでしょう。

私たちは、コソアの使い分けを理論的にしているわけではありませんが、距離だけで、あるいは、大きさだけで決めているわけでもありません。さきほど駅から見える羊蹄山を「この山」と言い、山の手前にある建物を「あの建物」という例を挙げましたが、このときは、羊蹄山は遠くても大きくその威容を見せているさまをもって「この」で指しています。遠くにいくつか見える山の一つであれば「その山」や「あの山」で指すこともあるでしょう。つまり、距離と見かけ上の大きさの兼ね合いで感覚的に指示詞の選択を決めているのです。

また、コソアの選択にはアクセスのしやすさも関わっています。近くても観察しにくい場所にあったり、手の届きにくい場所にあったりすれば、近づきやすくはないので、コ系は使いにくくなります。たとえば、自分の背中の真ん中は、自分の身体の一部ですから距離はゼロですが、自分では見えない上に、多くの人にとっては容易に手が届かない場所でもあります。そうなると、「このあたり」ではなく「そのあたり」とでも言いたくなるでしょう。

総じて、従来「距離」と見なされていたものは、距離を代表とするだけのことで、見かけ上の大きさなどの認識容易性、観察や接近の容易性、目立ちやすさなど、いくつかの尺度の総合的な認識によるものであると言えます。

四　縄張りと指示詞

しばらく前に神尾昭雄さんという言語学者が「情報のなわ張り理論」という考えを提案したことがあります(神尾一九九〇、二〇〇二)。日本語は情報の縄張りを義務的に表示しなければならないことが多いという指摘は、文法研究からもなされていますが、情報の出どころや管理権に日本語がうるさい言語であることは確かです。「あなたはバッハが好きです」は日本語として間違っていませんが、現実に相手に面と向かって言うのは自然ではありません。音楽の好みは本人がいちばんよくわかっていることで、本人を差しおいて他人が断言するような情報ではないのです。「あなたはバッハが好きだそうですね」のように伝聞した情報として示したり、「あなたはバッハが好きですよね」のように相手の確認を求める言い方をしたりすれば、自然になりますが、これは相手の情報に関する縄張りを尊重しているからだ、と言うこともできます。

このような縄張りの考えを先駆的に指示詞に導入したのが、佐久間鼎《かなえ》（一八八八—一九七〇）でした。佐久間の考えは「指示詞の領域説」などと言いますが、指示詞の運用には縄張りが関与することを佐久間は主張して、さきほどの大槻文彦の考えを批判したのです。佐久間は東京帝国大学文学部の哲学科の出身ですが、二〇世紀の初頭はまだ哲学と心理学と言語学は大きなくくりの学問領域を形成しており、現在ほど明確に分かれてはいませんでした。佐久間は、九州帝国大学の心理学講座初代教授として赴任するのですが、日本語の音声や文法の研究も続けていました。九州大学を停年後は東洋大学に移り、日本語の研究に専念して、最後は東洋大学長まで務めました。その中で、佐久間はコ系は「吾《わ》れ」の縄張りにあることを表し、ソ系は「汝《な》れ」の縄張りにあることを表し、そのいずれでもないものをア系で指すという主張をしました。

縄張りとは空間的な領域を指しています。自分が着ている服は「この服」で指し、相手の着ている服は「その服」で指しますが、それは空間的な縄張りの中にあると見なすからです。私が所有しているものでも相手が今手に持っているものなら「その本」「その服」のようにソ系で指し、コ系は使えません。ただし、相手の服の端をつまんで言うときは、「この服」ということができますが、これは自分の領域に強制的に入れたと見ることができますね。服の端をつままれたほうも「この服は生地がデリケートなんだから、乱暴に引っ張らないでよ」とコ系で指しますから、話し手（＝吾れ）と相手（＝汝れ）の縄張りは重なることがあると考えた方がよさそうです。しかし、佐久間の示している図では、コ系とソ系は分断されています。

このときの「縄張り」は、自分の手の届く範囲のことだと定義して差し支えないわけですが、もちろん、足が届く範囲でも構いません。どのあたりまでコ系で指すかは、瞬時に到達できる範囲についての、個々人の見込みによって異なります。瞬時にというのは、おおよそ一歩踏み出す程度ということころだろうと思います。五メートル離れたところにあるテーブルは「このテーブル」とは普通言いませんね。普通の人なら一歩や二歩ではたどり着けないからです。身長が高く手足の長い人と私のように手足の短い人間では、コ系で指せる範囲は違うかもしれません。瞬時に到達できる（と本人が思っている）範囲なので、私は「アクセス領域」と呼んでいます。

指示詞の領域説では、話し手の縄張りでも聞き手の縄張りでもないところは、ア系で指すことになっているのですが、いずれの縄張りでもないので結局は遠い場所ということになります。だとすれば、ア系に関しては縄張りで考えても距離で考えても大差はなく、別段異なる考えに分断させなくてもよいことになります。そして、コ系についても話し手の縄張りは近い領域と言えるので、結局ソ系をどう説明するかがポイントだとわかります。

話し手と聞き手が一〇メートルほど離れているとしましょう。話し手は、相手（＝聞き手）の足下を指して「そこにゴミが落ちてるよ」と言うことができますが、この「そこ」は相手の縄張りを指しています。一方で、話し手は自分の斜め後方三メートルを指して「そこにもゴミが落ちてるな」と言えます。この「そこ」は聞き手の縄張りではありませんね。つまり、ソ系には聞き手の縄張りの場合とそうでない場合の二通りの用法があるということなのです。結局、距離説だけでも領域説だけでもうまくソ系指示詞の用法は説明がつきませんから、私たちは二つの用法を調整して巧みに使い分けていると考えるしかなくなります。このとき、話し手が瞬時には到達できないけれども、もう一手間かけることで到達できるところが「そこ」で、瞬時に到達できる「ここ」と対比させることができます。そうなると、手を伸ばしたり、一歩か二歩近づけば到達できる「直接アクセス」に対して、もう少し歩いたり、もう一手間かけて到達する「間接アクセス」を想定してもよいでしょう。まあ、「一手間アクセス」と「二手間アクセス」と言ってもいいのですが、ここでは直接間接の対立にします。ア系は、一手間や二手間ではアクセスできないので「遠隔アクセス」とでも呼んでおくことにします。

ソ系は、二手間でたどり着く距離だけでなく、聞き手の縄張りにある場合（領域説）もあるわけですが、これも、話し手から聞き手までの伝達を一手間と考えれば、聞き手の一手間を加えて計二手間で到達できることになります。つまり、話し手が自分の二手間で行っても、話し手の一手間と聞き手の一手間を合わせて二手間としても、いずれも、二手間の間接アクセスになるわけです。

五　ことばでことばを指す

ここまで述べた指示詞の距離説や領域説は、物理的な存在物や出来事を指す現場指示(直示)の用法の話です。指示詞にはこれ以外に、言語表現や言語的な内容を指し示す文脈指示(照応)もあります。ここでは、この照応の話をします。入学試験の国語(現代文が多いですが、古文や漢文でもありますよ)や外国語でよく出題される「傍線部・下線部の指す内容」を問う問題も大半が指示詞の指示内容を尋ねています。試験の話では味気ないので、もうちょっと具体的な例で考えてみましょう。

「太郎が花子と結婚するんだって」と次郎君に言われて、三人の友人の葉子さんが「そんなこと聞いていないよ」と答えたとします。「そんなこと」とは次郎君の発言の中にある「太郎が花子と結婚する」ことを指しています。このようにことばで表現されている内容を指し示すのが、文脈指示(照応)です。ことばで表現されたことを指すので、指し示される内容が先にあり、そのあとに指示詞が出てくるのが普通です。これは前方にあることを指し示すので「前方照応」などと呼びますが、「後方照応」も見られます。「こんな面白い話があるんだよ。実は、太郎が…」と話し始めるとき、「こんな」で指すのは、「太郎が…」以降の部分ですね。これは、指し示す内容があとから登場するので「後方照応」にあたります。日本語ではコ系は前方も後方も指せるのですが、ソ系は原則として前方しか指せません。たとえば、「そんな面白い話があるんだよ」と言ってから「実は太郎が…」と話の中身を話しはじめることはできませんね。もちろん、「その立候補にあたり、候補者は推薦人二〇名を必要とする」などというときの「その」は「候補者」のことを指していると思われるので、後方照応に分類されますが、これは話しことばでは使わず、硬い文体の書きことばで使い、かつ、削除しても問題なく成立するという特徴を持っています。おそらく、近代の日本語が整備されていく中で、翻訳の影響を受けて発生したのだろうと考えられています。西欧語の定冠詞（英語の the など）を直訳した翻訳文体を模倣するところからはじまったのでしょう。

このように、コ系は前方も後方も指せるけれども、ソ系は原則として前方だけで、後方は翻訳文体で例外的ということができます。では、ア系は文脈指示（照応）には使わないのでしょうか。一見すると紛らわしくてア系も使うように見えるのですが、実は、ア系は文脈指示には使わないのです。たとえば、「私の知人にAという小説家がいるのですが」のあとにつづけるとしたら、「この人は」と言っても、「その人は」と言っても、「あの人は」と言っても、「Aという小説家」を指し示すことができます。このことから、コソアはどれも前方照応に使えるのではないか、と考える人が多いのです。

しかし、「先週、Bさんという人がうちに訪ねてきたそうです。私は面識がないのですが、不在だった私の代わりに家族が対応したところ、突然、驚くようなことを言い出したそうです」に続けて言う場合、「このBさんという人は」としても「そのBさんという人は」としてもいいのですが、ア系は使えません。「あのBさんという人は」とつづけることはできないのです。

実は、ア系は、ことばで表されたことを指し示しているのではなくて、自分の記憶の中にあるものやことや人を指し示しています。記憶の中にあるとは、要するに、「知っている」ということですから、知らないものは指し示せないのです。ここでの例では「Bさんという人」は自宅に訪ねてきた人ですが、「私」は会ったこともなく、誰だか知りません。つまり、「知らない人」なので、「あの人」「あのBさんという人」のようにア系指示詞で指すことはできないのです。

六　思い出そうとするだけで「あれ」が使える

ア系はもちろん身の回りにあるものを指す現場指示には使えるのですが、ことばにして表現された内容については指せないのです。「ああ、知っていますよ、あの人ですね」のように言うときは、直前に出て来た人名を指しているわけではなく、その人名をきっかけにして自分の記憶の倉庫からその人の情報を引き出そうとしているのです。きっかけになることばをトリガーということがありますが、これはもともと拳銃の引き金のことです。情報が出てくるように引き金を引くと考えても構いません。知らない情報は記憶の中に収蔵していない情報ですから、引き出すことはできません。よって、人名などを聞いてもきっかけ（＝トリガー）にはならないわけです。

ア系指示詞が文脈指示でないことは以上のことからわかると思いますが、従来、指示詞の機能は二種類に分けることが多かったことから、この種の用法も文脈指示と見なされていました。私は、区別するために「知識指示」と呼んでいますが、記憶の呼び出しあるいは「想起」などと言ってもいいでしょう。ア系指示詞の想起用法の特徴は、思い出せなくても思い出そうとするだけで使えるということです。思い出そうとするということは、少なくとも本人が知っている（＝記憶の倉庫の中に情報が入っている）と思っていることがまず必要ですが、私たちの記憶の倉庫は膨大な量の情報が収蔵されているので、あることが確かでもどこにあるかまで正確にわからず、ついぞありかにたどり着けないことも起こります。日常的に失せ物を探すことを思い浮かべればいいのですが、たとえば、東京ドーム数個分の広さの倉庫があるとして、そこにめいっぱいに収蔵された品物の中から目当ての一品をすぐに取り出せるかと考えてみれば、取り出せない（＝思い出せない）ことがあることは納得していただけるでしょう。「ほらあの俳優、名前なんて言ったかなあ」と言って、思い出せないということは誰しもあるでしょう。いわゆる「ど忘れ」ですが、そのあとすぐに思い出せることもあれば、しばらく思い出せないこともあるものです。このように思い出せなくても、思い出そうとするだけで「あれ」「あの人」「あそこ」「あのとき」などと使うことができるのです。これは便利と言えば便利ですが、「あのとき、あいつがあそこであんなことを言うから、あの人もあれでさ…」などと言っても、具体的な情報は伝わりません。過度に頼らないほうがいいでしょう。

今回は詳しく触れる余裕がないのですが、実は、日本語は「語る資格」があるかどうかに敏感な言語です。「語る資格」は当事者、決定権を持っている人やよく知っている人にあり、当事者でなくよく知らない人には「語る資格」はありません。この「語る資格」がないのに語るのは越権行為と見なされてしまいます。この越権行為は、聞き手と話し手の関係によってその許容度が変わることもありますが、聞き手や話し手の関係と別に定められている文法規則もあります。たとえば、今日、ある方があなたの職場にあなたの上司に用があるといって訪ねてきたとします。あなたは、山田太郎という名前の、その人とは面識がなく、今日初めて会いました。名前と容貌は知っていますが、それ以上のことは知らず、（少なくともまだ）知り合いという関係ではありません。今日、休暇を取っていた上司を訪ねてきた人物がいることを明日報告する場合、なんと言うでしょうか。

　このとき「昨日、山田太郎さんが訪ねてきました」というのは日本語では不自然で、「昨日、山田太郎さんという方が訪ねてきました」と言わなければなりません。「山田太郎さん」と言ってよいのは、あなたがその人と知り合いの場合で、そうでなければ「という人（方・やつ）」をつけて表さなければなりません。これは知り合いとして「語る資格」がないときは、知り合いでない表現を使わなければならないということです。報告を受けた上司も、知人なら「ああ、山田太郎さんが来たのか」と言えるわけですが、知人でなければ「山田太郎という人が来たのか。何の用だろうな」のように「という人」を使わなければならないのです。ア系指示詞も、知らなければ使えないという点では「語る資格」がないと使えないと言っていいでしょう。

　以上、述べたように、日本語の指示詞は、よくできているものの、その機能や用法を正確に説明するのはなかなか大変です。それでも、日本語を母語にする人たちは特に意識せずに使いこなしているわけですね。日本語には、指示詞以外にも空間位置を表すことばがあるので、次にそれらについて考えることにしましょう。

七　空間表現はどこまで普遍性があるのか

ことばは時間とともに変化しますが、たいていのことばにも「上下」や「前後」を表すことばが常に存在しています。「左右」に相当する概念も多くの言語にありますが、別の概念を使う言語が報告されています。たとえばツェルタル語という言語はメキシコのチアパス州という高地で話されており、専門的にはマヤ語族・低地南マヤ語群・ツェルタル語群に所属する言語です。チアパス州はグアテマラに近いメキシコの南端にあるのですが、活火山として有名なエル・チチョン山も近くにあり、ツェルタル語を話す人たちは、傾斜のある高地に住んでいます。ツェルタル語では、空間の横の配置関係を表すとき、右や左といった表現は使わず、日本語で言うと「上り側」「下り側」といった表現を使うそうです(井上一九九八)。傾斜があれば、上りや下りの関係はわかりやすいのですが、傾斜のないところでも同じように使うというので、これは話し手が中心になって認識した結果ではないことがわかります。「右」や「左」は、原則として話し手の認識によって決まりますから、自己中心的(エゴセントリック)な空間認識と言うことができます。自己中心的といっても別段わがままということではなく、自分を基準にして周囲を認識するということで、人間であれば、文化によらず、ごくありふれたことだと言っていいでしょう。自分が舞台上にいるときは、自分の右側は、客席から見ると左側になります。「皆さんから見て右側」とか「向かって右側」などというのは、誰の視点から認識するのかを明示して誤解のないようにするためです。

そもそも「右」と「左」では、右の方が価値が高いと見なされる傾向があり、「誰々の右に出る者はいない」などと言うとき、「右」は上位を指しています。「左遷」も同じ理屈です。英語で「右」を意味する right は、「正しい・正当な」の意の形容詞と同源で、左を意味する left は leave の過去分詞を起源にしていて、要するに「残った方」ということです。フランス語の「右」droit も「正しい・まっすぐな」という意味があり、同じく「左」の gauche は「不器用な」といった意味なので、「右」がより優位である点は同じです。利き手の比率は文化によって違うそうですが、右利きが多数派である点はほとんどの文化で共通しているでしょう。日本語で、左利きのことを「ぎっちょ」と言うことがありますが、これは「左器用《ひだりぎよう》」が「ひだりぎっちょ」と訛り、省略されて「ぎっちょ」になったと言われています。つまり、右利きの人なら左手は相対的に不器用なのが普通ですが、左の方が器用であることを左利きの特徴として表したわけですね。もっとも、日本では、古くは左の方が上位で、中国から伝わった見方とはもともと上位が逆だったとも言われています。たとえば「左大臣」のほうが「右大臣」より上位であるのがその例なのですが、右上位と左上位の序列が古代日本で混在していたのかどうかはわかりません。

上下前後左右などは、話し手の視点によって決まる「自己中心的」なものですが、自己中心的でないものは、その物理的状況によって決まるので、「状況中心的」ということができます。列車の「上り」や「下り」は、誰がどちらを向いて座っていても関係はなく、列車そのものがどこからどこへ向かうかで決まります。同じように、「上手《かみて》」や「下手《しもて》」も舞台について決まっているので、劇場のどの位置にいる人にとっても共通です。観客席から舞台を見て右手を「上手」、左手を「下手」と言いますが、これは舞台にいて客席を見ている役者や俳優からすると、上手が左、下手が右です。このような使い方は、歌舞伎の舞台について言っていたものが舞台全般に使われるようになったと考えられています。一般に上手のほうに地位が高い人物がおり、下手のほうに地位の低い人物がいることになっています。主役や重要な役どころは本来上手から登場し、下手から退場したのでしょう。花道が下手側にあるのも、退場シーンを見せ場として演出するためで、花(＝祝儀)を観客が置きやすいようにしつらえたことから花道と呼ばれるようになりました。

落語は一人芸ですが、複数の登場人物を演じ分けるために、この上手と下手の原則を利用しています。つまり、上手を向いて話しているときは目上の人に話しかけていることになるので、目下の者を演じていることになり、逆に下手を向いて話すときは目下の者に話しかける目上の人物を演じていることになります。落語家はこの演じ分けを「上下《かみしも》を切る」などと言い、基本技能と見なしているのだそうです。

では、なぜ上手と下手が決まったのでしょうか。もちろん、観客から見て右側に身分の高い人がいるとわかりやすいこともあるでしょうが、もう一つは、注意の向け方が関わっていると考えられます。舞台を見ているとき、右手（＝上手）のほうが視線を向けたり首を振ったり注意を向けやすい人が多く、その結果、はっきりと注意を向けて認識して欲しい登場を右側の上手から行うことが一般化したと考えられるのです。もちろん、これは利き手と同じようなもので、逆の側のほうが目を向けたり、注意を向けたりしやすいという人もあるでしょう。王様や殿様などは堂々と現れたり、取り巻きのものを従えて登場したりすることが多いのに対して、庶民たちは目立つことなく登場するのが普通だとすれば、上手と下手に分離することに意味がありますね。トリックスターなどは、上手や下手を気にすることなく、縦横無尽に自由な登場の仕方をすることでその存在が際立つことになります。

八　身体と空間の関係性

「上手」「下手」のように、方向や方面を表す表現をつくるときに、日本語では「手」ということばを使うことがあります。これは専門的に言うと、名詞と名詞をくっつけて新しい名詞をつくっていることになり、複合名詞形成という現象です。もちろん、中には「懐手《ふところで》」のように実際の身体部位としての「手」を意味することもありますが、「やり手」のように人を表したり、「深手」のように負傷を表したり、「厚手」のように質などの属性を表したりすることもあり、実に「手」は多義的です。

江戸・東京では、当初、武蔵野台地の端の高台に武家屋敷が置かれることが多かったので、この地域を「山の手」と言うようになりました。これは、東京十五区（明治一一年─昭和七年）の中央から西北にかけての、本郷区・小石川区・牛込区・麹町区・四谷区・赤坂区などを主に指しています。これ以外の地域は、主に町人の住まいになっており、いわゆる「下町」と呼ばれる地域でした。東京圏・首都圏が拡大するにつれて、山の手は拡張し、その重心はいまや東京二十三区の西南部、多摩川の手前まで移っています。同じように、下町も戦後に北東方向に拡張しました。最近では、山の手に神奈川県を含めたり、下町に千葉県や埼玉県の一部を含めたりする見方もあるほどです。この「下町」は物理的な低地としてそう呼ばれているのですが、武家に対して町家が中心だったことから「下々の者」の連想が生じることを嫌い、最近では「川の手」と言い換えることもあるようです。このように「手」が方向や方面を表すのは、手で方向や方面を表す現場指示を行っていたからでしょう。

一方、今ではあまり使われなくなり、複合名詞に残存しているものもあります。今は敷地や領域の末端部あるいは境界域を「端《はし》」ということが多いのですが、古い時代の日本語では「尻」を使って複合名詞をつくっていました。現代人の感覚からすると、「尻」は「末端」という感じが希薄なのですが、古代から近世までは、始まりに近い末端を「頭《かしら》」というのに対して終わりに近い末端を「尻」と言ったのです。中国語では「尻」を末端の意味には使わないそうですが、日本語では「かしら」と「しり」が対になっていました。前屈みになって尻を後ろに突き出した姿勢を思い浮かべれば、「頭」が前で「尻」が後ろになる道理は理解しやすいでしょうが、現代人は直立している姿勢をイメージすることが多いのではないでしょうか。もちろんほかに、「末《すゑ》」も使いましたが、これは「本《もと》」と対でした。「本末転倒」と言いますが、「本末」は音読みのホンマツ以外に、「もとずゑ」とも読まれていました。口の両端を今では「口角」と言いますが、かつては「口尻《くちじり》」と言うことがあったものの、現在では衰退しています。「ことばじり」などには残っていますが、これを「尻」の残存した複合語形だと感じる人は多くないかもしれません。「目頭《めがしら》」に対する「目《め》尻《じり》」、「眉頭《まゆがしら》」に対する「眉尻《まゆじり》」のように、今でも使う表現がありますが、これらも古風な言い方になっています。若い人はあまり使わないかもしれませんね。

「前」も「目」を表す「ま」と「辺《あた》り」を表す「へ」が合成してできた「まへ」が語源だと言われています。しかし、早い時期から「目」に由来することは意識されなくなり、「目の前」のように、本来であれば重複している表現が使われるようになりました。古代、「まへ」の対義語は「尻《しり》辺《へ》」でしたが、「後ろ」に取って代わられたと考えられています。「うしろ」は、見えにくい、隠れた場所という意味が中心でした。このため「おもて」に対する「うら」(裏・浦・心などの意味を当初兼ねていました)と語源的に関係があるとも考えられています。しかし、その後、位置関係としての前後を「前」と「後ろ」で表すようになり、「しりへ」は使われなくなったわけです。「尻に帆をかける」といった慣用句は今では古めかしい印象ですが、近世にはすでに使用例があり、江戸時代の人も「尻」を人体の後部と見ていたことがわかります。江戸時代の舟は、棹で操船や推進を行ったり、川をさかのぼるために両岸から舳先《へさき》にかけた縄で引いたりしていました（東京スカイツリーのお膝元の「曳舟《ひきふね》」の地名も舟を縄で引いたことに由来します）。人力で進むのが普通だった舟が、帆をかけることで、ぐんぐん進むイメージが当時の人にはあったのでしょう。ことばの意味や用法は、時代ごとに人びとが持っていた知識や見方の影響を強く受けますが、慣用句を含むことば全体は時代が変わっても残存していることが多く、後世の人間にとっては意味やイメージがずれてしまうわけです。ものがどんどん進むというときに、帆をかけた舟を思い浮かべる時代の人と、燃焼機関による動力を使う乗り物を思い浮かべる現代人とでは理解の仕方も違うわけですが、その中に「尻」のイメージや解釈のずれも関わっていると言うことができます。

九　ことばなれども

本来、空間は三次元のもので、人間の認識の中では左右は対称性がありますが、前後はともに視点によって異なる相対性があります。これに対して、上下は重力によって普遍的で非対称な関係と見なされています。ただ、私たちは、時間の流れのように一次元的（言語学では線のような性質なので線条性と言います）に、空間認識を移し変えて理解することも少なくありません。

「前」は空間認識では進行方向を指しますが、時間軸上では進行方向でないほう、つまり過去の方向を指しますね。これは、英語の before でもフランス語の avant でも同じですから、別段、日本語特有ということではありません。「先」は「前」とよく似ていて、「店先」と「店の前」はだいたい近い位置を表すことがありますが、「この先の駅」を「この前の駅」ということはできませんね。逆に、列車に乗っているときなら「この後《あと》の駅」は「この先の駅」と同じような意味になります。実は、これらは視点と捉え方の違いによってある種の逆転が生じるのですが、うまく説明できるか考えてみていただければ、ことばの奥深さがわかると思います。ことばはことばに過ぎず透明なものというわけではなく、たかがことばなれどもなかなか手強いところがあります。言語学は、このように、パズルの答えを発見するような面白さに満ちていると思うのです。

参考文献

井上京子『もし「右」や「左」がなかったら――言語人類学への招待』(大修館書店、一九九八年)
神尾昭雄『情報のなわ張り理論――言語の機能的分析』(大修館書店、一九九〇年)
神尾昭雄『続・情報のなわ張り理論』(大修館書店、二〇〇二年)

読書案内

加藤重広『日本語語用論のしくみ』(二〇〇四年、研究社)
　拙著ですが、前半で述べた日本語の指示詞について、語用論という専門的な見地からもう少し詳しく述べています。
加藤重広『日本人も悩む日本語――ことばの誤用はなぜ生まれるのか?』(二〇一四年、朝日新書)
　ことばの変化に関する言語学者の見方を、さまざまな実例を挙げながら解説しています。いわゆる誤りとされている使い方にもそのような変化が生じる背景があることがわかります。

第七章　空間と情報の地理学

橋本雄一

一　空間を理解する道具としての地図

地理学ではたいていの場合、「空間」という用語を地表面の一部という意味で使い、地表空間という呼び方もします(日本地誌研究所編一九八九)。地理学の中の一分野である人文地理学は、この空間に投影された人間活動を対象としており、この人間活動により特色づけられた空間を、経済空間、文化空間、生活空間などと呼んでいます。

人文地理学は、この空間を理解するために、地図を重要な道具としています。地図とは、現実世界の地物(地図上に記号で示すことができる物の総称)を目的にあわせて選択し、抽象化して描画したものです。文部科学省の「高等学校学習指導要領解説(地理歴史編)」(二〇〇九年一二月発行、二〇一四年一月一部改訂)は、高等学校の地理歴史科において、「我が国及び世界の形成の歴史的過程と生活・文化の地域的特色についての理解と認識を一層深めさせるよう科目間の関連を重視する」ことと、「各科目で専門的な知識、概念や技能を習得、定着させ、それらを活用できるよう改善を図る」ことを目標としており、これらを行う際に地図を活用した学習を重視することを明言しています。このように、地理を学ぶ上で、空間を理解するために地図は欠かせない道具となっています。

二　デジタル化された地図の歴史

近年では、この地図の内容をデジタル化（電子化）して、コンピューターにより空間を把握しようとする試みが盛んです。そのために用いられているのが、ＧＩＳ（地理情報システム）です。ＧＩＳは、地図データ（コンピューター上で扱う白地図データ）と属性データ（主に表などの形式で記録される各地の人口や土地利用などのデータ）をコンピューター上で統合し、検索、分析、表示するためのシステムです（図7−1）。

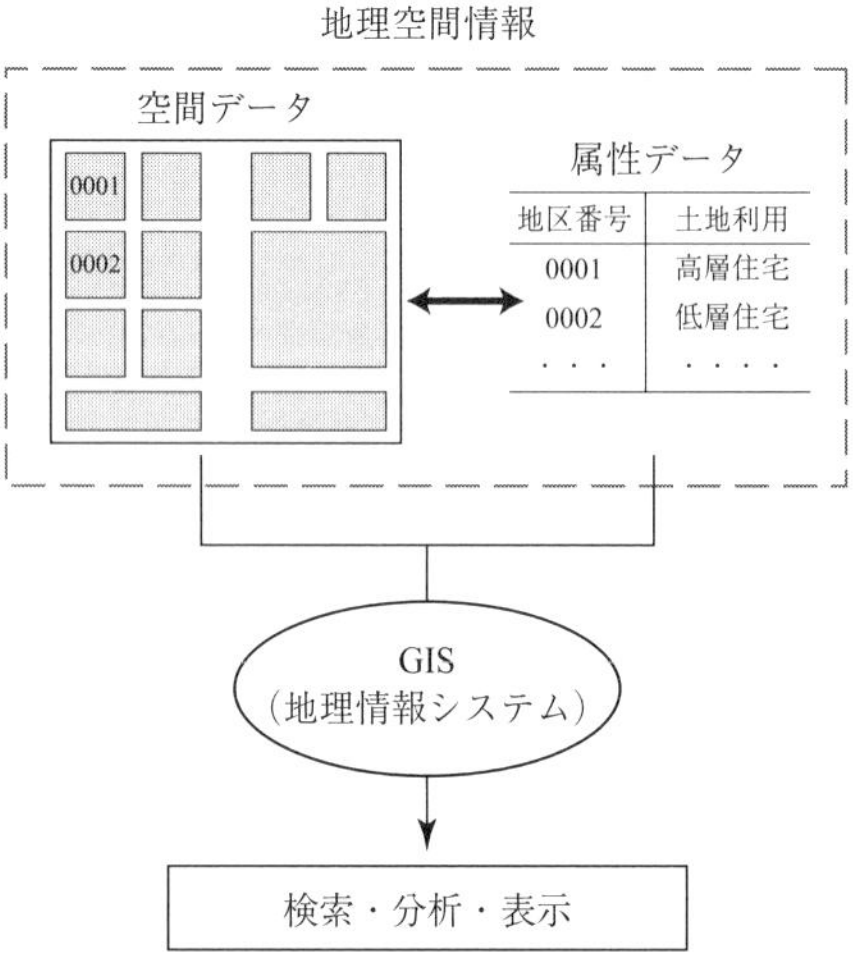

図 7-1　GIS（地理情報システム）

世界で初めてのＧＩＳは、一九六〇年代に米国の地理学者ロジャー・トムリンソン博士が開発しました。この世界最初のＧＩＳは、カナダの土地資源の管理や、農地復興および開発適地の探索を行うために用いられました。

その後、ＧＩＳの技術開発や利活用は米国を中心に進められました。米国では最初に政府が中心となってＧＩＳの開発が進められましたが（村山・柴崎編二〇〇八）、一九七〇年代には多くの民間企業がＧＩＳの開発を行うようになり、一九八〇年代になると大学など研究機関が盛んにＧＩＳの利用を行うようになりました。一九九四年には、クリントン大統領から「国土空間データ整備に関する大統領令」が出され、米国は大規模な空間の情報整備を国家政策として進めました。

三　日本における地理空間情報の整備

米国の動きは、日本の社会基盤となる空間の情報整備に大きな影響を与えました（山下二〇〇九）。これに加えて、日本が空間の情報整備を本格的に行う契機となったのが、一九九五年一月一七日に起こった阪神淡路大震災です。日本では、この災害により、ＧＩＳおよび地理空間情報（デジタル化された地図情報）の社会的重要性が広く認識されました。

それまで、日本では官庁や自治体の資料の多くが紙媒体で保存されていました。阪神淡路大震災では、資料の保存場所が大きな被害を受けて必要な情報が利用できなくなったため、政府・官庁・防災関連機関などは、災害直後に情報がきわめて不足した状態で、救助や復旧の支援を行わなければ

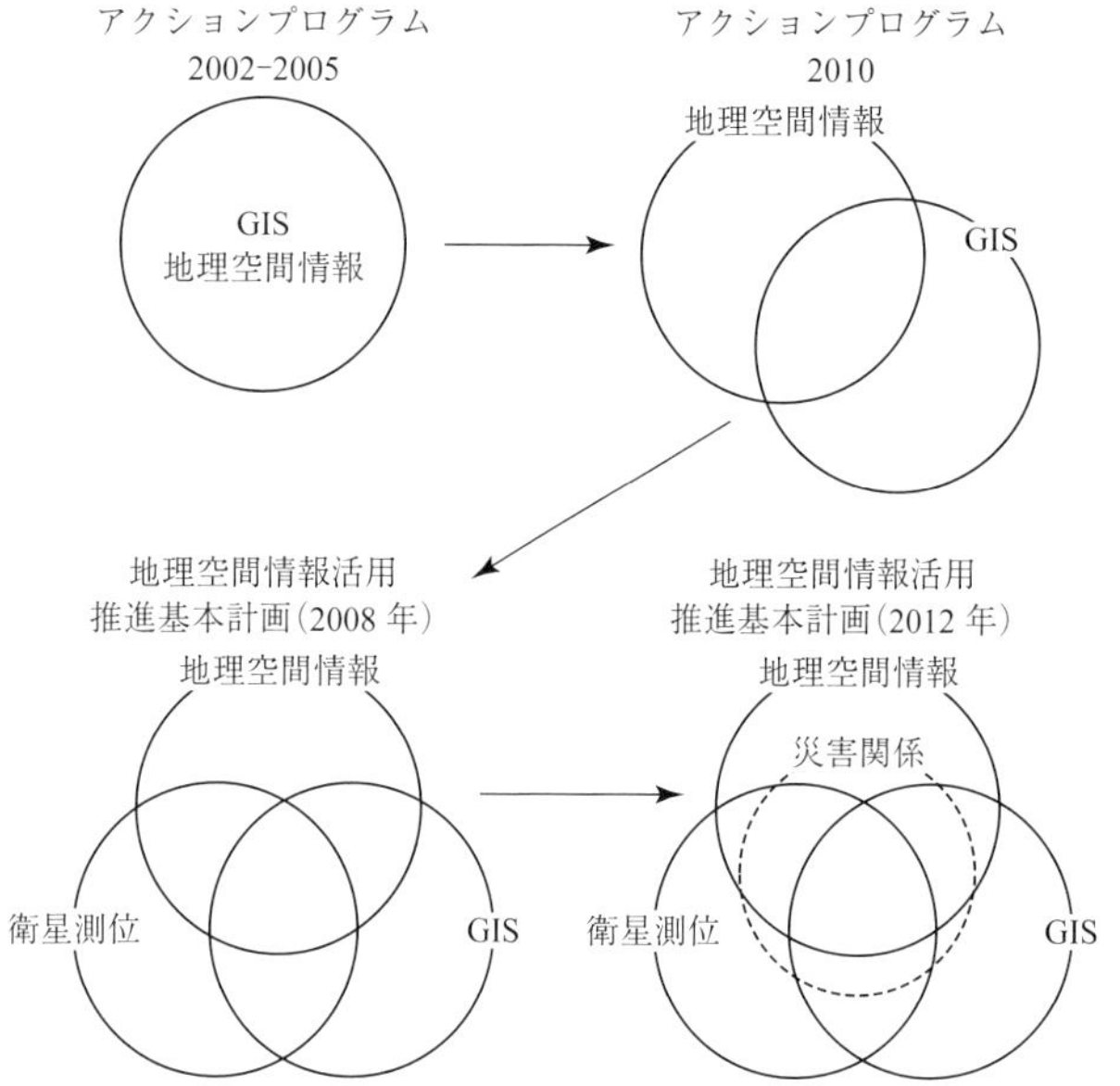

図7-2　地理空間情報に関する国家計画の推移

ばなりませんでした。

　このような問題を克服するための方策の一つとして、生活の基盤となる地理空間情報を全国的に整備し、どこが被災しても他の場所で情報を入手できる体制が社会的に要望されるようになりました（橋本二〇〇九）。まず、政府により一九九五年九月に「地理情報システム（ＧＩＳ）関係省庁連絡会議」が設置され、次いで二〇〇二年二月にはＧＩＳや地理空間情報による行政効率化や行政サービス向上を目指す「ＧＩＳアクションプログラム二〇〇二―二〇〇五」が策定されました。

　この頃になると日本では、ＧＰＳ（米国が構築した全地球測位システム）などの衛星測位（複数の人工衛星の電波により位置などを知る仕組み）を用いた自動車や携帯電話のナビゲーション・システムなどのニーズが高まりました。そこで、二〇〇七年三月にＧＩＳと衛星測位の整備を一体的に推進しようとする「ＧＩＳアクションプログラム二〇一〇」が策定されました。

その後、ＧＩＳ・地理空間情報・衛星測位に関する整備と活用について法律化する動きが活発になり、二〇〇七年五月に地理空間情報活用推進基本法（平成一九年法律第六三号）が公布されました。この基本法に基づいて二〇〇八年四月に閣議決定された「地理空間情報活用推進基本計画」（旧基本計画）は、基本法で示された項目に、ＧＩＳアクションプログラム二〇一〇の内容を盛り込む形で策定されました。

旧基本計画では、「誰もがいつでもどこでも必要な地理空間情報を使ったり、高度な分析に基づく的確な情報を入手し行動したりできる地理空間情報高度活用社会の実現を目指す」ことが目標とされました。この計画では、①国土の利用、整備および保全の推進等、②行政の効率化・高度化、③国民生活の安全・安心と利便性の向上、④新たな産業・サービスの創出と発展という具体的な活用が示されました。

さらに二〇一二年には新しい「地理空間情報活用推進基本計画」（新基本計画）が策定され、地理空間情報・ＧＩＳ・衛星測位に関する施策として災害対応が重要項目として加えられました。この変化には、東日本大震災からの復興と今後の災害への備えとして統合的施策の必要性が高まったことが強く影響しています（図7－2）。

四　地理空間情報で見る東日本大震災の被災状況

二〇〇八年に閣議決定された旧基本計画は、国の骨格的情報基盤として、「基盤地図情報」という地理空間情報を整備・更新・流通させることを重要な課題としています。国土交通省国土地理院は、この基盤地図情報として、標高点、海岸線、行政区画界線、道路縁、軌道の中心線（鉄道など）、水涯線、建築物などのデジタル化された空間情報を提供しています。

新旧の基本計画において基盤地図情報は、災害時に状況を把握し対策を立てるための重要な情報として利用されることが期待されています。そこで本稿は、二〇一一年三月一一日に生起した東日本大震災の被災状況分析を事例として、この基盤地図情報の活用について解説します。

ここで用いるのは、岩手県大船渡市の基盤地図情報です。作業では、上記の基盤地図情報に国土地理院が三月一二日に撮影した被災地周辺の空中写真（地図に適合するように画像修正を行ったもの）を重ね合わせます。

リアス式海岸の湾奥にある大船渡駅周辺市街地の空中写真を見ると、家屋が津波で押し流されたり、膨大な瓦礫が堆積したりして、被災前の家屋や道路の位置を特定することが困難です。そこで、空中写真に道路、鉄道、建築物などの基盤地図情報を重ね合わせて、被災前の地物配置を明確にします（図7-3）。

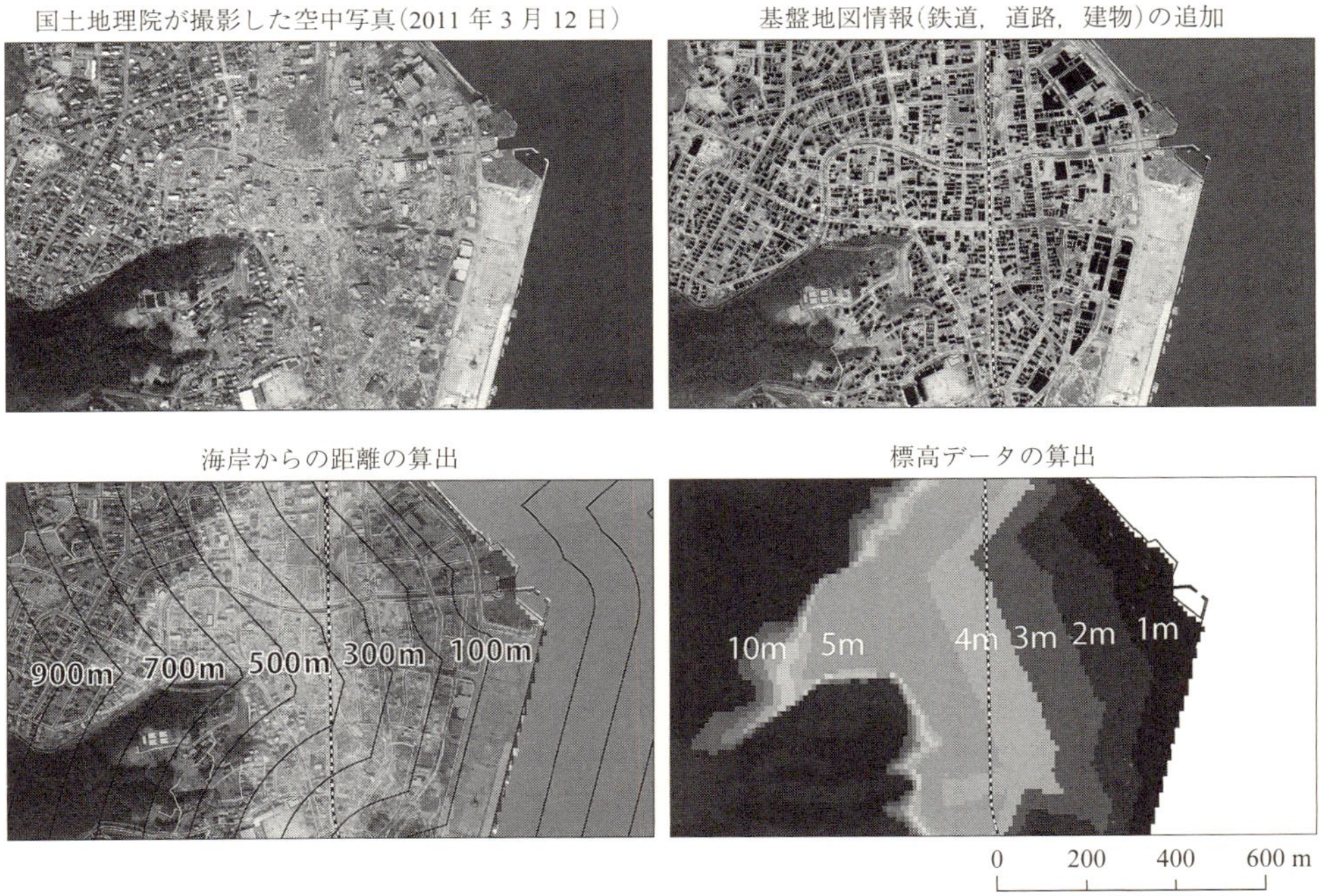

図 7-3　基盤地図情報で見た東日本大震災直後の大船渡市

その結果、鉄道を越えて内陸まで津波の被害が及んでいることや、被災前に当該地区で建物が密集していた様子がわかります。次に、海岸からの距離を示す線を作成すると、津波によって建築物が流されたのは海岸から約七〇〇メートルの範囲であったことが確認できます。さらに、標高を空中写真に重ねると、標高五メートル以下の範囲で被害が著しいことが明らかです。

このように、国土地理院の基盤地図情報のようなデジタル化された空間情報やＧＩＳを利用すれば、災害の実態把握を詳細に行うことが可能になります。

五　地理空間情報で考える積雪寒冷都市の津波避難

都市開発がもたらす災害への危険性

地図は、地震や津波による被災状況を把握するだけではなく、防災対策を立てるのに役立ちます。防災を考える上で、都市開発と、それによってもたらされる災害への危険性とを結びつけて議論することは、きわめて重要です。たとえば、津波の危険性が高い海岸近くの低地で住宅開発が進んでいる場合、その地域での人口増加は防災上の問題を増大させ、さらに積雪寒冷地の冬季環境は、この問題を深刻にする可能性があります。冬季に津波が発生した場合、多くの住民が標高の高い場所へ避難することになりますが、その経路は積雪で道幅がきわめて狭くなっているため混雑して迅速な移動は困難になり、加えて積雪寒冷地は冬季に路面凍結で道が滑るため緩やかな坂道でも高齢者には移動が難しくなります。また、大量の積雪により公園などオープンスペースへ避難できないため、数少ない屋内避難施設だけでは避難者を収容しきれないことも考えられます。

防災上の問題に対して解決に向けた検討を行うためには、都市に関する詳細な地理空間情報や、その分析技術が必要となります。そこで本稿は、地理空間情報を利用して、積雪寒冷地における臨海都市の災害時避難に関する分析を行い、その結果から、防災について考えることにします。なお、災害としては津波災害を取り上げ、積雪期と非積雪期の環境の違いに注目します。

北海道太平洋岸における津波浸水想定域の人口推定

ここでは対象地域として北海道を取り上げます。北海道は東北地方と違って主要都市が臨海部にあるため、津波浸水想定域（津波の来襲があると予想される範囲）には多くの人口が分布しています。

本稿は、総務省が作成した国勢調査小地域データ（二〇一〇年）と、北海道が作成した太平洋沿岸市町村の津波浸水想定データを地図データとして読み込み、その数を推定します（図7-4）。なお、この計算で得られる数値は被害想定人口とは異なることに注意して下さい。

推定の結果、北海道全域で四五五、一一四人が津波浸水想定域に居住しているという結果が得られました。二〇一〇年現在の国勢調査における北海道の人口は五、五〇七、四五六人であるため、約一二人に一人が津波浸水想定域に居住していることになります。

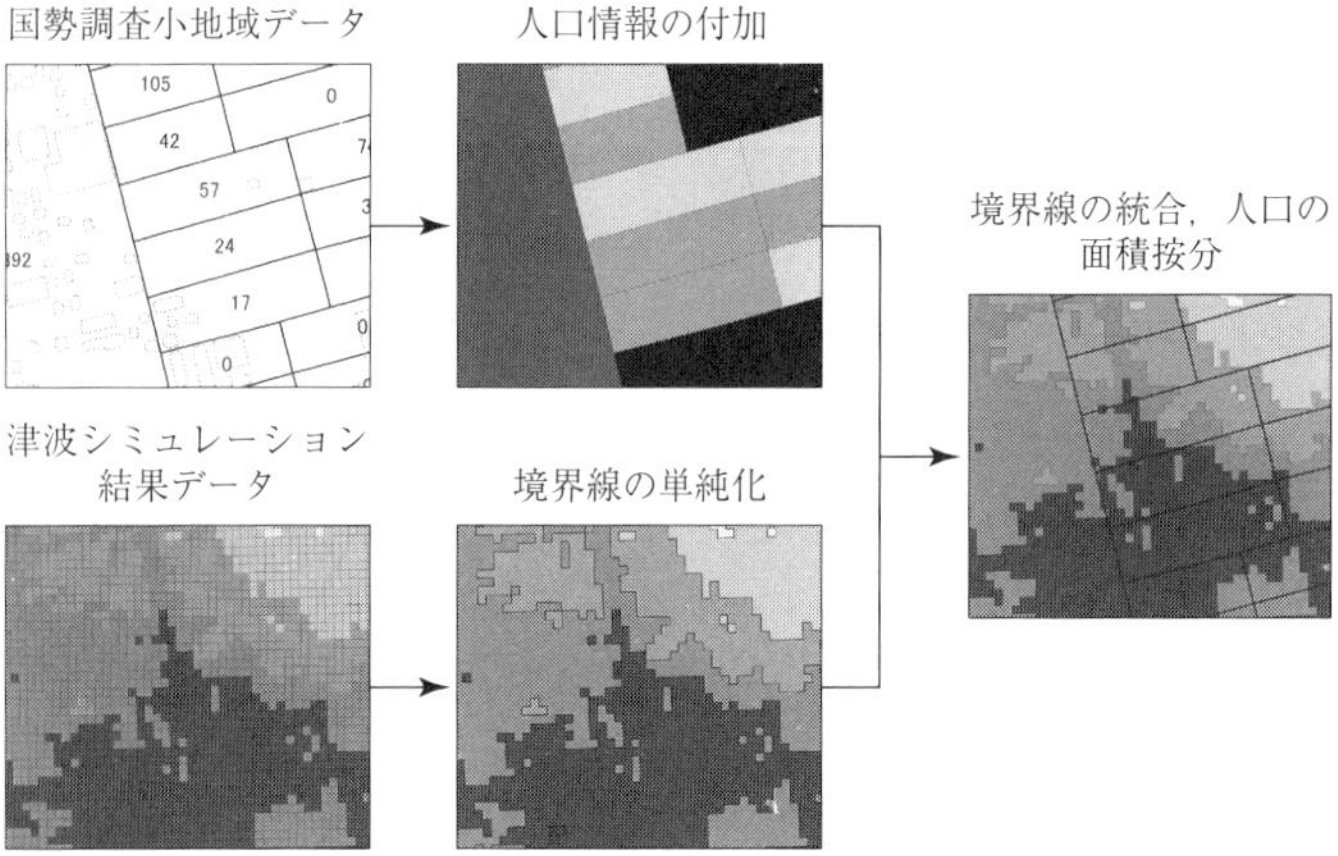

図 7-4　津波浸水想定域における人口の推定方法

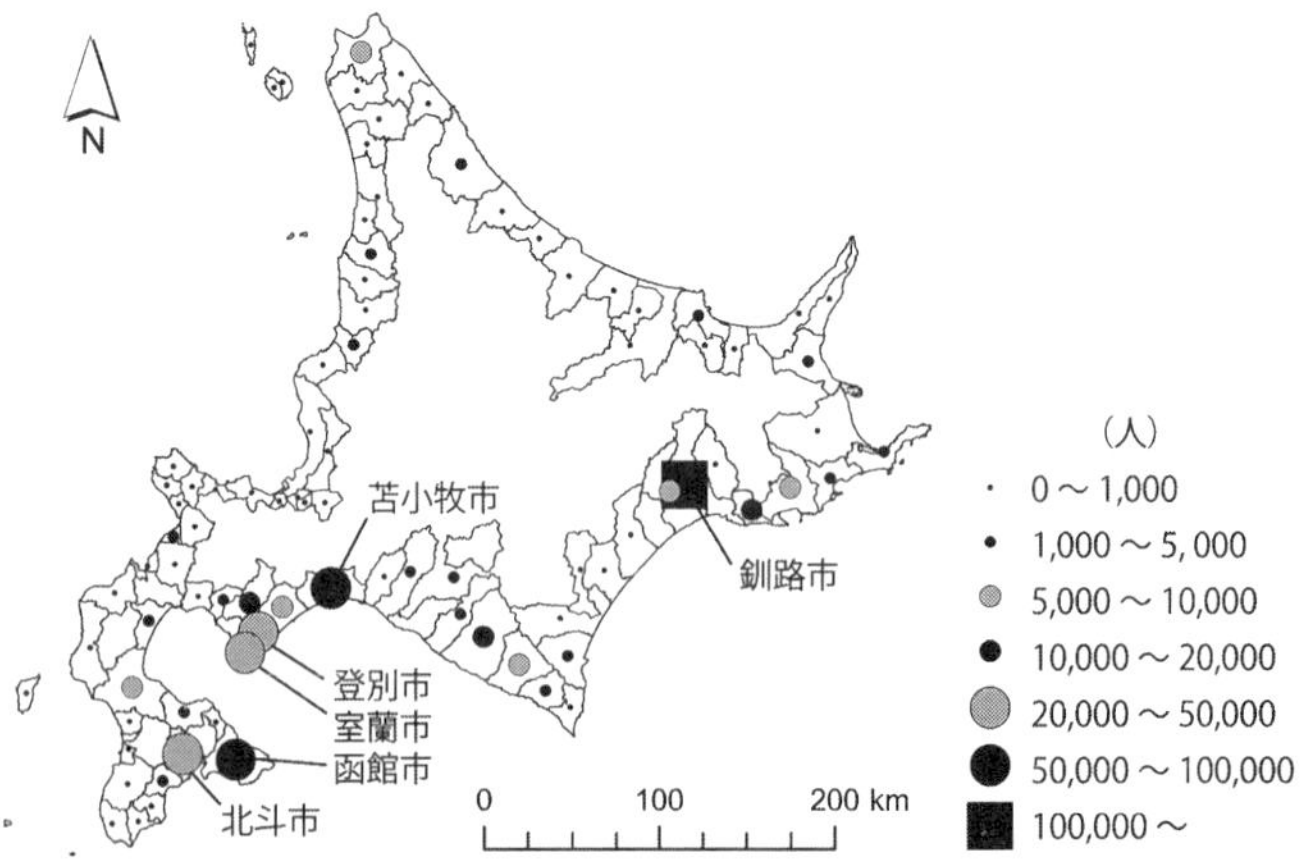

図 7-5　津波浸水想定域の市町村別人口(2010 年)

出典)橋本雄一「北海道における津波浸水想定域人口の推定」北海道大学文学研究科紀要，144 号，31-65 頁，2014 年。

この結果を市町村別に見ると、津波浸水想定域の人口が最も多いのは釧路市の一一八、二七三人であり、函館市の五九、三九〇人、苫小牧市の五七、三〇二人、登別市の三四、四四〇人、北斗市の二七、一四八人、室蘭市の二二、五二八人と続きます(図7-5)。臨海部で都市開発が進んだ結果、主に太平洋沿岸で津波浸水の危険性がある範囲に多くの人口が居住していることがわかります。

次に、太平洋沿岸において津波浸水高別に人口推定を行うと、深度三メートル未満の範囲に津波浸水想定域の全人口の約半分が、六メートル未満の範囲に約八割の人口が分布していることがわかります。建物一階分の高さを三・五メートルとした場合、二階の天井で七・〇メートルになりますから、この結果は、強固なビルの三階以上へ避難することで、多くの人が津波被害を逃れられる可能性があることを示しています。

津波発生時における避難圏の空間分析

ここから本稿は、津波浸水想定域に最も多くの人口が分布する釧路市を対象地域として話を進めます。

二〇一二年六月に北海道から公表された津波浸水想定をＧＩＳで可視化して旧釧路市の部分を示すと、釧路市の海岸付近で想定される津波高は一〇メートルを超えており、その範囲は市街地の大部分を含んでいます(図7-6)。

ここで本稿は、避難場所にどの程度の避難人口を収容できるのかを考察するため、「ネットワー

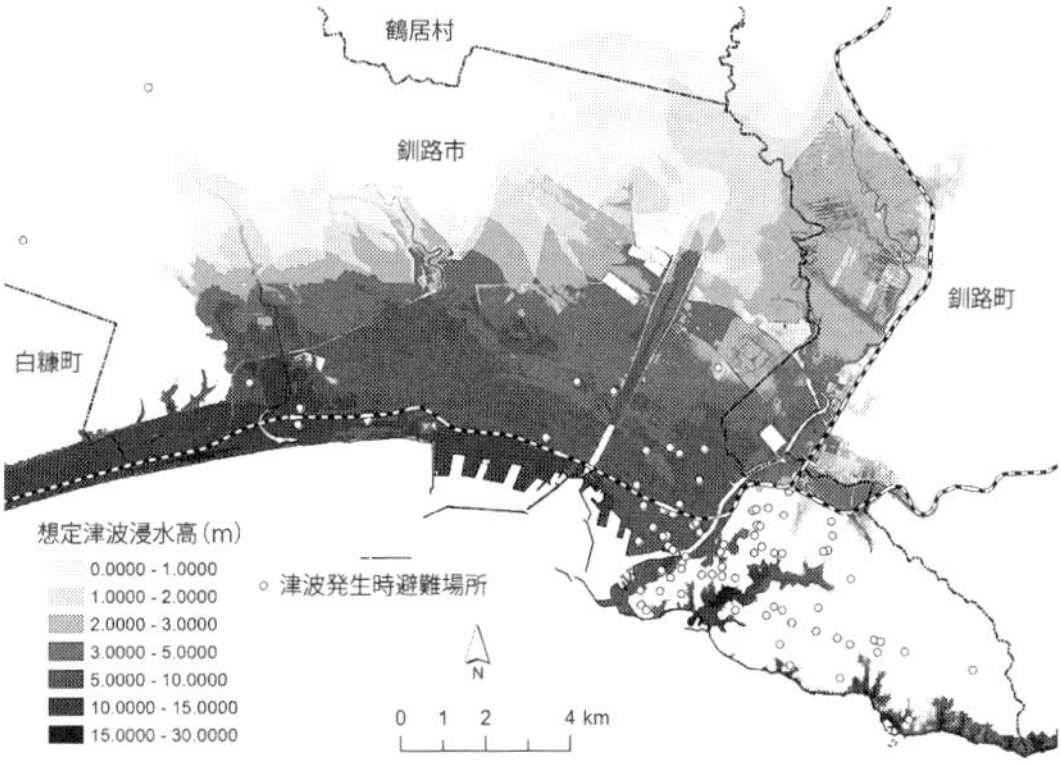

図7–6　釧路市の津波浸水想定域

北海道津波シミュレーション結果データにより作成。

クボロノイ領域分割」という空間分析の新しい手法を用いて各避難場所の圏域（避難圏）を設定します。

　この手法は、避難圏の設定を現実的に行うという点で、従来の手法より優れています。図7−7で避難場所を母点、道路網をネットワークとした事例を示すと、従来から行われている「平面ボロノイ領域分割」は河川など通行できない部分を考慮できず、単純な空間分割を行うのみです。しかし、本稿が提案する「ネットワークボロノイ領域分割」は「河川を橋でしか通行できない」といった条件を加えた空間分割を行うことができます（相馬・橋本二〇〇六）。

　本稿は、二〇一三年二月における釧路市の津波避難場所となっている八〇か所について、ネットワークボロノイ領域分割により避難圏を設定し分析を行います。

　二〇一〇年時点での避難場所の収容能力を見るため、設定された避難圏内の津波浸水想定域人口から避難場所の収容可能人数を引いて非収容人口を算出します。すると、避難圏内の全人口を収容

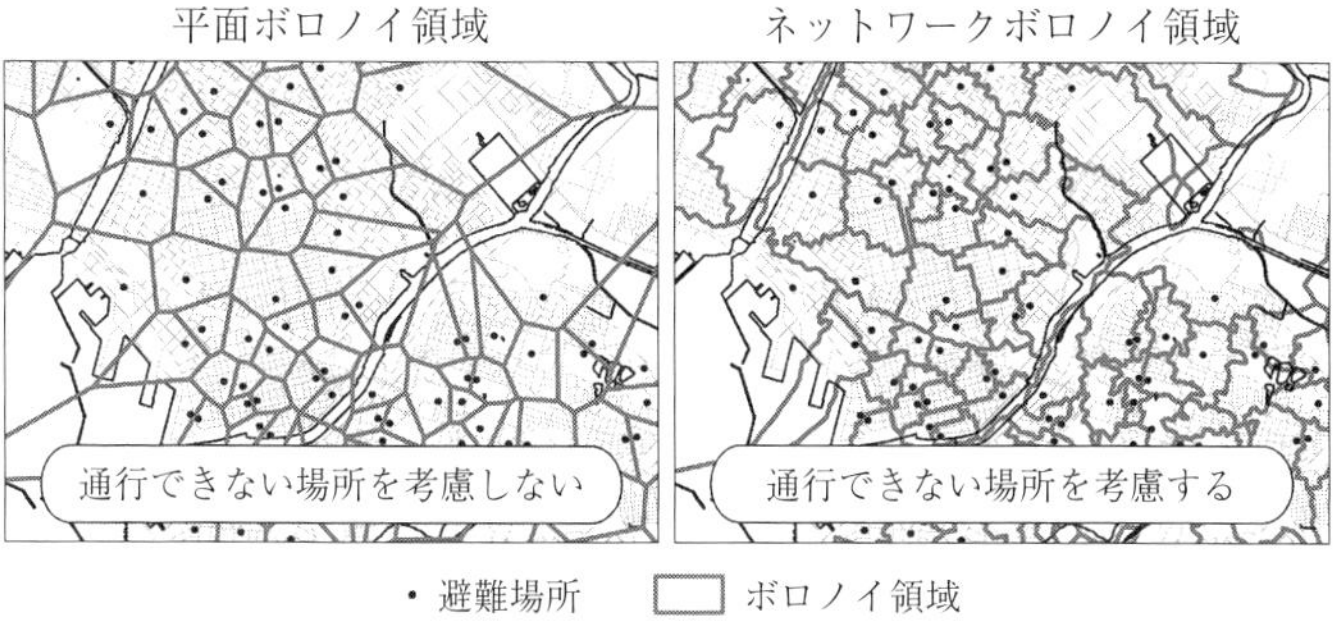

図 7-7　避難圏の設定に関する手法の比較

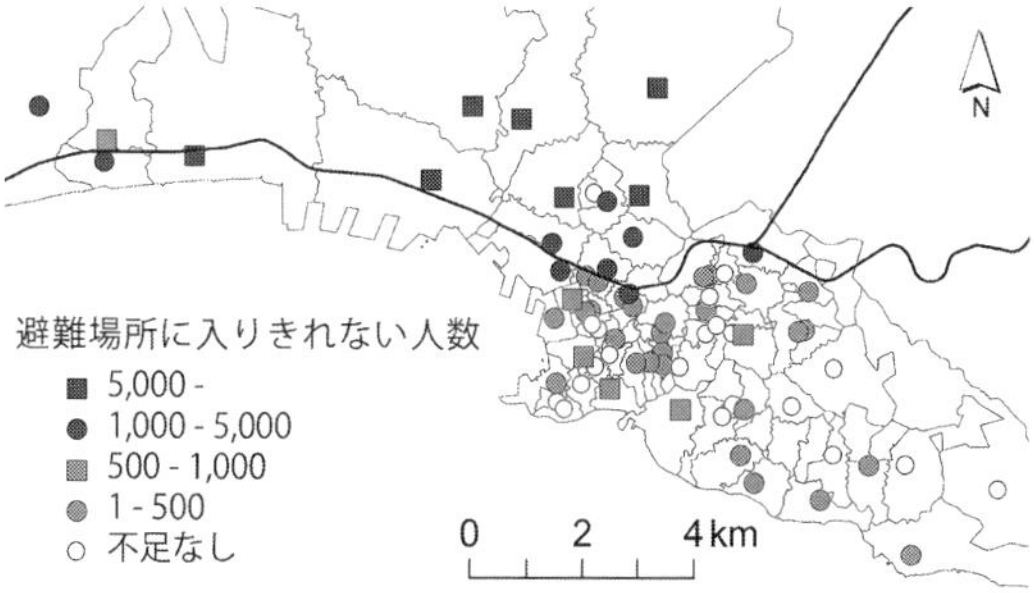

図 7-8　避難場所ごとの収容しきれない避難者数

しきれない避難場所は五五か所あり、その比率は六八・七五%と過半数を占めています（図7−8）。

そのうち、収容しきれない人口が一、〇〇〇人を超える避難場所は一六か所あり、特に市街地西部や釧路駅の北側の地区など新しく開発された住宅地に多く分布しています。

このように、釧路市では津波浸水想定域の人口に対して避難場所の収容能力が不足しており、その不足は新たに住宅が増えつつある地域で著しいことがわかります。

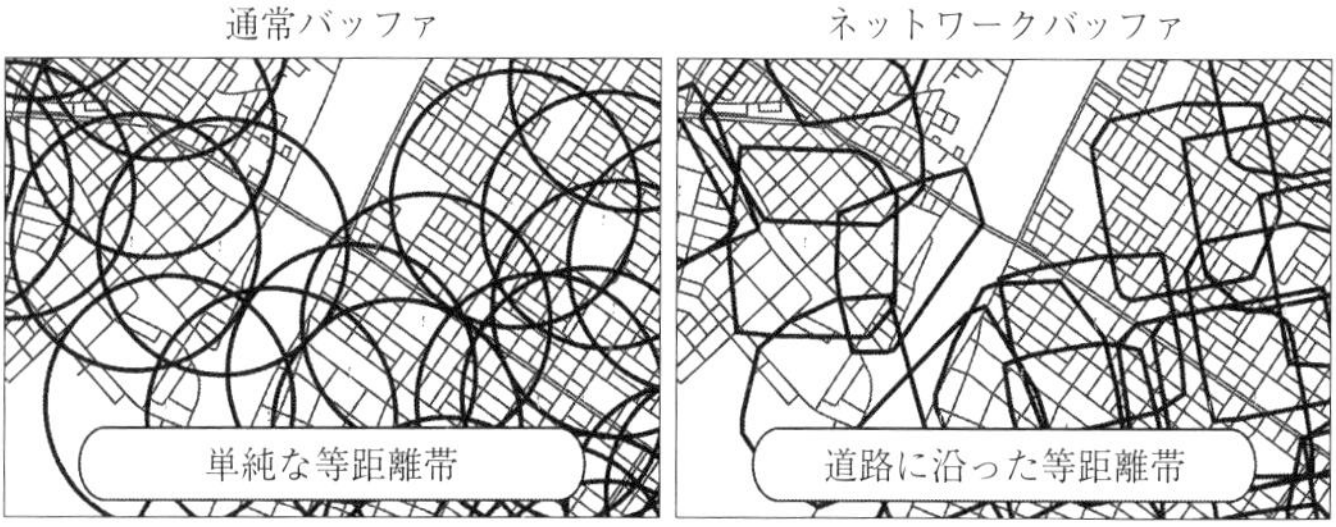

図 7-9　避難場所到達圏の設定に関する手法の比較

津波発生時における避難場所到達圏の空間分析

さらに本稿は、津波が到来するまでの時間に注目し、避難が可能な距離を考慮した分析を行います。そのために、ネットワーク空間上にバッファ（ある地点から等距離にある範囲）を生成して、避難場所への到達圏を設定します。

通常、空間データにおいて任意の点からのバッファは円形になりますが、ここでは道路網によるネットワーク空間上で避難場所から一定距離にある範囲（ネットワークバッファ）を到達圏とする新しい方法を用います（図7-9）。

なお、避難場所からの距離としては、二〇一一年に国土交通省が発表した『東日本大震災の津波被災現況調査結果（第3次報告）』を参考にして五〇〇メートルとします。

計算の結果、二〇一〇年における到達圏内の人口は、津波浸水想定域に居住する人口の約三割であり、残りの七割の人口は到達圏の外に居住していると考えられます。

釧路市では、積雪期には路面が圧雪で滑りやすくなり、路側帯は除雪した雪の置き場となって道路の幅員がきわめて狭くなります。

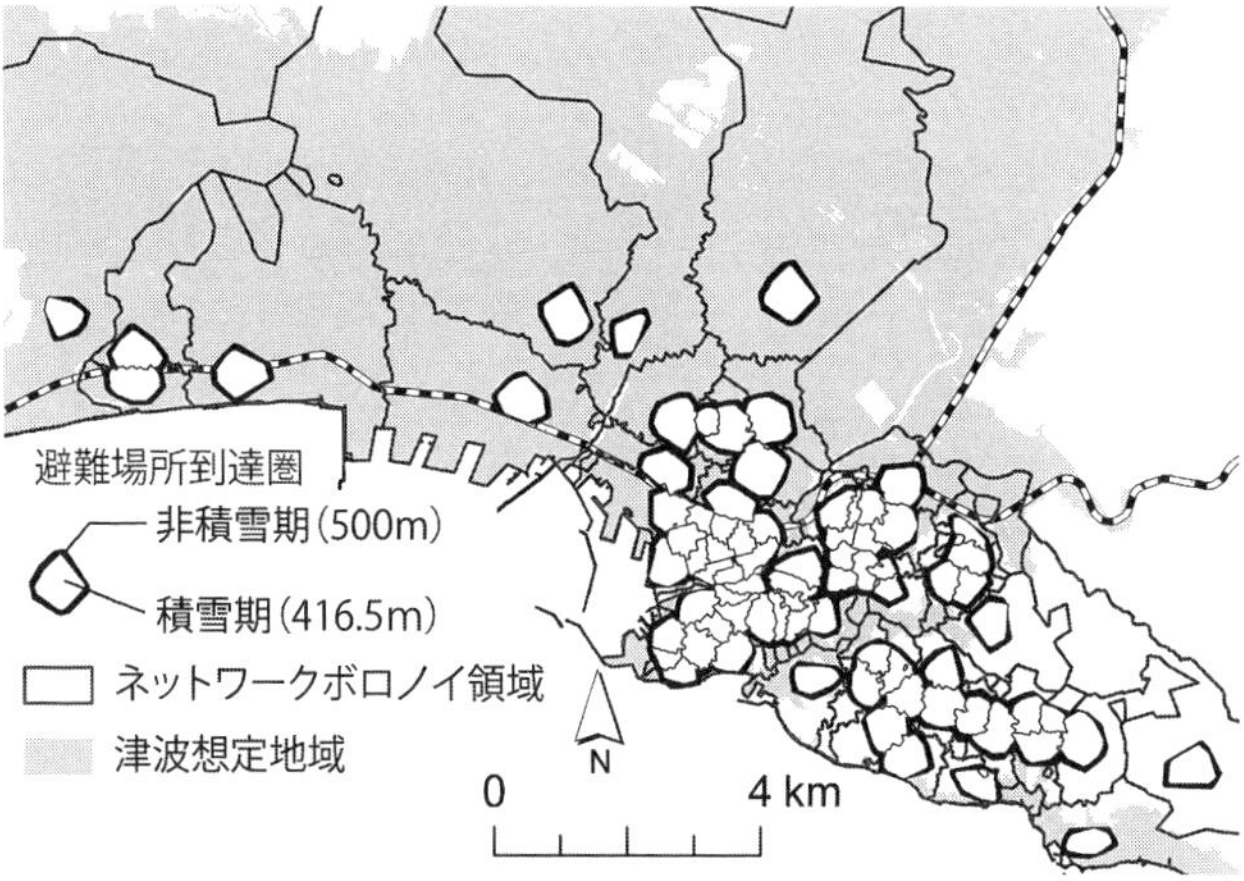

図 7-10　新しい手法により設定された避難場所到達圏

そのため、積雪期の釧路市では、単位時間当たりの移動距離は短くなります。ここで、内閣府資料などを参考に、積雪期の移動距離を非積雪期の〇・八三三倍とすると、四一六・五メートルが到達圏となります。この到達圏内の人口は全体の二割程度となります（図7-10）。

各避難場所に関して、避難圏の人口に占める到達圏の人口比率を見ると、非積雪期も積雪期も市の中心部で高く、周辺部で低くなっています。このことから、釧路市西部や東部に拡大した住宅地では、近隣に津波避難場所がなく、避難時には長距離の移動が必要であることがわかります（図7-11）。

このように釧路市では、避難場所の収容能力不足に加えて、避難場所までの移動距離の長さも、一年を通じて問題となっています。さらに、これらの地区では高齢者比率が高いことも問題を深刻

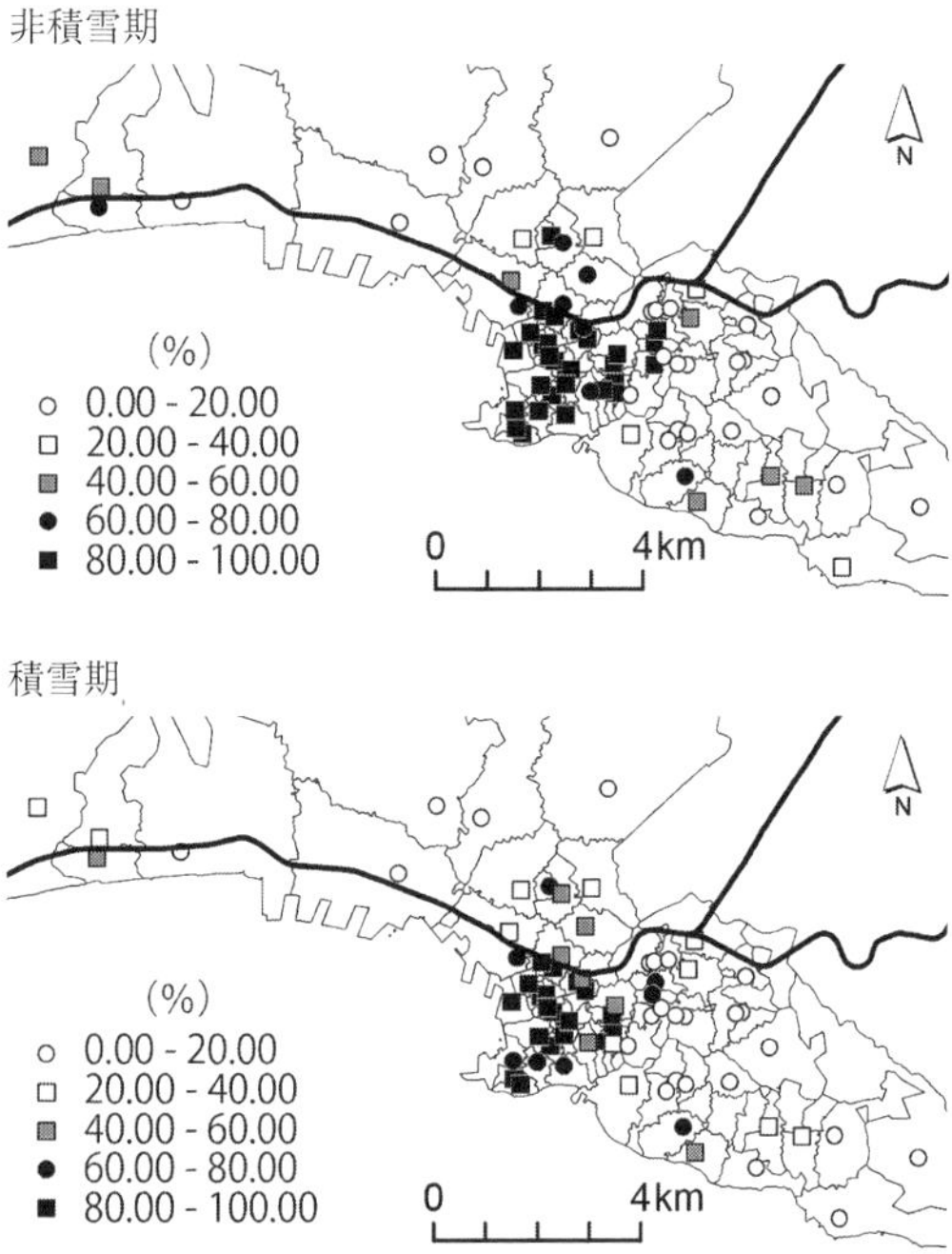

図 7-11　避難場所ごとの避難圏人口に占める到達圏人口の割合

化させています。高齢者は移動に時間がかかるため、津波到達までに避難ビルに入ることができなかったり、到着したときには満員の状態で避難場所に入れなかったりする可能性があります。

衛星測位を用いた津波避難の分析

本稿で扱った問題解決のためには、避難場所を増やすことが必要です。その避難場所に迅速に到達するために、避難路の整備が必須となります。そこで、積雪寒冷地における疑似的な津波避難行動の移動履歴を、ハンディGPSを用いて記録・収集し、そのデータをGISで分析することにより、避難行動時の課題を抽出します（図7-12）。

この研究では、まずハンディGPSを用いて収集した避難行動情報を用います。調査期間は二〇一二年八月—二〇一四年二月であり、調査ではハンディGPSにより任意の地点から避難場所までの移動について、一秒間隔で位置情報（経緯度）を記録しました。その際、避難行動の様子をビデオカメラで撮影し、速度が低下した場所の映像を確認しました。調査の避難経路は、到達圏外から避難場所までの四六通りの経路を設定しました。

この実験の結果から、避難速度が低下する地点を明らかにし、その低下要因を明らかにします（表7-1）。なお、この実験の詳細は、奥野祐介・橋本雄一による二〇一五年の論文に詳しく解説されています。

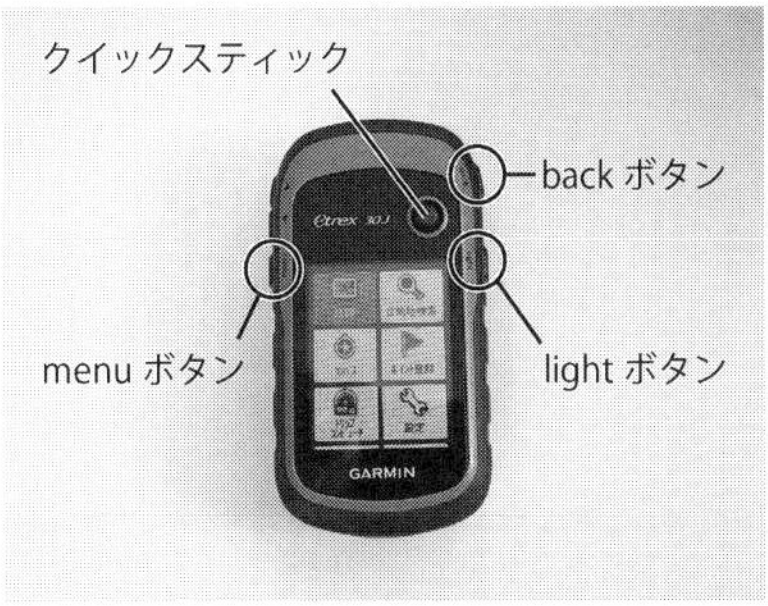

図7-12　実験に使用したハンディGPS

出典）橋本雄一編『QGISの基本と防災活用』古今書院, 2015年, 145頁。

結果の一部をカーネル密度図の三次元図で示します（図7-13）。これは、GPSの移動履歴データをGISで地図化したものです。この地図では、各地点で垂直方向に速度低下の度合いを示しており、高くなるほど移動速度の低下が顕著となります。

この図を見ると、積雪期には濡れている路面から凍結路面への移動時における速度低下が顕著であることがわかります。さらに、この時期には、雪道（雪が積もっている道）や、除雪作業で形成された雪山によって歩道が狭くなり、車道への回避を余儀なくされる場合や、凍結して滑りやす

表 7-1　速度低下要因と件数

要　因		非積雪期		積雪期	
		件数	%	件数	%
A	交差点周辺での減速	23	38.33	13	13.83
B	道路横断	9	15.00	5	5.32
C	傾斜	4	6.67	2	2.13
D	歩道が狭い	3	5.00	5	5.32
E	階段	2	3.33	2	2.13
F	交通量の多さ	2	3.33	2	2.13
G	水たまり	2	3.33	0	0.00
H	ルートの確認	2	3.33	0	0.00
I	避難場所の入り口で迷う	1	1.67	2	2.13
J	車両通過待ち	1	1.67	0	0.00
K	路面凍結	0	0.00	40	42.55
L	雪山・雪道	0	0.00	14	14.89
M	雪により歩道が狭い	0	0.00	6	6.38
N	その他	11	18.33	3	3.19
合　計		60	100.00	94	100.00

出典）橋本雄一編『QGIS の基本と防災活用』古今書院，2015 年，150 頁。

くなっている傾斜および階段での減速も見られます。

　このように、積雪期特有の速度低下要因が移動軌跡データとビデオカメラ映像から確認できます。積雪期には、その経路に多数の凍結箇所があり、滑りやすい状態になっています。そのため、滑り止め剤をピンポイントで速度低下の見られた地点に散布すれば、災害時の避難を迅速にできると考えられます。

　ここまでの分析で明らかにした通り、GISや地理空間情報を活用すると、都市開発と災害の危険性との関係を合わせて考察でき、その結果から効果的な防災について議論を行うことが可能となります。

(a)非積雪期

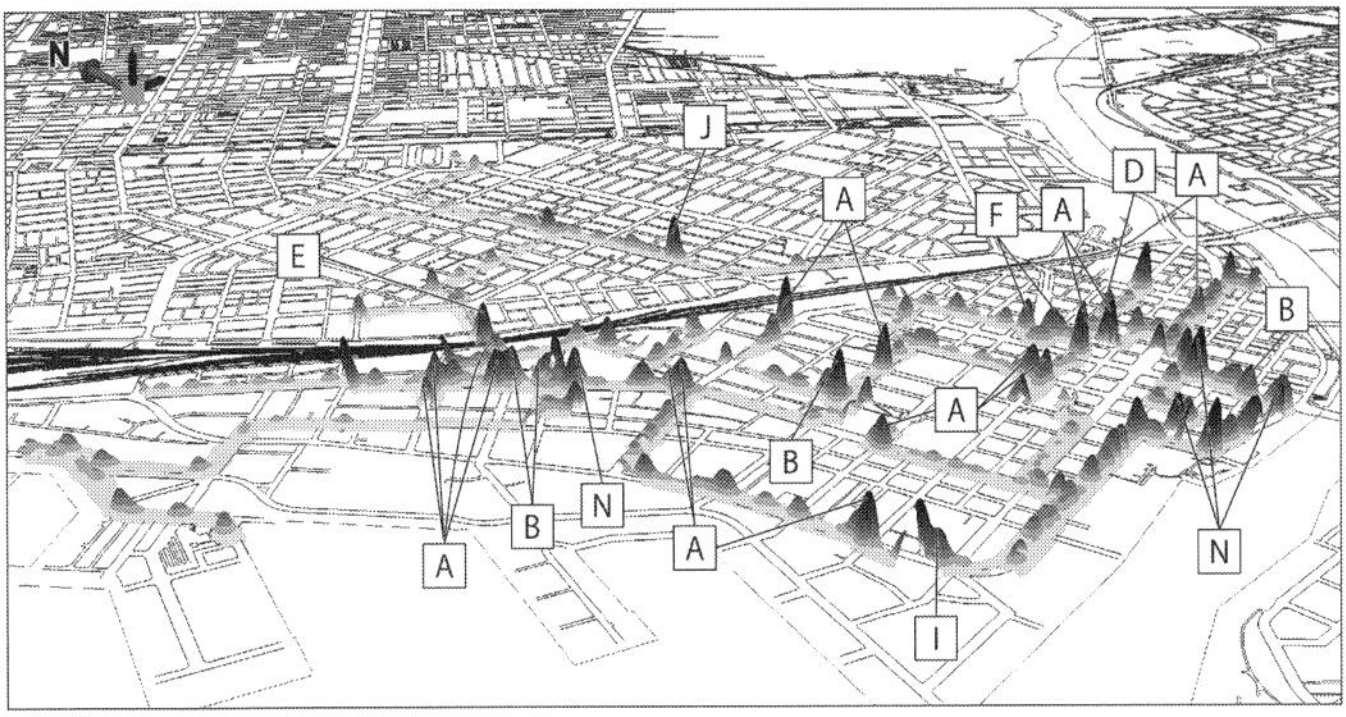

(b)積雪期

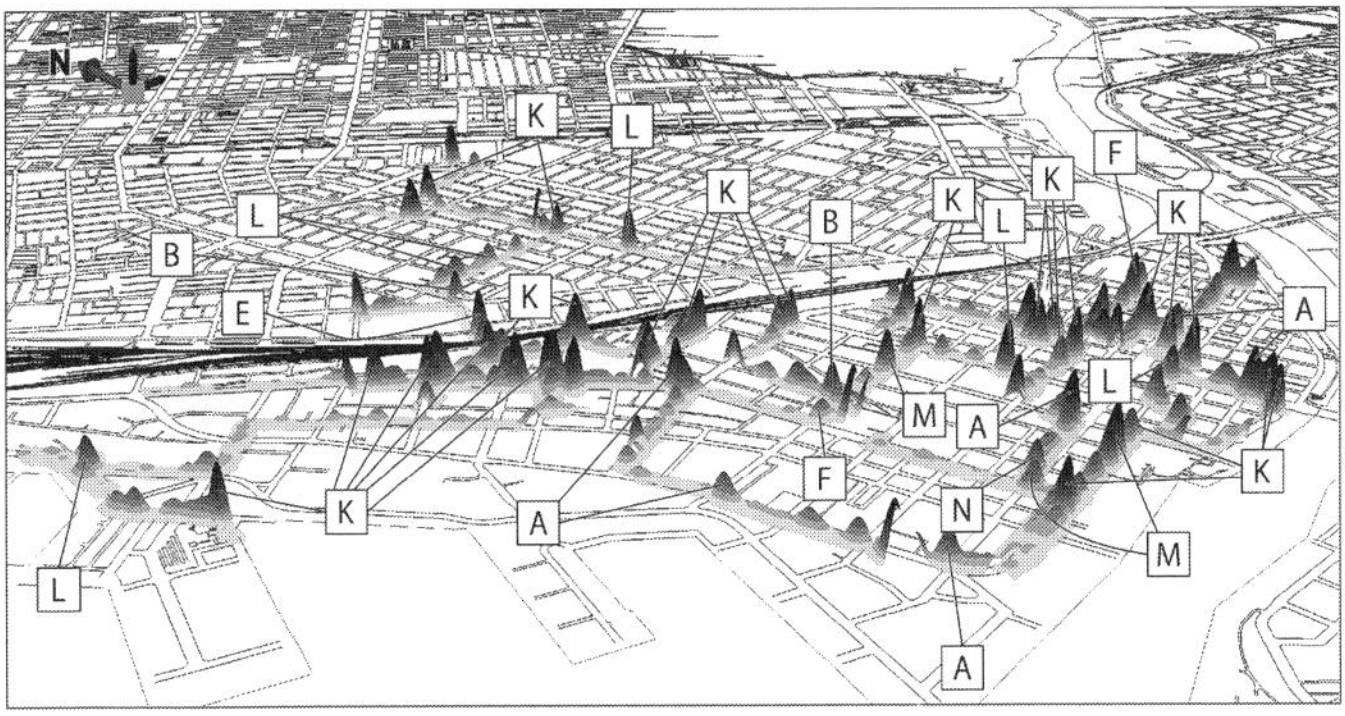

図 7-13　釧路市内の避難歩行速度に関する三次元図

歩行速度低下要因　A：交差点周辺での減速，B：道路横断，C：傾斜，D：歩道が狭い，E：階段，F：交通量の多さ，G：水たまり，H：ルートの確認，I：避難場所の入り口で迷う，J：車両通過待ち，K：路面凍結，L：雪山・雪道，M：雪により歩道が狭い，N：その他。（注：図に示したエリアには見られない要因もある）

出典）橋本雄一編『QGIS の基本と防災活用』，古今書院，2015 年，151 頁。

おわりに

本稿では、デジタル化した地図データは地表空間の把握や分析に有効であることをお話ししました。防災には、住民による自助や共助が大切なことは言うまでもありません。しかし、自助や共助を有効に機能させるためには、最適な公助が必要です。この最適な公助を実現させるには、正確な情報を迅速に共有するための社会的な仕組みが重要です。

一般に災害情報はマクロスケールで公表されるのに対し、対策は町内会や自宅周辺といったミクロスケールで考える必要があります。その間をつなぐ情報、特に空間の情報利用を活発にすることが、自助・共助・公助を有効に機能させ、都市開発によって増大する災害リスクを軽減させることに結びつくと思われます。

二〇一五年八月から、高校における地理必修化が検討されています。その計画では、GISや地理空間情報を使って防災などに取り組むことが述べられています。中でもインターネットを通じて各種地図・空中写真を閲覧できる地理院地図はきわめて優れた地理教材として期待できます。この地理院地図などを利用して、本稿が行ったような議論が、高校などで空間的視点をもって行われることで、将来、空間の情報を高度に活用した、より良い社会が構築されることが望まれます。

参考文献

奥野祐介・橋本雄一「積雪寒冷地における疑似的津波避難に関する移動軌跡データ分析」（GIS―理論と応用、二三巻一号、一一―二〇頁、二〇一五年）

相馬絵美・橋本雄一「空間データにおけるネットワークボロノイ領域の分析方法」（北海道地理、八一巻、二九―三七頁、二〇〇六年）

日本地誌研究所編『地理学辞典　改訂版』（二宮書店、一九八九年）

橋本雄一「地理空間情報活用推進基本法の成立」（橋本雄一編『地理空間情報の基本と応用』、古今書院、一―五頁、二〇〇九年）

橋本雄一編『QGISの基本と防災活用』（古今書院、二〇一五年）

村山祐司・柴崎亮介編『GISの理論』（朝倉書店、二〇〇八年）

山下亜紀郎「GISの概念と歴史」（橋本雄一編『地理空間情報の基本と活用』、古今書院、一七―二三頁、二〇〇九年）

読書案内

笠原稔・鏡味洋史・笹谷努・谷岡勇市郎編『北海道の地震と津波』（北海道新聞社、二〇一二年）

北海道で起きた地震や津波について、カラー図版を使って丁寧に解説した本です。

橋本雄一編『地理空間情報の基本と活用』（古今書院、二〇〇九年）

GIS、GPS、デジタル地図などの基本を理解するための入門書です。防災や環境保全を事例としています。

橋本雄一編『QGISの基本と防災活用』（古今書院、二〇一五年）

GISを使ったハザードマップの作成方法や自治体で実際に行われている防災活用などを紹介しています。

森泰三『GISで楽しい地理授業――概念を理解する実習から課題研究ポスターまで』（古今書院、二〇一四年）

高校の地理教育におけるGIS活用を紹介した本です。今後の地理教育の参考になります。

第八章　空間の認知と色彩

川端康弘

一　空間を知るための認知システム

ここでは私たちの身の周りにある情報をもとに、空間というものがどのように心の中で構成されていくのかということを、心理学や認知科学の知見をもとに考えてみたいと思います。そのときに使われる情報はたくさんありますが、特に色彩は人間らしい空間の認識にとって重要と考えられます。

人間は見て、では他の動物は？

空間は見ることによって認識されるのでしょうか。確かに人間の場合はそう言ってもよいでしょう。いわゆる五感のうちでは視覚が重要です。ただ他の動物では必ずしもそうとは限りません。たとえば犬も目で外界を見ますが、近視に近い見え方であり、詳細な空間構造を把握するのは難しいとされています。しかし犬が持つ優れた感覚である嗅覚を用いると、身の周りにあるさまざまな物のにおいを嗅ぐことによって、それらが何であるか(おいしそうな食べ物や危険な外敵)がわかるだけでなく、それらと自分の空間的な位置関係を把握して、人間並の空間世界を構築できる可能性があります。また夜行性のコウモリなどは聴覚が発達していますが、単に外界の音を聞くだけでなく、自分が発した音が物体や壁面にぶつかって返ってきたものを聴覚で捉えることによって、その物体や壁面の距離や位置など自分との空間的な関係を知ることができます(反響定位)。多くの方向からの反射音を聞くことができれば、やはり犬の嗅覚の場合と同じように、たくさんのものが配置された環境についてもその空間構造を知ることができるでしょう。たとえば私たちが懐中電灯を手に真っ暗な洞窟内を探検する場合、いろいろな方向に光を当てて内部の様子を観察しますが、これはコウモリが音でやっていることでしょう。反射音と聴覚によるコウモリの反響定位の方法は、反射光と視覚による人間の外界定位の方法と原理的には同じであると言えます。

私たち人間もコンサートホールでオーケストラの演奏を聴くときなど、多数の楽器の演奏が異なる方向から聞こえてきて空間の広がりに驚いたり、あるいは山に登って遠くの岸壁に向かい、「ヤッホー」と叫んでその遠さを実感したりしますが、これも一種の反響定位です。また見ることに頼らずとも意外に空間の認知がうまくできることに驚くことがあるかもしれません。ただ、これはまれにしか経験しない現象とも言えるでしょう。私たちの住む陸上の環境ではやはり光が有効な情報源であり、それを処理する視覚システムは私たちの空間認識にとって主要な感覚です。

では水中に住む動物はどうでしょうか。水中では光は吸収されやすく、一〇〇メートルくらい先だとほとんど届きません。一方、音は空気中よりも遠くまで達しますし、しかも水中の方が速く伝わります。空気中での音の伝達速度は三四〇メートル毎秒程度ですが、水中での速度はその五倍近くになります。したがって情報源としては光よりも音のほうがはるかに有効です。水中で遠くをすばやく見通すことはできないけれど、聞き通すことは適切な聴覚システムさえあれば可能でしょう。陸上での光の特性である、情報をすばやく遠くに伝えるという空間認識にとって有効な特性が、水中では音で得られるわけです。ですから進化論的に見ると水生動物は空間を認知する手段としては聴覚システムを発達させるのが適切と考えられます。以前からクジラなどの水生ほ乳類の仲間は反響定位を行うことが知られていますし、最近の研究によれば彼らは音波によって一〇〇〇キロメートル近く離れた仲間とコミュニケーションがとれるとも言われています。

こういった人間や動物の例から、空間の構造を捉えるためには、比較的遠くの情報を得るための感覚（五感のうち、主に視覚、聴覚、嗅覚）が必要であることがわかりますが、どの感覚を使うかは、その動物が得意とする感覚であったり、住んでいる環境に適した感覚であったり、必ずしも一つに決まっているわけではありません。ただ視覚、聴覚、嗅覚といった感覚情報は、種類は違っても心の中（脳）に世界の空間的な広がりや構造をつくりあげるために使われており、構成していくときのやり方はほぼ同じであると思われます。

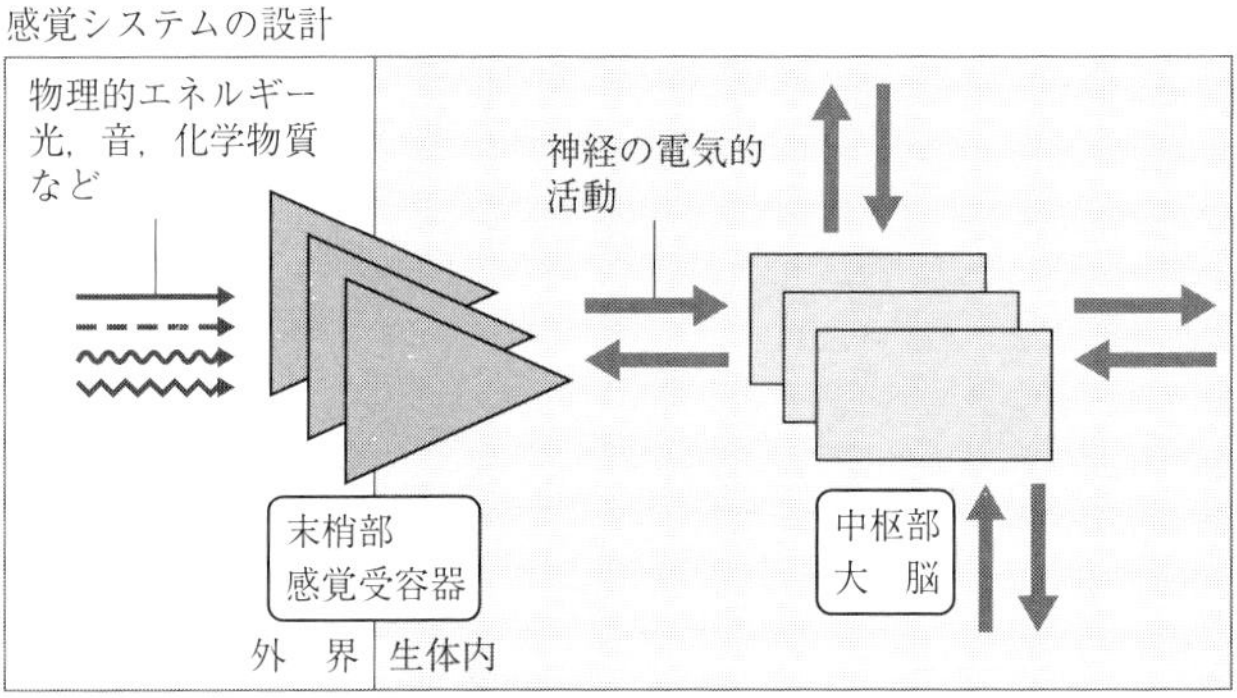

図 8-1　感覚器と大脳

心の中の空間表現

では心の中で空間はどのような形で表現されているでしょうか。心理学ではこれを空間表現（表象）と呼んでいます。認知心理学の知見から人間の場合は主に視覚と聴覚の情報が中心となって他の感覚情報が統合される基本構造になっていると考えられています。この表象を使って私たちは今見ているときだけでなく、過去を思い出す場合にも空間を認知できるわけですが、その表象はとてもリアルなものに感じられます。たぶんそれは視聴覚という主感覚が他の感覚を主導することによってうまくまとめられ、また他の副次的感覚によって多彩な情報が付与されることでうまく表現されるからなのでしょう。図8-1は眼や耳という感覚器を通して入ってきた情報が大脳などの中枢神経系の中でどのように扱われているかを示した図です。外界では光、音、においや味に関わる化学物質、皮膚への圧力など、まったく異質な物理的エネルギーとしてそれぞれ独立に存在していますが、生体内ではすべて神経の電気的活動という同じ様式のエネルギーに変換されています。つまり、光、音、においといったそのままでは結びつけるのが難しいエネルギーであったものが、脳の中ではたやすく関連づけて表現することが可能になっているわけです。

人間が身の周りの空間について理解しようとするとき、たいていは聴覚による粗いけれど全方位にわたる包括的な認識と、視覚による制限された範囲ですがかなり高精度の認識を組み合わせて使っているように思います。「後ろから響いてくるエンジン音がだんだん大きくなって近づいてくるのに気づいて振り返ると、自動車が向かって来ておりフロントガラス越しに待ち合わせしていた友人の顔が確認できた」といった日常的な状況について考えてみます。そのとき私たちの聴覚は対象物が何（自動車）かを教えてくれるだけでなく、後方であっても空間内のどのあたりにいるのか（斜め左後方、数十メートル）、どのように動いているか（だんだん近づいてくる）をすばやく教えてくれます。振り返って眼で自動車を確かめようとするときには、すでに後ろの空間についての大まかな表象ができあがっているはずです。このように聴覚は初期の全方位にわたる大まかな空間の把握に適していると言えるでしょう。次に視覚の出番になります。振り返った瞬間には、音による定位であたりをつけた方向に眼を向けて予想通りに自動車を見つけ、自動車が見覚えのあるもので（友人のAが所有している青いH社製の車）、運転席に目を向けると友人が笑顔で手を上げている、といったことがほんのわずかな間に認知されるでしょう。やはり位置に関する正確な空間定位や対象物の詳しい特定といった課題には視覚の助けが必要となります。ただし、たとえ車が前方から近づいてくる場合でも聴覚情報は使われており、視覚情報との二重の情報源として機能していますし、視覚情報が不正確な場合はそれが主体的な役割を果たすこともあります。見通しのよい場所では、視覚情報がより重要になってくるかもしれませんが、さえぎるものが多いときには音の方が有効です。いずれにしろ人間の場合には視覚と聴覚が主導して空間の構造が認識されるのは間違いありません。嗅覚などの他の感覚情報はそこにアクセントを与える存在でしょう。しかしこのようにして心の中にできあがった空間の表象はたくさんの特徴を持っていますし、もはやそれがどの感覚に由来するものかはあまり重要ではありません。視聴覚をベースに多彩な感覚を使って表現するのが人間らしい空間の捉え方なのでしょう。それでは次に感覚の中でも最も多くの情報を提供する視覚についてより詳しく見ていきます。

二 「なに」と「どこ」――人間の視覚処理における二つの目標

視覚処理の神経機構

脳のどこまでを視覚のために働く部分と考えるかは難しい問題ですが、霊長類の大脳のおよそ六―七割が何らかの形で視覚に関わっているので、おそらく人間の場合でも半分くらいは関わりがあると考えられます。ただその多くは連合野と呼ばれる部位であり、眼からの情報を直接受け取るわけではありません。そのため他の感覚から入力を受けたり、視覚以外の認知機能に関わる可能性

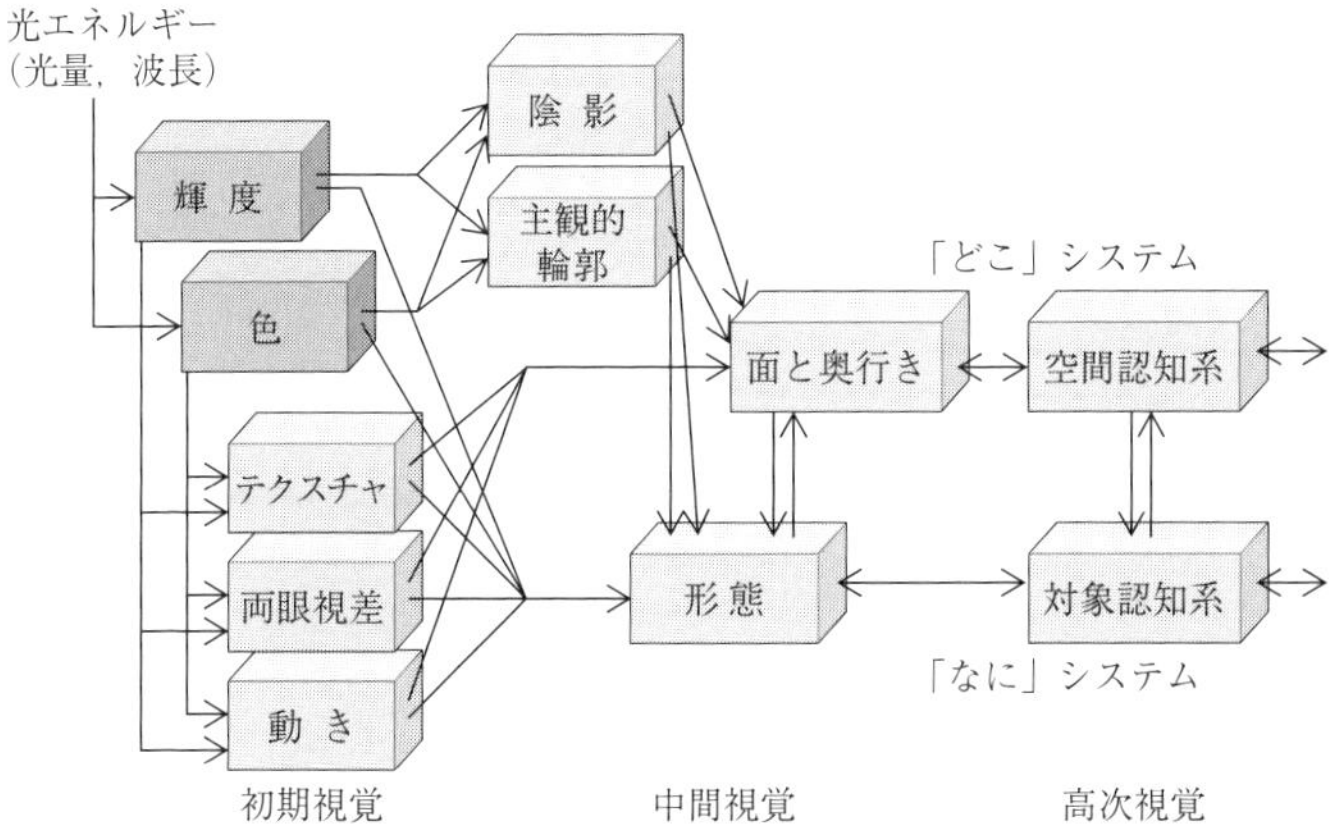

図 8-2　視覚モジュールの処理

もあります。視覚処理のために特殊化された機構だけを挙げるとすれば、眼と大脳の後頭部位の神経系およびそれらを中継する神経系だけになります。たとえば眼球の機能は光を結像させることと、光エネルギーを電気信号に変換することです。眼から入力された情報は、網膜や中継組織の処理を経て、大脳の一次視覚皮質（V1）に入ります。このV1は後頭部に広がっていますが、これに続くいくつかの皮質領域によって、形状、色彩、動き、奥行き感などの視覚的特徴の要素ごとにそれぞれ別々に処理され、心の絵とでも言うべき外界の表現が構成されていきます。ある部位が特定の要素しか処理しないということは、事故や病気などでこれらの部位の一部に障害を負った患者の臨床報告例によって古くから知られていますし、人間がものを見ているときの脳活動を観察する最近の脳イメージング研究のデータもそのことを支持しています。図8-2に示されているように視覚的特徴を処理する各部位はお互いに双方向的に情報をやり取りして共有します。V1とその周辺領域は、網膜などの末梢部からの情報を受け取って処理を進めるだけでなく、逆により高次の処理過程からのフィードバック情報も受けて、いま見ているものを心に表現するときに中心的役割を果たしています。

対象と空間の認知

この表現されたイメージを使って視覚系はさらに、日常生活において重要な二つの認知処理を進めていきます(図8-2)。一つは「なに」(対象認知)システムとでも言えるものです。いま見ている対象物を、映像として記憶している表現、たとえば顔やよく使う道具、あるいは母国語の文字などと対応させて再認する、あるいはシーン全体を、学校やレストラン、自宅のリビングといった日常の一場面として認知するための処理です。シーンの認知などは、比較的狭い範囲の空間の理解につながるものかもしれません。もう一つは「どこ」(空間認知)システムです。多くの対象物を視空間に配置して自身がその空間を通り抜けるときに必要な情報を与えてくれる、いわゆる空間定位のためのシステムで、たとえば車載のナビゲーションのようなものです。これは見えている部分を超える広範囲にわたる空間の理解にもつながります。

この二つのシステムは、人間の視覚全体の大きな目標を示しているとともに、後頭葉から異なる方向へと続く二つの処理の流れにおよそ対応しています。「なに」システムは大脳皮質の主に底部から側頭部へ、「どこ」システムは頭頂部付近に向かっており、それぞれの機能を実現するための基礎的な過程が明らかになりつつあります。空間の認知は、「どこ」システムのほぼすべてと「なに」システムの一部を使って行われていると言えるでしょう。この二つのシステムがその目的を達成するためにある程度独立して情報処理を進めるわけですが、その過程の中では相互作用もあるでしょう。自分の立っている場所が病院や学校であると理解できるのは、小学校や病院という看板の文字やマークの認知による場合も多いでしょうが、建物、部屋の配色パターンや形、置かれている複数の対象物やその組み合わせなど空間的な情報による場合もかなり多くあります。このとき「なに」システムと「どこ」システムが協調して認知に寄与しているのかもしれません。こういった処理は、記憶された知識との関連が深く、やはり他の生物の空間認識の方法とはずいぶん違っています。

三　特徴の変化から境界を見つける

境界を知るための視覚特徴

人間の視覚は環境の特徴を捉えるために多彩な仕組みを備えています。さらにある視覚的特徴たとえば色が時空間的に変化するとき、その地点を境界（エッジ）として正確に記述できます。実は境界の検出と、この境界を組み合わせてできる面の知覚が、三次元的な空間の認知にはとても重要になってきます。私たちが境界を見るための主要な手がかりとして利用しているのが色と明るさであり、それを見るための仕組みは視覚系全体においてさまざまな形で実現されています。ここでは明るさも色に含めて、明度、色相、彩度（鮮やかさ）という色の三属性で考えても良いかもしれません。おそらく初期の視覚システムにおける色感度は他の視覚特徴に比べても特に敏感であり、私たちの視覚表現の多くはこの属性に依存しています。口絵3はそれぞれ微妙に色や明るさが異なる領域からなる境界ですが、物理的な数値で表すと違いはほとんどありません。しかし見た目の境界の違いはかなりはっきりしており、色システムがこの違いを強調して見せていると考えられています。この処理のおかげで異なる領域をはっきり区分することができます。また色や明るさという特徴はもちろんですが、面についた模様（肌理）、対象物の動き、左右の目の画像差（両眼視差）、すき間を補う主観的輪郭などの特徴によっても、私たちの視覚は境界を捉えることができます。図8-3では、線分の端点と黒円の切れ込みで表現される部分的境界を補完する形で主観的輪郭が見え、その輪郭も含めて、中央に閉じた白い領域がはっきり確認できます。またこの白い領域の面が手前にあって、後ろにある黒で描かれた三角形を部分的に隠しているように、三次元的な奥行き感を持って感じられます。

図8-3　主観的輪郭

図8-4はランダムドットステレオグラムと呼ばれ、左右のランダムな白黒点のパターンを、それぞれ右目と左目で別々に見ると、一つのパターンに融合して中央部の方形領域が浮き上がって見えます。左右のパターンは実は同じではなく、中央部の方形領域が左右で少しずれていて、そのずれを融合によって視差情報としてうまく捉えることで、境界とそこから構成される面領域の奥行き

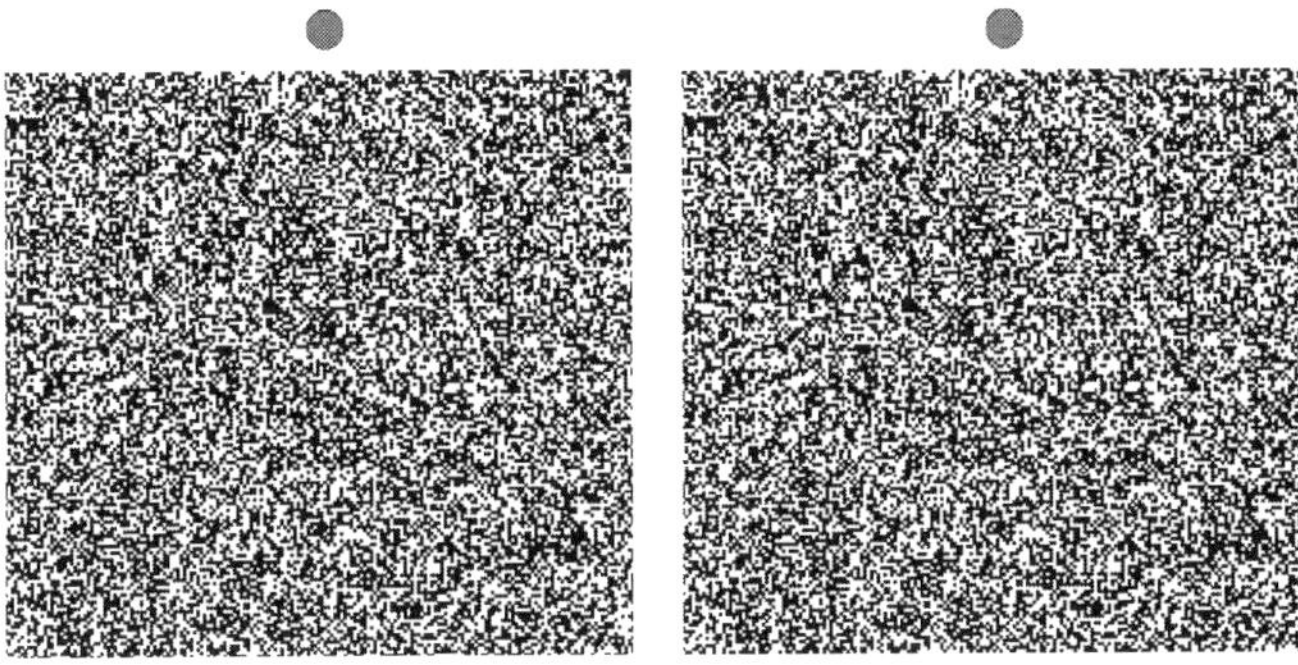

図 8-4　ランダムドットステレオグラム

感と形状を私たちは見ることができます。しかし左右のパターンを単独で見ただけでは、境界に関するどんな手がかりも見いだすことはできないので、実際に見える境界は両眼視差の手がかりによって見ていることになります。このように主観的輪郭や両眼視差のような特徴を処理するシステムは、特徴の変化点を強調して明確な境界として私たちに見せてくれます。また、複数の境界からなる閉じた部分を私たちは物体などの表面として背景から簡単に分離して見ることができます。表面を構成する境界が色、明るさ、主観的輪郭といった異なる特徴で記述されていてもかまいません。異なる特徴を一括して処理することができます。

色の対比と同化

境界で分かれた領域間の色の違いがはっきりしている場合には、色の対比や同化といった現象が起こります。これは境界で区分された領域である「面」を強調する一つの手段と言えるかもしれません。口絵4はさまざまな色対比の例を示しています。各長方形の中心にあるピンク色は実際には同じ色度（測色器で測った数値）であるにもかかわらず、違った色のように見えます。これは周囲の色との心理的距離が遠くなるように見せて、お互いの平面の違いを強調していると言えます。ピンク色は黒の背景では明るく、白の背景では暗くて濃く、赤い背景では薄く見えます。緑、黄、青の背景では、それぞれの補色である赤み、青み、黄みが強調されます。また口絵5は色の同化現象を示しています。背景は同じ黄色ですが、模様のある部分は全体の色に模様の色が混じって異なる面のように見えます。緑の模様があるところは黄緑っぽく、赤の模様があるところは橙っぽく見えて、面の違いを強調するようにも見えます。色に限らず、各視覚特徴の処理は、機能的に独立したモジュール（構成部品）と呼べるような単位で実現されています。多くのモジュールは特徴の微妙な変化である境界を見落とすまいと精緻に調整されています。その中で色処理は主要な特徴として多用され、かつ感度も高いと言えます。このような特徴処理の各モジュールによって検出された境界が複数結びつくことによって面が記述されます（図8-2参照）。そして表現された複数の表面によって立体的な空間が構成されます。私たちが絵を描くときに、鉛筆で描かれた線（輪郭線）によって複雑な対象を表現していくように、さまざまな方向に広がる面を知覚し頭の中で構成していくことによって、身の周りの空間が表現されます。これによって私たちは三次元的な空間の表現（表象）を心の中に持つことができます。次節ではシーンの中に見いだされたたくさんの境界をまとめるための方法について考えてみます。

図 8-5　図（対象物）と地（背景）

四　境界から面を構成する

図と地

室内の壁などはいちばん後ろにあって背景になることが多いですが、私たちが境界を見たときは物体と背景の境界あるいは二つの物体間の境界として認識することになります。この過程はある程度自動化された処理として視覚系の中に準備されていて、図と地の分離や対象の群化規則として心理学ではよく知られています。面への体制化（面としてひとまとまりに知覚する）の一つとして、私たちは見ている領域のある部分を図（対象）として、残りを地（背景）として捉えます。図は手前にあって注目しているものであることが多く、連続的な境界を多く含んでいて、形が見えやすいものです。一方、地には境界が属さず、図の背後に広がっているように見えます。図と地の知覚によって、私たちは空間の隔たりを感じます。日常の見え方では図と地は一義的に決まることが多いのですが、図8-5のように図と地があいまいな場合もあります。つまり図となる対象が、見つめあっている横顔の影絵か、白い壺かで、見え方は

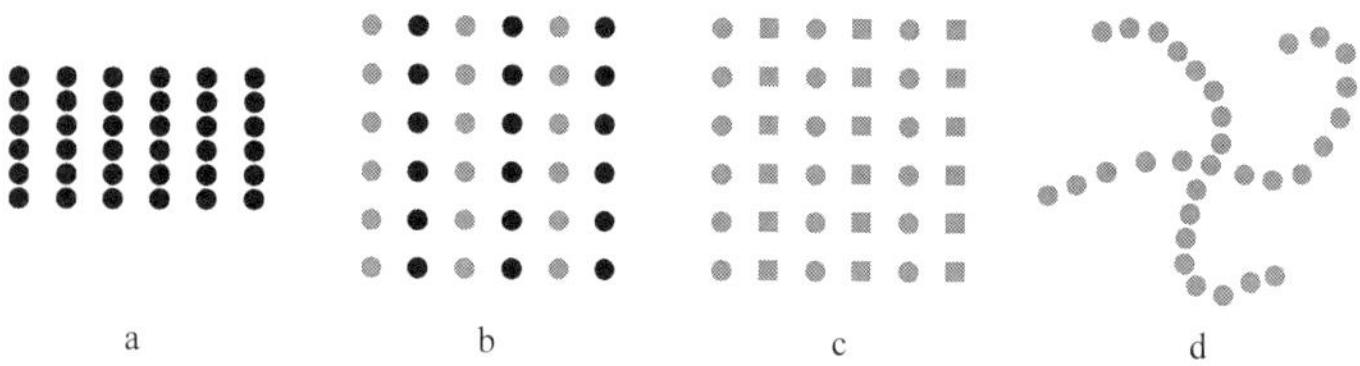

図 8-6　群化の規則

大きく異なります。このとき、顔と壺が交互に見えることはありますが、決して同時に見えることはありません。たとえ両方の見え方が可能であることがわかっていても、やはり両立して見えることはありません。ただし図になりやすいかどうかは、画像の幾何学的特性によっておおよそ決まります。たとえば面積が小さいほど図になりやすいので、図8-5のa、b、cを比べると、白い部分の面積に反比例して、a、b、cの順に白い壺が図として見えやすいはずです。色については、一般に濃い色が図として捉えられやすく、淡い色は背景になりやすいと言われていますが、確かに絵画的な表現においてはそのように描かれることが多いように思います。

群化の規則

意味的な処理を必要とせず知覚的にほぼ自動化された面への体制化は、対象と背景の切り分けだけでなく、複数の対象をまとまりとして見せる過程(群化)も含んでいます。心理学ではこのまとまりとして見るための要因を多く提案していますが、たとえば図8-6のa、b、cはいずれも行よりも列としてのまとまりが強い例です。aは接近することによって(近接)、bとcはそれぞれ色あるいは形が似ているという要因によって(類似)、まとまって見えます。dでは連続したなめらかな点が結びついて線としてまとまり、交差する点線(よい連続)として見えます。そのほかにも閉じた複数の線分などが図形としてまとまったり(閉合)、同じ方向や速度で動くものがまとまって見えたり(共通運命)します。これらの群化規則は一見すると単純ですが、強い拘束力を持っており、組み合わせて使うこともできます。たとえば図8-3は端点と黒円の切れ込みの実輪郭、および主観的輪郭が、なめらかに連続しているという要因と、三つの線が閉じているという要因が重なり、合わせ技(よい連続+閉合)で強いまとまりを見せてくれます。

色による空間の構成

さらに口絵6のように、黒四角の切れ込みの部分に色を埋め込んでみると、主観的輪郭線の内側に青や赤がうすく広がり半透明の色の面が手前にあるように見えます。まるで色のセロファンか水中のような見え方であり、複数の面から構成される三次元の空間が強くイメージされます。

面の構成において重要なのは、今見えている限られた映像の境界におけるまとまりと分節化において、可能性のある多くの候補の中から矛盾が少なくてもっとも安定した見え方を与えてくれる、脳が答えとして一つだけ、すばやく提案してくれることにあります。図地の分離や群化規則は、現実世界の見え方として誤った解釈を導くこともあります。しかし、これらを脳内の視覚処理システムに実装することで、得られた情報をすばやく面や空間に体制化するための強力なツールとなっています。群化によるまとまりの例は聴覚においても確かめられていますし、味覚や触覚においてもある程度機能するようです。口絵6では色が埋め込まれた黒四角形からにじみ出て、主観的輪郭で閉じられた領域内に広がることで、背景の手前に面をはっきりと見せてくれますが、口絵7aも色がにじみ出てある閉じた領域を作り出す例であり、色の同化(口絵5)に似た現象ですが、その見え方から色のネオン効果と呼ばれています。黒の格子模様に合わせて色を黒から赤に変えたときだけ(左の図)、色がにじんで黒の格子面とは違う面をつくりだします。黒の模様に合わないときにはネオン効果が見られません(右の図)。他の空間的特徴と共同して、ある条件が満たされたときのみネオン効果による面の構成を見せてくれます。口絵7bはネオンカラーのよる複数の面の構成の例を示したものです。

空間の構成に色が寄与する事例はほかにもあります。第九章では、奥行きを知るためのさまざまな手がかりが記述されていますが、比較的大規模な三次元空間を構成するための奥行きの手がかりとして大気遠近法というものがあります。これは空気中の水分によって遠くのものが白っぽく見える現象であり、天気の良いときに高い山の頂上から遠くの山々を見ると遠い山ほど白っぽく見えます。私たちは普段あまり意識することはないかもしれませんが、日常的場面でもよく見られる現象で、画家やカメラマンといった専門家たちははっきり意識しています。これによって空中の透明感が表現されて奥行き感が高まります。この大気遠近法については第九章でも少し違った視点から述べられています。

色にはまた膨張と収縮の印象があって、これが三次元的な見えに影響を与えています。たとえば暖色系の色（黄や橙）や明るい色、彩度の低い色は横方向に広がるように見えたり、こちらに向かって進出してくるように見えます。逆に寒色系の色（緑、青や紫）や暗い色、彩度の高い色は小さく見え、後退しているように見えます。衣服の色によって着ている人の印象が大きく変わることはよく知られていますし、建物の壁面色に収縮、膨張色を使い分けると空間の広がりを実感します。口絵8は私たちが印象評価の実験で使った画像の一部であり、このような部屋をいくつかの方向から観察した画像を、実験の参加者に複数見てもらいます。このとき膨張色と収縮色の見え方を比べると、正面の壁面が黄のときは壁が比較的前方に見え、青のときは後方に見えます。また黄は少し大きく、青は少し小さく見えています。結果的に部屋の構造は同じでも、その空間的広がりはずいぶん違って見えることが確かめられています。

色処理は空間の認識にとって重要な役割を演じています。これまで見てきたように、物の色は周りの色によって見え方が大きく変わりますし、空間の広がりや印象にも少なからず配色が影響しています。同じ空間なのに広さがまったく違って見えたり、色で空の広がりの様子が変わったり、部屋や場所ごとに印象が変わるのも配色の影響によるところが大きいです。色と空間認知の関係性をもう少し深く扱ってみても面白いと今回あらためて思いました。

五　空間の意味を認知する──学習や経験による知識の利用

場面の認知と知識の活用

目の前にある空間的な状況である場面を理解するためには、検出された境界や面をもとに詳細な三次元空間の表現（表象）を心の中に描くだけでは不十分かもしれません。通常、場面には自分がよく知っている多くの対象物（たとえば家、人物、車、街路樹、看板など）が散りばめられて配置されており、理解の助けになります。対象物が何であるかがわかるのは、対象物に対する認知処理が行われるからであり、これは側頭葉に展開されている「なに」システムの主要な仕事になります。「どこ」システムによってつくられた空間表象という構造に、「なに」システムによって認識された対象が配置されるのですから、脳の中の処理では当然この二つのシステムが関わりを持って働いているはずです（図8−2参照）。「なに」システムについてはここで詳しく触れる余裕はありませんが、それは眼の前の対象物が何かを調べるための画像の辞書とも言うべき知識ベースにあたります。その中にある知識と見ているものとを照合することによって、対象物が何であるかを素早く判断しています。たとえば日常的に使う道具や小物について、その形状を示した画像ライブラリが知識として脳内に構成されている可能性は高いですし、顔、母国語の表記文字などに関しても同じことが言えます。側頭葉にはこういった画像ライブラリが種類ごとに複数あると言われています。

図8-2に示したように、高次の視覚系では空間認知の「どこ」システムと対象認知の「なに」システムが相互に協力して処理を行うので、空間において他の動物には見られない抽象化などの認識が生まれるのでしょう。しかし、さらに私たちの日常生活での活動を考えてみると、ただ単に物体を認知するだけではなく、また人や物が複雑に配置された空間の構造を表現するというだけでもなく、その場面全体の意味を理解しているようであり、しかもそれが何気ない行動にも生かされているように思います。たとえば見知らぬ街を歩いていて、ふとどこかの建物に入ったら、そこがどこなのかと考えるでしょう。学校や病院のような公共施設なのか、レストランやデパートのような商業施設なのか、商業施設ならどんなものを売る店だろうかと考えるでしょう。その時々で適切な行動をとるには、迅速な場面の理解が欠かせません。これまで空間構造を理解する視覚システムの特徴を中心に見てきましたが、その空間が何を意味するのか理解することも視覚認知の重要な仕事と言えるでしょう。

認知心理学の実験研究によると、私たちはどんなに複雑な画像のシーンでも部分の詳細な観察を待たず、およそ一〇分の一秒以下という驚くべき速さで、たとえばそこが病院や学校であると答えを出すことができます(Potter 1976)。おそらく学校のようななじみ深い場面については、含まれる重要な構成要素のリストや要約的な情報があらかじめ準備されているので(たとえば多くの人が着ている衣服、文具の入った鞄、机や椅子、黒板や掲示板、淡い配色の壁や明るい照明、学校によくある建築様式など)、それが場面の本質や素性を示す情報(ジスト)として最初に認知され、シーンのすばやい把握につながるのでしょう。逆にジストと無関連な対象は、見た目が大きく変わっても、またなくなってしまっても気がつきにくいことが先の研究から示されています。シーンのジストが迅速に獲得されることで、その後の視覚探索においては見る側の意図が主体的に反映されるのでそのような見落としも起こりますが、一方で場面の理解そのものは効率的に進みます。

経験や学習による個人差や地域差

こうした空間を認識するための人間の視覚認知能力は、遺伝情報としてすべて最初から決定されているように思われがちですが、実際には経験や学習をふまえ、後から決まることも多いようです。「見る目がある」などという言葉をよく聞きますが、ものを見る・見極める能力は学習によってかなり向上するように思います。空間を認識し理解する過程においても、経験や学習は重要な要素と言えるでしょう。特に面の種類や奥行きの組み合わせによる場面の認識や、知識ベースにおける画像ライブラリの情報量などは、経験や学習の影響を受けやすいでしょう。空間の認知について建築に携わる方たちの話を聞いてみますと、彼らはイメージした構造物を心の中でさまざまな方向から眺めたり、設計図として記述することが私たち一般人よりも容易にできるようです。こういった能力は、才能もあるでしょうが、経験や学習によってある程度つくりあげることができるように思います。私たちの研究室では色識別力やシーンなど空間を認識する能力に個人差が見られることや、学習によって向上してゆく過程を実験的に検討していますが、その中でデッサンに習熟した人のシーンの再認記憶を見てみると、一般の大学生よりかなり成績が高いことがわかります（川端ほか二〇一一）。これは日常的なシーンの中の構造化された空間の認識や識別力が経験により高まっていることを示しているのかもしれません。これらの傾向はカメラマンなど普段から空間構造を一般人より強く意識する人にも見られるようです。デッサン熟達者ではまた、シーンの再認において色の手がかりをうまく利用しています。写生などの練習から、多彩な色を見極める能力、さまざまに配色された面とその空間構造を記憶して再現する力、知覚的な知識として生かす能力が向上しているのかもしれません。もちろんこういった能力は熟達者でなくとも日常的な経験や学習からでも、ある程度は磨かれていくものでしょう。近頃の女子大学生は口紅やファンデーションなどの化粧品への関心が高く、そのためか色識別能力は男性よりも女性の方がかなり高くなっています（男性女性とも色覚健常な大学生で比べた場合、川端二〇一一）。色識別実験に使った百色相テストの検査キットが化粧品サンプルに似ているという声を女子大学生からは口々に聞きましたが、男子からは一度も聞かれませんでした（当たり前ですが）。一般人でも日常的な経験による学習から色識別力は磨かれるようです。このような感受性の向上は微細なように見えて、案外ばかになりません。識別できる色の面が数種類増えれば、その組み合わせである面や空間の構造の区別は数百種類のオーダーで増えるでしょう。

　さらに知識としての色について考えてみましょう。典型色という概念があって、赤青緑黄の四原色なら誰もがほぼ同じ色を意識すると思うかもしれませんが、個人や地域、時代によって多少思い浮かべる色が異なることがあります。私たち各個人が身近でどんな物を見てきたか、その経験によるところが大きいからです。昔の日本人にとっての典型的な黄色は山吹色だったかもしれませんし、青森の人にとっての赤はりんごの色かもしれません。身近にある青は海や空との連想が強いのですが、緯度や気候などで見え方が異なるので、典型的な青の地域差や民族差は大きいかもしれません。緑が豊かな地域と乏しい地域では典型的な緑の色は違って感じられるのでしょうか。また文化的背景から見て日本人や中国人にとってそれぞれ赤は特別な色かもしれませんが、思い浮かべる色は物理的に同じなのでしょうか。大気遠近法のところでも述べましたが、湿気が多い日本の空気を通して見ると、色は一般に少し白っぽくくすんで見えるでしょう。一方、空気の乾燥した砂漠や高地、北欧など極地に近い場所では色はより鮮やかに見えますし、影など明暗のコントラストもはっきりしています。各民族の配色デザインの技法もこういった気象条件が考慮されているように思われます。

このように色に関する知識は環境によって大きく異なり、そこでの生活が影響するように思います。なんとも言えず異国情緒を感じさせる配色や空間、ある空間や配色に対する既知感といったものも、さまざまな生活の場面における色彩配色の経験や学習によっているのかもしれません。またそのように感じる空間も人によってそれぞれ異なるでしょう。色彩配色の知識やそれによる空間の構造化の方法は、人間一般で共通する部分もあると思いますが、それぞれの個人や民族によってずいぶん違うと思います。私たちがこれまで少しずつ脳に蓄えてきた知識一つ一つの違いは小さくても、知識構造の全体としては大きな違いとなって現れるでしょう。それが個々人の空間の見え方に影響すると思いますが、これは科学的に調べてみる必要があります。

引用文献

川端康弘・川端美穂・笠井有利子「色と認知科学――高次視覚認知における色彩の効果」、日本画像学会誌、五〇巻六号、五二二―五二八頁、二〇一一年。
Potter, M. C., "Short-term conceptual memory for pictures," *Journal of Experimental Psychology: Human Learning*, 2, pp. 509–522 (1976).

読書案内

松田隆夫『視知覚』（培風館、一九九五年）
視知覚の研究領域とその成果を系統立ててわかりやすく紹介しています。
山脇恵子『色彩心理のすべてがわかる本』（ナツメ社、二〇一〇年）
色の解説に適したオールカラーで資料として見やすいです。
三星宗雄『環境色彩学の基礎』（マックローリン出版、二〇〇六年）
色彩研究の第一人者の書、日常の色について考えさせられます。
大山正『色彩心理学入門――ニュートンとゲーテの流れを追って』（中公新書、一九九四年）
正統な色彩心理学の本ですが、読みやすいです。
スーザン・ノーレン・ホークセマほか編（内田一成監訳）『ヒルガードの心理学（第16版）』（金剛出版、二〇一五年）
認知心理学全般を詳しく扱っています。

第九章　大きさと奥行きの知覚
——錯視が示す視覚の仕組み

田山忠行

私たちの眼前には豊かな奥行きのある世界が広がっています。しかし、眼の網膜には二次元の情報しか与えられていません。このことは私たちが二次元情報から三次元の奥行きのある世界を視覚システムによって作り上げていることを意味しています。二次元情報から三次元情報を再現することとは逆光学上の問題であり、これは解をもたない不良設定問題であるとも言われています。私たちはこの問題を一体どのように解決して、三次元の世界を見ているのでしょうか。

私たちは普通、二つの眼を備えています。一つの眼だけでも、影や陰影、動きなど、奥行きを感じるための手がかりとしてはいろいろあります。眼が二つあれば奥行き情報はさらに増えます。しかし、私たちは眼だけでものを見ているのではありません。私たちは生まれてから現在に至るまでさまざまな視覚経験を積んでおり、それが空間や奥行きを見る上でも重要な役割を果たしていると考えられます。ここでは、錯視の図などを見ながら、このことについて考えてみたいと思います。

錯視は見ているだけでも楽しいものですが、どの錯視も、なぜそれがそのように見えるのか、その原理について説明しようとすると難しいものになります。ここでは、その原理についても触れながら、私たちがいかにしてこの豊かな三次元の世界を見ているのか考えてみたいと思います。まず大きさや奥行きの知覚に関する基礎的知識として、知覚の成立や知覚の恒常性に関する話から始めたいと思います。

一 知覚の成立——生得説と経験説

知覚の成立については、古くから生得説と経験説という二つの考え方があります。知覚における生得説とは、人は生まれながらにして知覚する能力を備えているという考え方で、その源流は、デカルトやカントら哲学者たちの思想にあります。カントの「空間と時間は純粋な直感」の考えは、およそ百年後に出現したゲシュタルト学派たちにも影響を与えたと思われます。ゲシュタルト学派たちは、「知覚は大脳の生理的過程に生得的に備わった体制化の力によって成立する」と考えました。これは心理過程と生理過程が同時に進行するという心理物理同型論の考え方であり、知覚する上で重要な体制化（organization）の働きは生得的なものであるということです。他方、知覚における経験説とは、知覚世界が感覚経験や学習を通じて徐々に形成されるという考え方です。経験説の源流は、イギリスのロックやバークリーなどが提唱した経験論です。感覚生理学者のヘルムホルツはドイツ人でしたが、経験論の影響を強く受けて、「知覚は感覚と経験によって得られた観念から成る」、あるいは「感覚と実際世界の意識的な知覚の間に構成的性質をもった思考と似た過程がある」という「無意識的推論」の考え方を提唱しました。このような経験説は、近年、イギリスの視覚心理学者であるグレゴリーが主張する「知覚は仮説である」という構成過程（constructive process）という考え方に受け継がれています。今日では、一般に、生得説と経験説の一方だけが正しいという単純な図式は成り立たないと考えられています。では、各説を支持する証拠を見てみましょう。

生得説を支持する証拠

生得説を支持する証拠としては、生まれて間もなくの乳児が、眼の焦点を合わせることができるようになると、すぐに図と地を区別できるようになることが挙げられます。乳児のこのような基本的な視覚能力は、生後四か月の間に劇的な成長を遂げます。視力についていうと、人の視力は生後数か月の間に劇的に向上しますが、その後は緩やかに向上し、大人と同じになるのは五歳ぐらいであると推定されます。図と地の区別、方位や運動方向の識別、そして奥行き視などは視力に準拠し、生まれた直後はほとんどできませんが、生後三か月から六か月になるとできるようになります。顔認知に関しても、かなり早い時期に親しい顔とそうでない顔を識別できるようです。奥行き視については、E・ギブソンとウォークによる有名な視覚的断崖（visual cliff）の実験があります。この実験では、浅い崖（数センチメートル）と深い崖（一メートル）を市松模様の板で作成し、その上に透明の厚いガラスを張った装置を使います。この装置の中央の位置に、生後六か月から一四か月の乳児を置いて、深い崖の向こう側から母親に乳児を呼び寄せてもらいます。乳児が奥行きを知覚できれば崖を恐がって先に進むことができないはずです。実験の結果、やはり三六人の乳児のほとんどが反対側の浅い崖の方に行くか、動けずに泣いてしまったと伝えられています。この結果は、乳児が崖を知覚したことを示し、奥行き視が生得的であることの証拠と見なされています。しかし、この実験では、乳児たちが生後半年の間に学習や経験によって奥行き視の能力を身につけたという可能性も否定できません。

この視覚的断崖の装置を用いると、さまざまな動物の子どもの奥行き視を調べることもできます。ラット、ヒヨコ、カメ、ヒツジ、ブタ、ネコ、イヌの子どもをこの装置の中央に置いて、どちらの方向に動くか調べたところ、ほとんどの動物は断崖が見える深い崖の方向に行くのを避ける傾向があります。しかし、カメのように海で生活する動物は、陸上に住む動物ほど深い奥行きを危険視しないとも言われています。

経験説を支持する証拠

モリヌクスというイギリスの哲学者は、経験論者であるロックに手紙を書き、次の疑問について尋ねたといわれています。「生まれつきの盲人が成人して、立方体と球体を触覚で区別することを習得したとする。それからその盲人が手術をして、目が治ったとする。そのとき、机の上にあった立方体と球体を触ることなしに、どちらが立方体でどちらが球体であると言えるだろうか？」その答えは無論、「言えない」だったはずです。

一八世紀になると、先天盲者に対する開眼手術が実際に行われ、その臨床報告が提出されました。それらの多くは経験説を裏づける証拠と見なすことができます。チェセルデン（一七二八）は、先天性白内障の少年が一三歳になったときに手術を行い、その後の経過について劇的な症例を報告しています。少年は生まれた直後に白内障で失明し、手術以前も、昼夜の区別、白、黒、スカーレットなどの色の区別はできましたが、物の形はわかりませんでした。彼は、最初に一方の眼を、二、三か月後にもう一方の眼を手術しました。最初の開眼手術の直後は、距離に関しておよそ何も判断ができず、あらゆる対象があたかも触れて皮膚に接触したように感じられたと報告されています。また開眼手術直後は見たものがとても大きく感ぜられ、二番目に手術した眼で見たものは最初の眼に比べて二倍の大きさに見えたと伝えられています。もう一つの例として、鳥居（一九八二）によるある少女の症例を紹介しましょう。この少女は生後一〇か月で角膜軟化症のため両眼を失明しましたが、一二歳になって右眼の虹彩切除術を行いました。手術前も明暗は区別できました。手術後は、二週間ほどで「白」「黒」のほかに「赤」の色名を習得したものの、その後、「緑」「茶色」「青」を習得するのに半年以上、「ネズミ色」「紫」「桃色」を習得するのに一年、そして「黄色」や「レモン色」を習得するのに二年以上の月日を要したと報告されています。ゼンデン（一九三二）によると、手術直後の視覚体験は、開眼手術前にどの程度の視覚機能を保持していたかによって異なります。これを残存視覚といいます。これは患者によって異なるため、まったく同じ症例を見つけるのは難しいとも言えます。これらの症例はいずれも、人が初めて光に対して開かれたときに識別できなかったものが、学習や経験の積み重ねによって、徐々に識別できるようになることを示しています。

二　知覚の恒常性

知覚システムには、対象を安定した不変なものとして維持する働きがあり、これを知覚の恒常性（perceptual constancy）といいます。たとえば、私たちがある静止対象に近づいていくと、眼の網膜上では対象の像が徐々に拡大していきますが、私たちにはその対象が実際に大きくなるようには見えません。また、その対象を横目で見ながら周囲を動いていくと、網膜上の対象の形や陰影、色などが微妙に変化しますが、それらは実際に変化したようには見えません。このように、知覚の恒常性は、感覚器で受容した情報を脳で調整することによって、外界や事物を不変なものとして見るために仕組まれた知覚システムの重要な働きです。これは、私たちが生活していく上でとても重要な働きなのですが、すべて自動的に働いているため、普段はその働きに気がつきません。

大きさの恒常性とは、対象の見えの大きさが、網膜像の大きさや対象までの実際の距離とは独立して一定に保たれることです。ある対象に近づいて対象までの距離が半分になると、網膜上の像の

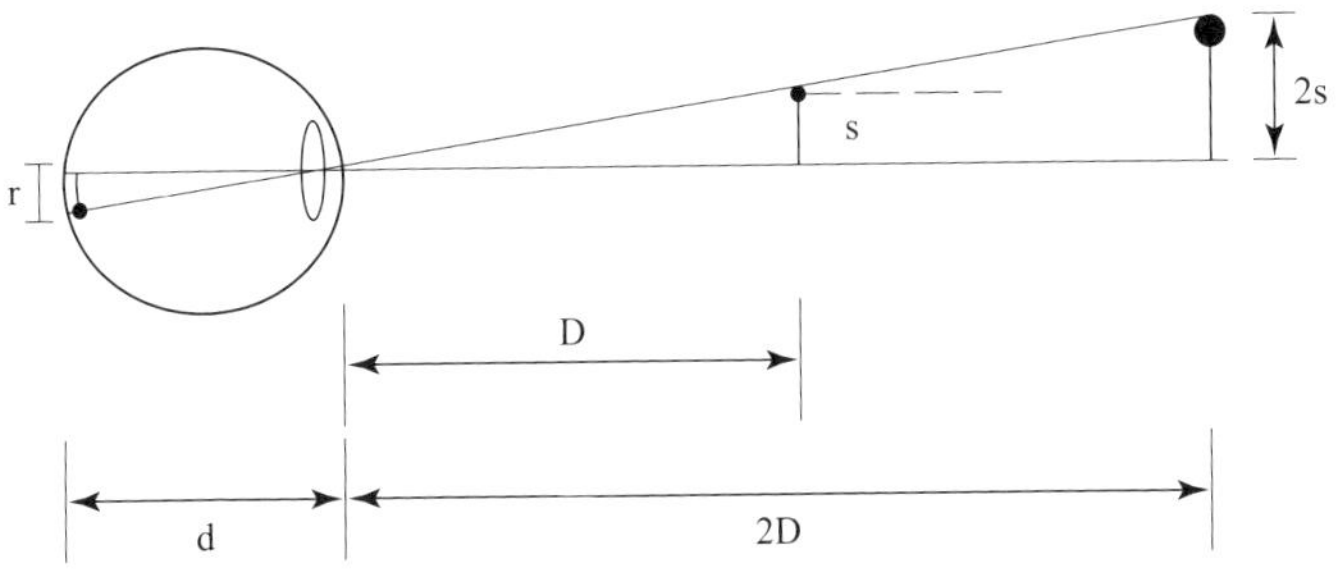

図 9-1　大きさ・距離不変仮説
注）視角（網膜像の大きさ）が一定のとき，対象の見えの大きさは，対象までの見えの距離に比例して知覚される。

大きさは二倍になります。そのため、私たちの頭の中では、網膜像の大きさが一定であれば、対象の見えの大きさは対象までの見えの距離に比例し、距離が二倍に見えるものは大きさも二倍に見えるはずであるという計算を行っていると考えられます。これを大きさ・距離不変仮説といいますが（図9-1）、大きさの恒常性は一般にこの仮説に基づいて達成されているといわれています。この仮説に基づくと、対象の網膜像の大きさと実際の距離が同じでも、見えの距離が異なれば、対象の大きさが違って見えることが考えられます。これは大きさの恒常性が崩れることを意味します。その劇的な例が月の錯視であると思われます。月の錯視については、次節で詳しく取り上げます。

知覚の恒常性には、そのほかにも、位置の恒常性や形の恒常性、また明るさの恒常性や色の恒常性など、さまざまなものがあります。各々の恒常性を達成するためには、それぞれに独立した複雑で精巧な仕組みが働いていると考えられています。

三　空間の錯視

知覚の恒常性とは、感覚器に入ってくる情報が異なるにもかかわらず、対象を同じものと見る特性ですが、それとは逆に、感覚器に入ってくる情報が同じであっても、それが異なるものに見えるのが錯視（visual illusion）です。錯視にはさまざまなものがありますが、ここでは図9-2に示した幾何学的錯視を取り上げます。これらはいずれも有名な錯視であり、ほとんどが一九世紀末頃に報告されたものです。これらは視覚システムの基本原理を探るため、これまでさまざまな観点から研究されてきました。図9-2に示した錯視に限れば、これらは角度・方向に関する錯視と、大きさ・長さ・距離・面積に関する錯視の二種類に分けられます。ここでは、各々の錯視の名前の由来、錯視量を変化させる条件、そして錯視が見える原理や学説について簡単にまとめて紹介することにします。

角度・方向の錯視

①ポッゲンドルフ錯視　この錯視は、一八六〇年、ドイツの物理学者ポッゲンドルフによって発見されたものです。彼は天文学者のツェルナーから送られた手紙の中にあった錯視図形（おそらく図9-2bのツェルナー錯視）を見て熟考し、この中にもう一つの錯視があることに気がつきまし

た。それが図9-2aです。この図では、斜線が右上と左下にありますが、この二本の斜線は遮断部の長方形を挟んで高低に位置がずれて見えます。しかし、遮断部の長方形を取り除くと、実際には一本の斜線で構成されていることがわかります。この錯視では、垂直線と斜線の交差角を三〇度から四五度の間に設定し、長方形の横幅を大きくすると錯視量が大きくなると言われています。

このポッゲンドルフ錯視をはじめとして、角度や方向に関する錯視の多くは、以下の二つの仮説のうちのいずれかで説明されています。一つは二次元空間内での相互作用を仮定するもので、各錯視において二次元空間内の異なる方位の二本の線が交差している場合、各々の方位に感受性のある細胞間で側方抑制という相互作用が生じて錯視が生じると考えます。ポッゲンドルフ錯視では、垂直線と斜線で相互作用が生じ、その交差角が過大視されるといわれています。この交差角の過大視や過小視による説明を角度錯視説と呼んで、それを側方抑制説と切り離して考えることもありますが、ここではそれらをまとめて方位相互作用説と呼ぶことにします。もう一つの仮説は、二次元空間を三次元に拡張して考えるものです。これはグレゴリーが一九六三年に提唱した線遠近法による説明と同じです。これについても、三次元の図形的手がかりに基づいて錯視が自動的に生じるという説明や三次元空間の推論に基づいて錯視が生じるという説明などがありますが、ここではそれらをまとめて奥行き推論説と呼ぶことにします。奥行き推論説によれば、ポッゲンドルフ錯視では二つの斜線が観察者から異なる距離にあり、左下の斜線は観察者の近くにあって右上の斜線は遠くにあると推論されます。斜線が一本であれば、右上の斜線がもう少し下になければなりません。意識

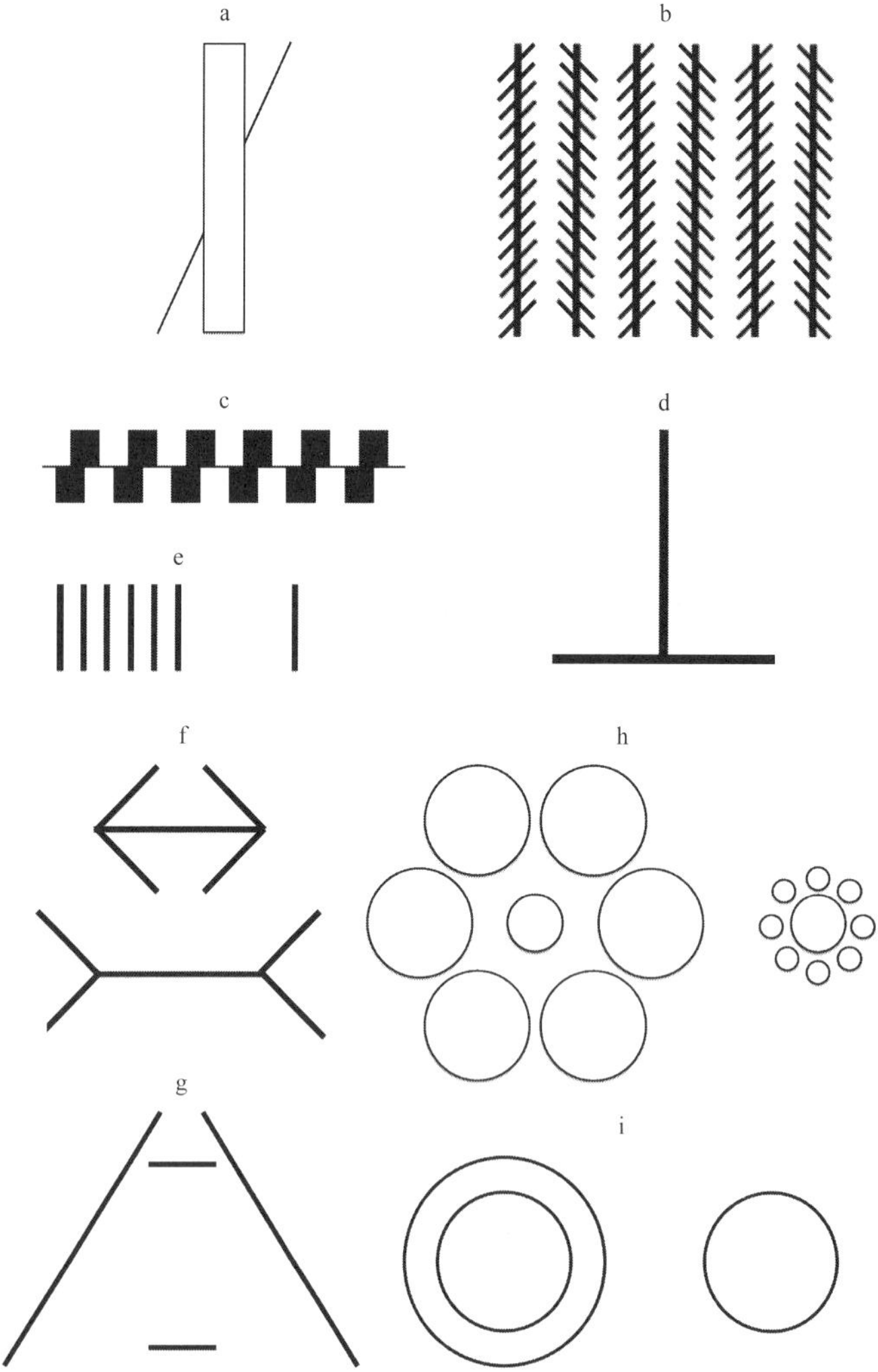

図 9-2　幾何学的錯視

されるか否かにかかわらず、このような実際の見えと推論の違いが錯視であるということです。奥行き推論説には、脳内で学習や経験、推論を基盤として錯視が生じるという経験説の伝統が継承されています。

②ツェルナー錯視　この錯視は、上述した天文学者のツェルナーによって一八六〇年に発見されたものです。図9-2bでは複数の垂直な平行線が描かれていますが、左から一番目と二番目の二本の平行線では上が開いて見えますが、二番目と三番目の平行線では下が開いて見えます。この錯視は、かつては要因分析をするには向かない錯視と言われていましたが、今日まですでに数多くの実験が行われています。それによると、主線と斜線の交差角が一五度から三〇度で錯視量が最大になること、また主線部が垂直か水平の場合は、それより小さい交差角で錯視量が最大になることが明らかにされています。この錯視は、奥行き推論説が適用できないと見なされ、方位相互作用説で説明されることが多いのですが、図を斜めの方向から眺めると、尾根と沢からなる山脈のような凹凸が見えますので、奥行き推論説とも無関係ではないかもしれません。

③ミュンスターベルク錯視　これは、一八九七年、ドイツの心理学者ミュンスターベルクによって紹介された錯視です。彼は、ヴントの下で心理学を学んだのち、W・ジェームズの招きでハーバード大学の教授となり、その後、アメリカ心理学会の会長となり、応用心理学の開拓者とも言われた人です。図9-2cでは、一本の水平線の上下に黒と白の矩形が交互に水平方向に並び、上下の間に位相にして四分の一周期(白と黒の対で一周期)のずれがあります。この図のどこが錯視

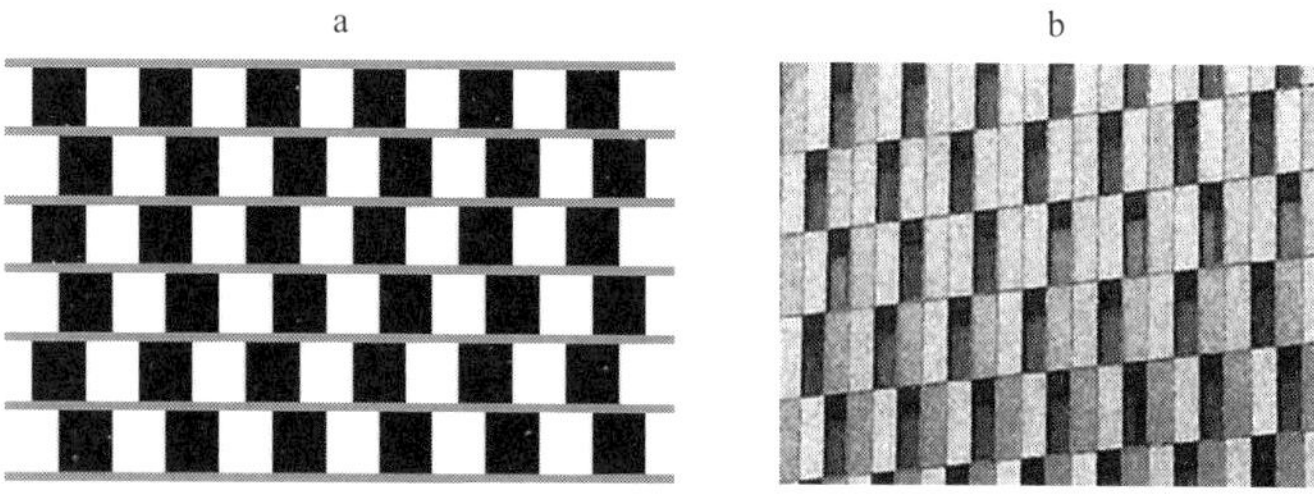

図 9-3　a)カフェ・ウォール錯視，b)読売北海道ビルの外壁(紀伊國屋書店前より撮影，2015 年 8 月)

かというと、水平線が水平ではなく、少し右下がりになって見えることです。

この錯視に類似した錯視として、図9-3aのカフェ・ウォール錯視があります。これは、前述のグレゴリーが、研究室のそばにあったカフェの壁のデザインにヒントを得て作成し紹介したものです(札幌駅前にもこれに類似したデザインの建物があります(図9-3b参照))。カフェ・ウォール錯視とミュンスターベルク錯視の違いは、水平線の色だけであるといわれています。ミュンスターベルク錯視の水平線は黒色ですが、カフェ・ウォール錯視の水平線は灰色です。ただし、水平線を灰色にすると屈折度が高まって錯視が強くなることは、フレイザー(一九〇八)がすでに指摘していました。

カフェ・ウォール錯視の水平線を太くして、黒い矩形を細くしてそれを傾けると、ツェルナー錯視になります。しかし、ツェルナー錯視では、斜線を主線に対して直交させると錯視は生じません。そのためか、カフェ・ウォール錯視に対しては、当初、方位相互作用説が適用されませんでした。他方、奥行き推論説を支持するグレゴリー（二〇〇九）は、カフェ・ウォール錯視には遠近法などの奥行き手がかりはないが、奥行き回転方向に錯視が生じるので、歪みが奥行きの見えの違いを作り出していると記述しています。しかし問題はその歪みがどこにあるかです。モーガンとモールデン（一九八六）は、カフェ・ウォール錯視の図形に対して、人の網膜神経節細胞の受容野を模したバンドパス・フィルターをかけて画像を処理し、この錯視に次に説明するフレイザー錯視の錯視成分である「ねじれひも」と同じ成分があることを見出しました。これはカフェ・ウォール錯視とフレイザー錯視が同じ原理に基づいていることを示唆します。

④フレイザー錯視　角度や方向の幾何学的錯視の最後に「錯視の王様」と呼ばれるフレイザー錯視を紹介します。これは一九〇八年にイギリスの心理学者フレイザーによって紹介されたものです。この錯視を示す図9-4aを見ると、ゆがんだチェック状のパターンの中に、白と黒が交互になっている「ねじれひも」と呼ばれる渦巻きのようなひもが見えます。これは実際には、ねじれた渦巻きではなく同心円です。それが信じられない場合は、このひもを実際に指でなぞってみて下さい。一周すると元の位置に戻ってきます。この錯視は背景のチェック状のパターンがなくても見ることができますので、錯視の基本原理が「ねじれひも」にあることは明らかです。

このねじれひもを伸ばして曲線から直線にすると図9-4bになります。三本のねじれひもはいずれも水平に平行ですが、平行には見えないことでしょう。図9-4cは、図9-4bと似ていますが、これは実は前述のツェルナー錯視です。これらは見えの傾きが逆になっています。つまり、

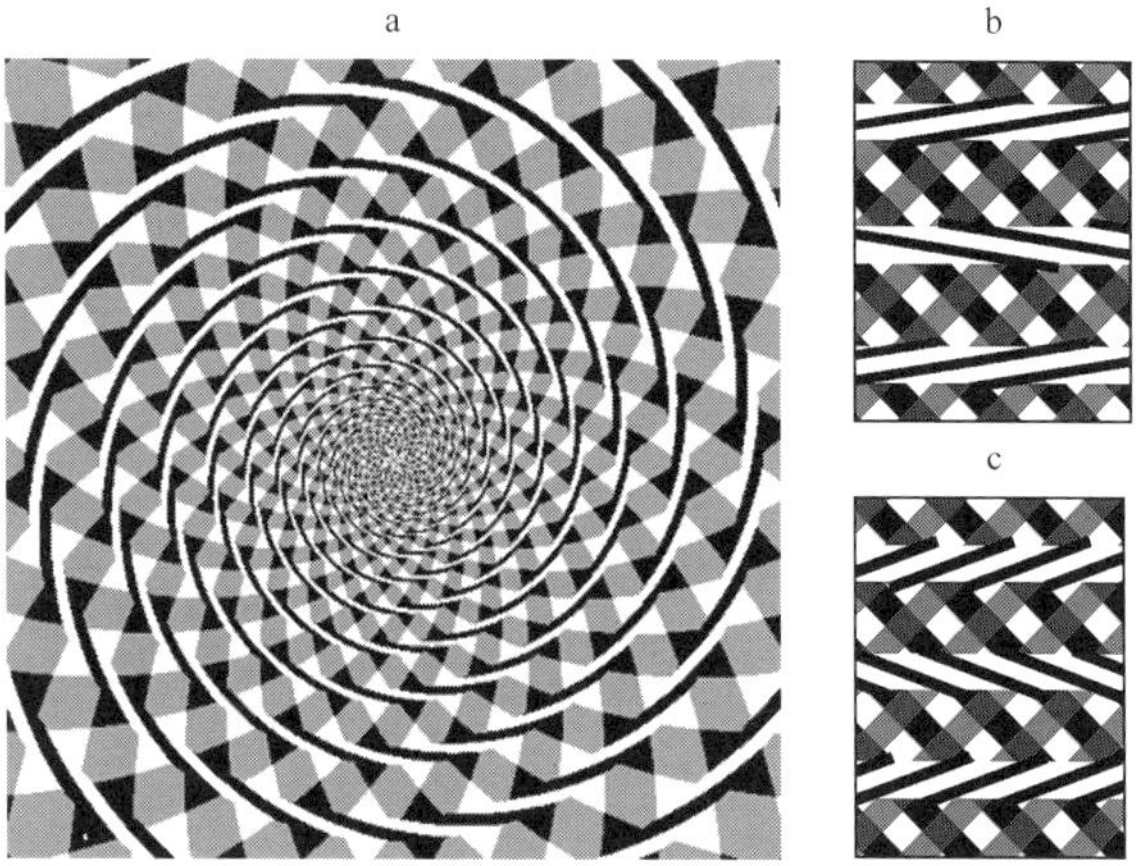

図 9-4　フレイザー錯視

注)a と b はフレイザー錯視，c はツェルナー錯視。上の 2 本の平行線は，b では右に行くに従って広がっているが，c では狭くなっているように見える。

ツェルナー錯視とフレイザー錯視は、原理としては対比と同化の違いしかないということです。ツェルナー錯視では、主線と斜線の角度の対比が強調され、それらの交差角が一五度から三〇度で鋭角が過大視されますが、フレイザー錯視では、主線と斜線の区別がなく、白黒の境界線とひもの輪郭線の交差角が一〇度以内で同化的効果が生じて鋭角が過小視されます。図9-4cのツェルナー錯視のねじれひもを曲線にして同心円を構成すれば、それはフレイザー錯視と逆の渦を巻いて見えることになります。しかしその場合、それをツェルナー錯視と呼ぶべきか、それともフレイザー錯視と呼ぶべきなのか迷うことになります。そのような名称の問題を避けるためか、最近では、これらを渦巻き錯視と総称しているようです。

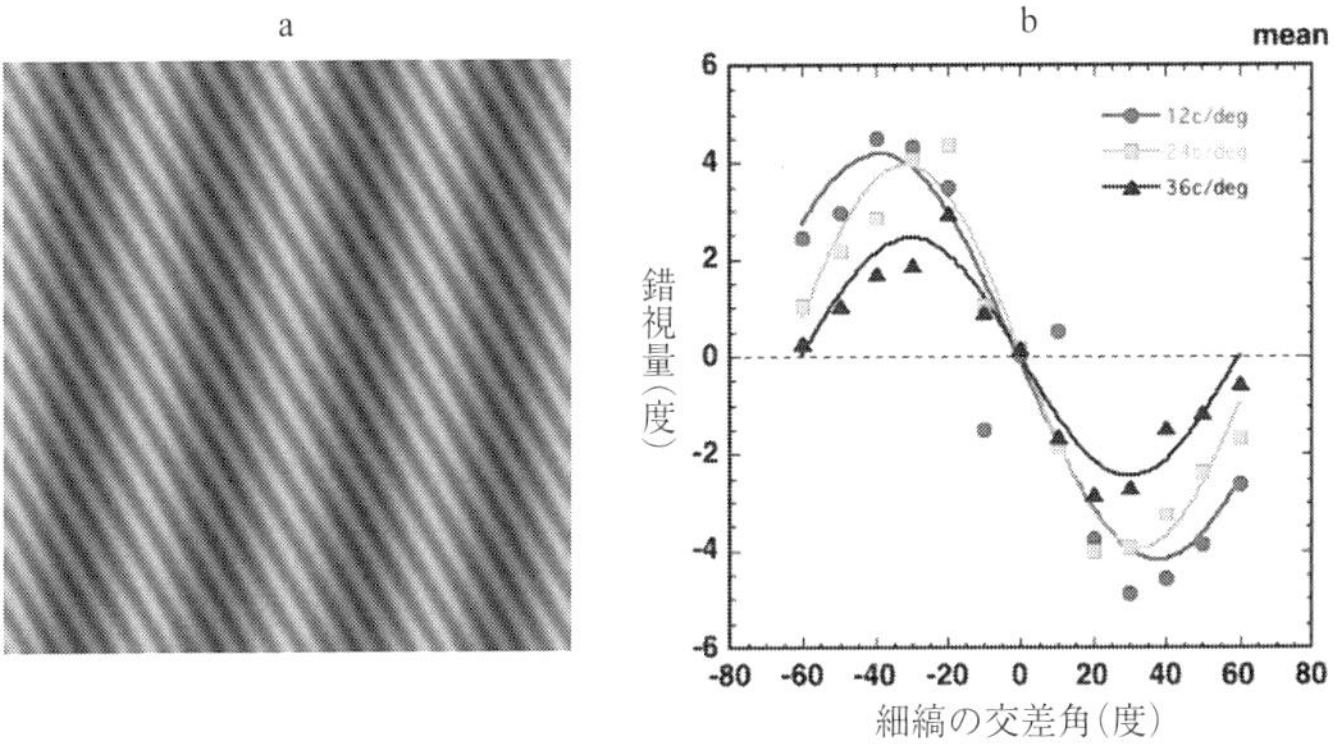

図 9-5　実験で用いた傾斜錯視図形（a）と実験結果（b）

ここで、筆者が一〇年ほど前に学生と一緒に行った傾斜錯視（slant illusion）の実験を一つ紹介します。用いた錯視は図9-5aのような二種類の正弦波縞を重ねたものです。一つの正弦波縞は垂直の太縞で、もう一つは斜めに傾いた細縞です。この図で太縞は実際には垂直に描かれていますが、細縞の影響で時計回りの方向に少し傾いて見えます。このような画像をパソコンのモニター上に呈示し、キーボードの左右二つのキーを押すと、正方形の枠が固定されたまま、その中のパターンだけが時計回りか反時計回りに回転するプログラムを作成しました。観察者は、その二つのキーを押して太縞が垂直に見えるように調整します。観察者が垂直に見えたと判断したときの実際の回転角度を錯視量として測定しました。これを太縞と細縞の交差角および細縞の太さを条件として測定した結果が図9-5bです。これを見ると、錯視量のピークは三〇度ぐらいの交差角で認められます。このピークは、細縞が太いほど、交差角の大きい方にシフトします。このピークを示す交差角は、人が固有に持っている方位チャンネルの数と関係があるのではないかと推測しています。

大きさ・長さ・距離・面積の錯視

⑤フィック錯視（垂直水平線錯視）

これを初めて紹介したのはドイツの生理学者フィック（一八五二）であり、初めて研究したのは物理学者のオッペル（一八五四）であると言われています。図9-2dの図形では、垂直線と水平線は実際には同じ長さですが、垂直線の方が三〇パーセントほど長く見えるといわれています。この錯視は、垂直線と水平線の組み合わせの逆T字形だけではなく、それを逆転したT字形でも見られます。しかし、十字形やL字形では錯視が見えません。図9-2dの図形を垂直から二〇度から三〇度傾けると錯視が顕著になります。このように方位によって錯視量などが変化することを、異方性があるといいます。これは九〇度回転しても錯視をそのまま見ることができます。したがって、この錯視は垂直なので長く見えるというものではありません。それよりも一本の線が他方の線を分割するか、それとも分割されるかの方が重要です。ではなぜ分割する線の方が長く見えるのでしょうか。グレゴリーは、この図9-2dの白黒を反転させると、白い垂直線がまっすぐ伸びた道路のように見えると述べています。これは、私たちが普段の生活の中で垂直線を見る場合、上の方は建物や道路など自分の目から遠ざかる方向となっているので、そのような経験が見えの長さの違いを引き起こしているということです。九〇度回転した場合には、この説明は当てはまりませんが、その場合でも後述する重なりや隠蔽という奥行きの手がかりを使うと同様の説明が可能です。

⑥オッペル・クント錯視（分割距離錯視）　これは、オッペル（一八五五）によって観察研究が行われ、クント（一八六三）によって定量的研究が行われた錯視であると言われています。図9‐2eにおいて、右端の線分と右から二番目の線分の間の距離は、右から二番目の線分と左端の線分の間の距離と同じですが、後者の方が長く見えます。この錯視で問題となるのは、分割線の数が何本のときに長さが最大に見えるかということですが、それは決まっていません。一般に、分割線の数が多い方が長く見えますが、それがある程度の数以上になると錯視量は逆に減少します。錯視量は分割線の長さや傾きによっても異なります。この錯視では分割線があることによって過大視が見られますが、例外的に、分割線が一本の場合は過小視が見られると言われています。分割線が一本の場合というのはフィック錯視です。典型的なフィック錯視では、水平線より垂直線の方が長く見えるといわれていますが、実は垂直線より水平線の方が短く見えるという方が正しいのかもしれません。

⑦ミュラー・リヤー錯視　これは一八八九年にドイツの心理学者ミュラー・リヤーが発表した有名な錯視です。図9‐2fでは、両端に内向きの矢羽の付いた水平線（上段）と外向きの矢羽の付いた水平線（下段）は同じ長さですが、上の水平線の方が短く見えます。この錯視は主線と斜線がなす角度（これを挟角と呼びます）によって錯視量が変化します。斜線がない主線の見えの長さを基準とすると、挟角が鋭角一五度から二〇度ぐらいで主線は最短に見えますが、挟角をさらに大きくす

ると九〇度までは錯視量は減少します。それを過ぎると今度は主線が長く見える方に移行します。挟角が鈍角一六〇度から一六五度ぐらいで主線は最大に見えます。この錯視では、フィック錯視のような異方性はありませんが、主線が水平方向より垂直方向の方が錯視量は大きいといわれていま す。図9-2fの二つの水平線を一本の水平線上に置いて、その長さを比較すると、錯視量がさらに二〇パーセントから三〇パーセント大きくなると言われています。

この錯視の原理としては、人がどこに眼の焦点を合わせるかに着目した眼球運動説や矢羽と主線を統合的に見るという同化説などもありますが、最も有名なのはグレゴリーの奥行き推論説です。グレゴリーは、建物の外壁の角と室内の壁の隅を対比する写真を提示し、この錯視がいかに奥行き知覚の経験による違いによって説明できるかを示しました。これは、矢羽が内向きの場合は主線が近くにあって外向きの場合は主線が遠くにあるように見るので、大きさ・距離不変仮説に基づいて、遠くに見える方が大きく見える(ここでは長く見える)という説明です。この説に基づくと、直線や角のある建物や物体をまったく見た経験のない未開の森林や荒野に住む人々には、この錯視が見えないことが考えられます。それを実際に調べたところ、それらの人々でも、錯視量は小さくなりますが、やはり錯視は見えるそうです。

⑧ポンゾ錯視　この錯視は、一九一二年にイタリアの心理学者ポンゾによって報告されたものです。図9-2gにおいて水平の二本の線分は同じ長さですが、上の方が長く見えます。この錯視についてもさまざまな研究が行われていますが、ミュラー・リヤー錯視に比べると、それは比較的

最近のことです。図9-2gで二本の斜線が形成する角度を輻輳角と呼びますが、その輻輳角の増加とともに錯視量は大きくなります。輻輳角は三〇度ぐらいで錯視量は最大です。しかし、錯視量は平行線の長さと平行線から斜線までの長さの比率などにも影響を受けます。斜線が平行線に接触した場合に錯視量は最大になります。これが二本の平行線のうちの上の水平線である場合、下の水平線はそこから離れるほど短く見えます。また、異方性については、図9-2gを傾けず、このまま見た状況で錯視量は最大になると言われています。

この錯視の説明としては、方位相互作用説や同化説などもありますが、最も有力なのはやはり奥行き推論説です。図9-6のように、観察者から平行線までの距離は、道路の奥と手前で異なるように見えます。すなわち、上の平行線は遠くにあって長く見えますが、下の平行線は近くにあって小さく見えることでしょう。ミュラー・リヤー錯視と同様、奥行き推論説については、さまざまな反証データが提出されていますが、完全に否定されるまでには至っていません。

図9-6　ポンゾ錯視
（北海道大学の中央道路，2015年5月）

⑨エビングハウス錯視（円環対比）　この錯視は、一八九〇年代に記憶研究で有名なドイツの心理学者エビングハウスが発見したもので、しばしば大きさの対比効果として紹介されています。図9-2hの左右の中心円の直径は同じですが、周囲を小円で囲んだ右の中心円は、周囲を大円で囲んだ左の中心円より大きく見えます。この錯視は円形や球体で最も効果が現れると言われています。小円の直径が中心円の半分、そして大円の直径が中心円の一・五倍のときに対比効果が最大になると言われています。この錯視では周囲の円の大きさが主要因と見なされていますが、周囲の円と中心円の間の距離も重要です。それが接近すると同化現象が生じ、中心円は、次に説明するデルブーフ錯視のように大きく見えると言われています。最近では、一〇歳以下の子どもは周囲の文脈的影響を受けないため、この錯視が見えにくいという研究報告もあります。

⑩デルブーフ錯視（同心円錯視）　これは、一八六五年にベルギーの哲学者デルブーフによって考案された錯視です。内円を大きな外円で囲むと内円は小さく見えますが、図9-2iのように、内円を少しだけ大きな外円で囲むとそれは大きく見えます。これらは大きさの対比と同化という現象を示しています。一般に、内円と外円の直径の比率が二対三のとき（外円が内円の一・五倍のとき）、内円は最大に見え（約一〇パーセントの錯視量）、外円は最小に見えると言われています。内円の直径を固定して外円の直径を増加させると、その比率が一・五倍のときに同化効果の錯視量は最大となりますが、比率が五倍になると錯視は消失し、六倍以上になると対比効果に転じると言われています。一般に、エビングハウス錯視は対比効果を示すのに対して、デルブーフ錯視は同化効

果を示す錯視として知られています。いずれも、対象の大きさの知覚が、周囲の対象の大きさに影響を受けることを示しています。

月の錯視

錯視の話で取りを務めるのは月の錯視です。月の大きさはそれ自体が不変であり、また地球と月の間の距離もほぼ一定なので、私たちの網膜上の月の大きさはほとんど同じです。それにもかかわらず、天頂の月より地平線付近の月の方が大きく見えます。このような錯視は、月に限らず、太陽や星座などでも見られるため、これらを天体錯視と総称することがあります。これらの錯視の研究史は二千年以上にわたっており、アリストテレスやプトレマイオスに始まり、デカルト、カント、ショーペンハウエルなど、数多くの学者が月の錯視が生じる理由について思索してきました。

しかしながら、この錯視が生じる理由はいまだに明らかではなく、その学説にもいろいろあります。中でも有名なのは奥行き推論説です。月の錯視の場合は、これを一般に見かけの距離説と呼んでいますので、ここでもその言葉を用いることにします。これは、天頂の月よりも地平線付近にある方が見かけの距離が大きいためであり、大きさ・距離不変仮説に基づいて、地平線付近の方が大きく見えるという説明です。この学説の提唱者は一一世紀のアラビアの科学者アルハーゼンと言われていますが、最近ではカウフマンとロック（一九六二）の研究で示された学説とも見なされています。彼らは、水平線など周囲の景色がなければ錯視が生じないこと、月を見る眼や顔の角度を変えても錯視量が変わらないこと、単眼でも錯視が見られることなどを実験によって示しました。しかし、この見かけの距離説には大きな欠点が一つあります。それは、月までの見かけの距離を実験によって測定しても、地平線付近の方が遠くにあるように見えるという結果が得られないことです。

その他の学説としては、相対サイズ説や視線説などがあります。相対サイズ説というのは、月の錯視がエビングハウス錯視と同様に周囲の空間の大きさの影響を受けるという考えです。月が天頂にある場合は、月はとても大きな空間に囲まれているので相対的に小さく見えますが、地平線付近にある場合は、地平線をはじめ草木や建物などいろいろなものがあって小さな空間に囲まれるので月は相対的に大きく見えるということです。視線説は、月を見る角度の違いによって月の大きさが異なり、月を正面で見るよりも仰ぎ見た方が小さく見えるという学説です。視線説と言っても、月を仰ぎ見るときは眼を上にあげて睨むように見るので月が小さく見えるという説から、両眼の輻輳角(後述参照)が小さいので小さく見えるという説までさまざまです。これを眼球運動と関連づけて生理的仕組みの違いを強調する場合は、眼球運動説ということもあります。視線説を提唱した人としてはハーバード大学のボーリングとホールウェイが有名です。苧坂良二(二〇〇五)は、彼らは天頂過小視と地平過大視を区別していないが、天頂と地平を見る場合で眼球運動がどのように違うかを考慮するべきであると主張しています。多くの心理学のテキストでは見かけの距離説が紹介されていますが、この説に懐疑的な専門家も結構いるようです。最近では複数の要因が月の錯視に関係しているという説明も一般的になっています。

四　奥行きの手がかり

ここで冒頭の問題に戻って考えてみましょう。私たちの網膜は球面ですが、カメラのフィルムと同じ二次元的な広がりしかありません。そのため、三次元の奥行き情報は直接的には網膜に与えられません。それにもかかわらず、私たちは奥行きのある空間を知覚しています。私たちはこの奥行きの情報を取得するためにさまざまな手がかりを使っていると考えられています。ここでは、一般によく知られている奥行きの手がかりを順に見ていくことにします。

生理的手がかり

①調節　近くを見るときと遠くを見るときでは眼球内の水晶体（レンズ）の膨らみが違います。対象に眼の焦点を合わせるとき、この眼のレンズの膨らみを変化させる毛様体筋の筋肉感覚の違いが奥行きの手がかりとなります。毛様小帯はレンズと毛様体筋をつなぐ役割を果たしています。近くのものに焦点を合わせる場合には、毛様体筋が収縮して毛様小帯が弛緩し、レンズが丸くなります。逆に、遠くのものに焦点を合わせる場合には、毛様体筋が弛緩して毛様小帯が引っ張られ、レンズが薄くなります。このようにして焦点を合わせる働きを調節と言います。この調節によって奥行きの違いが識別できるのは、せいぜい一五―三〇〇センチメートルぐらいと言われています。

②輻輳　対象に眼の焦点を合わせるとき、対象と両眼を結ぶ視線がなす角度のことを輻輳角といいます。これはポンゾ錯視における輻輳角とは異なるものです。この輻輳角は対象までの距離によって異なります。この対象に焦点を合わせるときの眼球を内側に回転させる外眼筋の筋肉感覚の違いは、奥行きの手がかりとなります。輻輳角は焦点を合わせる対象までの距離にほぼ反比例し、近い距離では輻輳角が大きくなりますが、遠い距離では小さくなります。しかし、対象までの距離が二〇〇センチメートルを超えると、輻輳角は二度以下となって変化が小さくなるので、奥行きの手がかりとしては有効ではありません。

なお、輻輳と調節の二つは協応していて、一方の手がかりだけを純粋に測定するのは難しいと言われています。

絵画的手がかり

昔から画家たちは、キャンバスの絵に奥行き感を出すため、陰影や重なり、遮蔽、透視画法、大気遠近法など、さまざまな工夫や方法を考案してきました。これらはいずれも、人が奥行きを知覚する上で重要な手がかりになっていると考えられます。

③陰　影　これは画家たちが奥行き感や立体感を出すために使っている一般的な方法です。陰影には「陰（かげ）」と「影（かげ）」がありますが、これらの働きは少し違います。「陰（shade もしくは attached shadow）」は物体に付いているかげであり、それがあることによって物体に立体感や

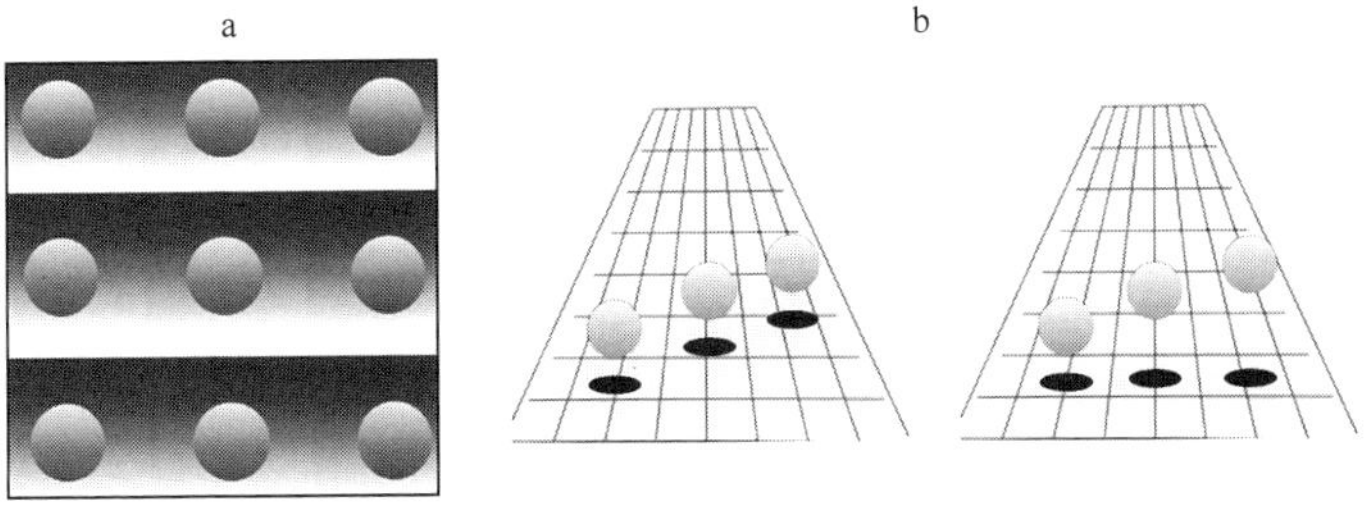

図 9-7　陰 影
a)陰(かげ), b)影(かげ)

奥行き感をもたらします。陰を考える上で重要なのは、私たちの視覚世界では、ほとんどの場合、光が上からやってくるということです。太陽や電灯は上から下を照らし、陰は物体の下側に付きます。そのため、図9-7aのように下に陰のある円を見ると、これが出っ張って見えます。ところが、図を逆さまにして見るとわかりますが、上に陰があると窪んで見えます。これは物体の形(奥行きも含む)を知覚する上で陰がとても重要な役割を果たしていることを示しています。私たちが、この陰から形(shape from shading)を脳内でどのように復元しているのかは大きな問題となっています。もう一つの「影(shadow もしくは cast shadow)」の方は、机や地面など、その物体以外の物に付着するものです。影はその物体の空間上の位置情報を知る上で重要です。図9-7bの左右を比較してみると、球の形も位置も二次元平面上ではまったく同じですが、球の三次元上の位置が異なるように見えます。左右では影の位置が異なるだけです。

④重なりと遮蔽　人や木々や建物などの物体が遠くにある場合、私たちは、それがどれほど離れているのかわからなくなりま

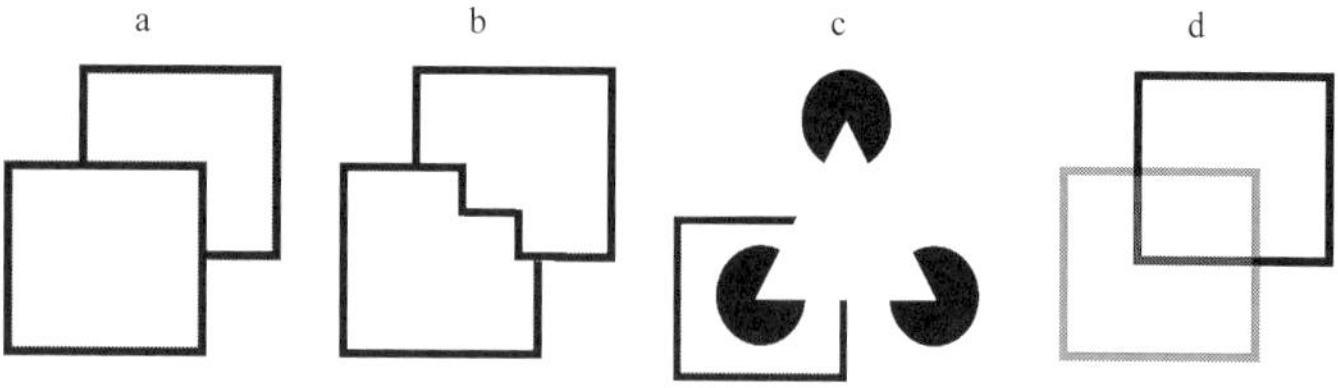

図9-8　重なりと隠蔽

す。しかし、一方が他方を遮蔽していると、遮蔽する物体が遮蔽されている物体の手前にあることがわかります。図9-8aのように、二つの四角形が重なった部分には、T字形のエッジ（T-junction）が発生します。フィック錯視のところで述べたように、T字形には分割する線と分割される線があります。分割される線の側は遮蔽している物体であり、分割する線の側は遮蔽されている物体です。また、分割される線のエッジ自体は遮蔽している物体に属し、分割する線のエッジは遮蔽されている物体に属しているように見えます。このようにエッジも奥行きの手がかりとなりますが、図9-8bcdのように、エッジがギザギザ線、主観的輪郭（第八章参照）や透明な線などで構成されると手がかりとしての働きが変わり、奥行きの見え方に変化が生じます。

⑤透視図法（線遠近法）　透視図法はルネッサンス初期のフィレンツェの建築家ブルネレスキ（第六章参照）が初めて採用したと言われています。彼の友人であるアルベルティは、透視図法の詳細を「絵画論」（一四三五）にまとめました（詳細は第二章を参照）。また、ブルネレスキの後、レオナルド・ダビンチがさらに正確な透視図法を構築したと伝えられています。しかし、今日ではそれにも間違いがあるとされています。ここでは透視図法

図 9-9　大気遠近法（岐阜城より撮影，2015 年 9 月）

の中で最も単純な一点透視図法について考えてみます。まず、図9-6の道路の左右に引かれた二本の白線のように、まっすぐに伸びた鉄道の線路があり、その先が一点で交わっていることを想像してみて下さい。平行になった線路の線間の幅や枕木の長さは、自分から遠ざかるほど小さく見えるはずです。一般に、この二本の線と眼がなす角度は、二次元平面上の枕木の間隔と同様、眼からの距離の二乗にほぼ反比例します。これは写真の場合ですが、人の網膜像の場合もほぼ同じなので、このような透視図法的な刺激配置が奥行きの手がかりとなります。なお、望遠レンズや広角レンズを用いると、この反比例の関係が崩れてしまうので、それを用いて写真を撮ると不自然に見えることがあります。

⑥大気遠近法　ダビンチの有名な作品である「モナリザ」では、背景が霞んで遠くにあるように描かれています。ダビンチは、しばしばこの大気遠近法に言及したと伝えられています。私たちが遠くにあるものを見る場合、大気中の塵や霧によって光は拡散し、普通よりも明るさや明瞭性は低下し、色の彩度が落ちて見えます（図9-9参照）。近くのものを見るときと遠くにあるものを見るときのいち

ばん大きな違いはコントラストです。近くのものを見る場合はコントラストが高く明瞭に見えますが、遠くを見る場合はコントラストが低くぼんやり見えます。そのため、同じ距離でも、山と背景のコントラストが低いと、山が遠くにあるように見えます。コントラストが低下する程度は、気候の影響によって大気中の塵や水分の密度が変化するので、絶えず変動します。

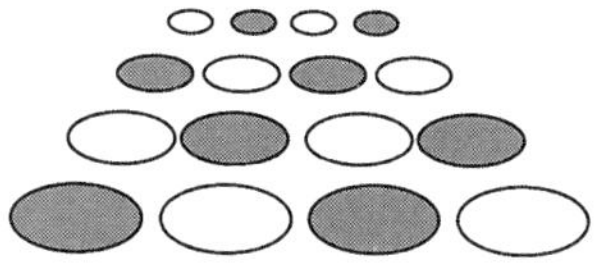

図 9-10　きめの勾配

生態学的手がかり

⑦きめの勾配　自然の情景の中には、石や草花や地肌など、小さな要素で構成されるきめがあります。J・ギブソン（一九五五）は、きめを構成する要素の密度が変化するとその面が傾斜面に見え、密度が高いほどきめが細かく遠くに見えると考えました。このように面を構成する要素の密度の変化のことを勾配といいます。この勾配が急激な場合に面が大きく傾斜して知覚されます。ギブソンは、この「きめの勾配（texture gradient）」を高次の刺激変数と見なし、網膜に与えられる刺激の構造が、奥行きを知覚する上で重要であると考えました。観察者からの距離によって、要素の大きさや密度、そして形状が変化します。図9-10のように、きめを構成する要素の特徴が固定されている場合、その面までの距離が遠いほど要素は小さく、高密度で、縦方向の形状が短く見えます。この手がかりは透視図法と似ていますが、透視図法ではきめを構成する要素の特徴の変化などは考慮されていません。

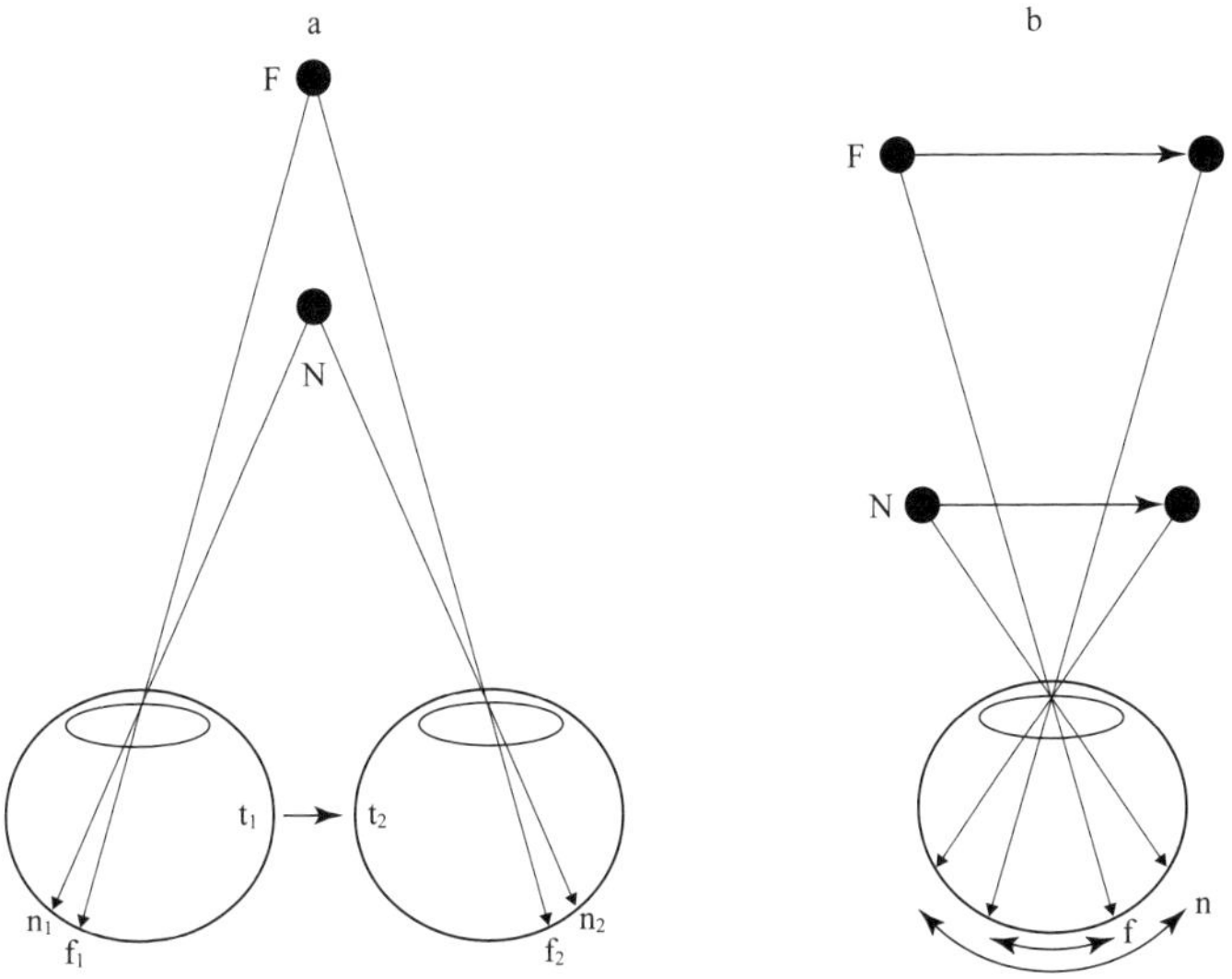

図 9-11　運動視差
a）自分が動く場合，b）対象が動く場合

⑧運動視差　私たちが歩いていると、近くの物体は速く通り過ぎてしまいますが、遠くの物体はゆっくり動いているように見えます。このことは車や電車の窓から外の景色を見るとはっきりします。このように近くの物体と遠くの物体を見る場合の視角速度の違いを運動視差といいます。これは単眼で奥行きを得る上でとても有力な手がかりとなります。電車の窓からあるところをじっと見つめていると、それより手前にある対象は電車と逆の方向に速く動いて見え、それより遠くにある対象は、電車と同じ方向にゆっくり動いて見えます。これを図9-11aで説明すると、今、Fを凝視しながら自分が左（t_1）から右（t_2）に動くと、Fより手前にあるNの網膜上の位置は、$f_1=f_2$

に対して、左（n_1）から右（n_2）に大きく移動します。この網膜上の動きの方向とは逆に、Nは実際には右から左へ動いて見えます。これは自分の動きとは逆の方向です。それに対して、Nを凝視しながら自分が左（t_1）から右（t_2）に動くと、Fの網膜上の位置は、右（f_1）から左（f_2）へと小さく変化します。この網膜上の動きの方向とは逆に、Fは実際には左から右へ動いて見えます。これは自分と同じ運動方向です。以上は自分が電車に乗って移動する場合ですが、自分が静止していて対象が動く場合は話がもっと簡単です。図9－11bのように、$n_1 = n_2$に対して、右（f_1）から左（f_2）ですが、網膜上ではNの動き（n）は大きく、Fの動き（f）は小さくなります。このNとFの視角速度の違いが運動視差です。この手がかりは、かなり遠距離でも有効なので、航空機のパイロットなど、高速の乗り物を運転する人にとっては、不可欠な手がかりと言えましょう。

両眼の手がかり

⑨両眼視差

普通の人の左右の眼は六センチメートルほど離れているので、同じものを見ても両眼の網膜に映る像が少しずれています。この左右の網膜上の像の違いを両眼視差といいます。一般に両眼視差は二つの物体間の奥行きの違いを判断する上で最も有力な手がかりであると言われています。簡単な実験を行ってみましょう。左眼を閉じて右眼で何かを指差し、次に右眼を閉じて左眼を開いてみると、指差したものがずれていることに気づくでしょう。これが両眼視差です。人が遠くの対象に焦点を合わせている場合には、両眼視差は小さくなるので、この手がかりはあまり有

図 9-12　ステレオグラムの例

効ではありません。これが有効になるのは比較的近い距離のものに焦点を合わせた場合です。

　ステレオグラムを見ると両眼視差の働きがよくわかります。図9-12はステレオグラムです。左右の写真は、筆者の研究室で撮影したものです。これを立体的に見るため、右図を右眼で見て、左図を左眼で見て融合して下さい（上にある灰色の円を融合してから下の写真を見るとよいでしょう）。これはステレオグラムを見る方法の一つで平行法と呼ばれています。この方法で見ると、右のペットボトルよりも左のペットボトルの方が手前に見えるはずです。もしも奥行きがその逆になった場合は、右図を左眼で見て左図を右眼で見ているということになり、そのような見方は交差法と呼ばれます。人によって平行法よりも交差法の方が見えやすいことがあります。どうしても平行法で見たい場合は、各々の眼が反対の写真を見ないように、真ん中に手のひらや紙を置いて仕切って見るとよいでしょう。

第八章の図8－4は、視覚研究者のジュレッツ（一九七一）が作成したものと同様のランダム・ドット・ステレオグラム（RDS）です。これを平行法で融合すると、中央に方形のパターンが浮き上がって見えます。それが窪んで見える場合は交差法を用いた場合です。これは両眼視差だけで奥行きが知覚できることを世界で初めて示したデモンストレーションです。図9－12では融合する前にペットボトルの形が見えていましたが、RDSでは、両眼の像を融合しないと形が見えません。そのため、RDSの場合には、形態処理と奥行き処理のどちらが先に行われているのかという問題が提起されます。RDSではまた、パターンを構成するドットを左右の眼でどのように対応付けているかという問題も提起されます。個々のドットの組み合わせは何万通り以上にもなるので、すべての対応付けの組み合わせを試みると、それは莫大な作業になります。ところが人はこの問題をいとも簡単に解いて左右のドットを融合し、奥行きとともに形を見ることができます。私たちはこの対応付けを一体どうやって行っているのでしょうか。その答えをぜひ考えてみていただきたいと思います。

おわりに

本稿では、知覚の成立や恒常性をはじめ、空間の錯視と奥行きの手がかりを中心に、大きさや奥行きの知覚に関する知見を紹介しました。空間の錯視としては幾何学的錯視と月の錯視を取り上げました。これらは心理学の歴史とともにあると言えるほど古くから知られているものです。しかしながら、各々の錯視を説明する学説はいまだに混沌としており、またさまざまな錯視を統一的に説明する一つの学説というものはありません。グレゴリーは、奥行き推論説に基づいてさまざまな錯視を説明しましたが、それが完全なものでないことは、上に見てきた通りです。錯視の原理をきちんと説明できないのはとても歯がゆいことですが、それは私たちがものを見る仕組みの複雑性や神秘性を示しているともいえます。しかし、私たちの脳には両眼からの情報を統合して、それを立体に見るための細胞があることがすでに知られており、また、二次元的画像を三次元的に見るために、私たちが過去にさまざまなものを見た記憶や経験、そして推論を利用していることは明らかです。これらは、私たちがものを見るとき、二次元的な画像処理や両眼情報の統合処理を担うボトムアップ処理と、三次元的処理を促進するために知識や経験に依存したトップダウン処理が同時に行われることを意味しています。これら二種類の処理がどのように関連しているかを明らかにすることは、錯視を説明する方位相互作用説と奥行き推論説を和解させる上でも重要な課題であると言えましょう。

本稿ではまたさまざまな奥行きの手がかりを紹介しました。これらを全体的に眺めると、私たちはこれらを一体どうやって使い分けているのだろうかという素朴な疑問がわいてきます。各々の手がかりにはそれを使うのにふさわしい時間や場所、条件があると考えられます。使える手がかりは対象までの距離によって異なるため、距離などは重要な条件と言えましょう。しかし、どの手がかりであろうと、私たちが対象を見てそれを使う場合、それを意識することはめったにありません。普段の私たちは、今ここで使える手がかりがあれば、それが何であろうと、それを意識することもなく使って、この豊かな奥行きのある世界を見ているのではないかと思います。

本稿の執筆に際しては、筆者の恩師である元立命館大学教授の松田隆夫先生に目を通していただき、さまざまなご指摘やご助言をいただきました。この場を借りて厚く御礼申し上げます。

読書案内

後藤倬男・田中平八編『錯視の科学ハンドブック』（東京大学出版会、二〇〇五年）
錯視を本格的に勉強したいという方にとってこの本は必読書です。

大山正・今井省吾・和気典二編『新編　感覚・知覚心理学ハンドブック』（誠信書房、一九九四年）
感覚・知覚に関することは、大体のことがこの本に書かれています。大辞典なので、手に入れるのは難しいですが、大きな図書館には備えてあると思います。

今井省吾『錯視図形——見え方の心理学』（サイエンス社、一九八四年）
幾何学的錯視について、著者独自の視点で書かれています。

Bach, M.の錯視のホームページ（http://www.michaelbach.de/ot/index.html）
さまざまな錯視をすぐに見たいという人には、このホームページをお勧めします。ただし、本と違って、ホームページはいつ（ま）でも見られるという保証はありません。

松田隆夫『視知覚』（培風館、一九九五年）
この本一冊に、視知覚一般のことが大体書かれていますので、視覚の一般的知識をすぐに得たいという人にお勧めします。

本稿において使用した引用文献と参考文献は、次のサイトで参照できます。
http://www.let.hokudai.ac.jp/book/10588/

あとがき

本書を読み終えた皆様の感想はいかがなものでしょうか。はしがきでも触れましたが、本書ではさまざまな領域の空間に関する話題が取り上げられています。それらのすべてを理解することは容易ではなかったかもしれません。しかし、皆様の中には、その一部に触れて、これまで経験したことのない新しい認識を得た方もおられるのではないでしょうか。各章の内容は、各々の専門家が何年もの時間をかけて積み重ねてきた研究成果の賜です。それを広く、社会一般の人びとにも理解していただけるように、本書ではさまざまな工夫が凝らされています。たとえば、テーマが空間であるだけに図などが多用されています。そうは言っても、理解できない内容に遭遇したかもしれません。そのような場合には、何度か読み返していただくことによって、理解していただけるものと信じております。

本書を出版する契機となった公開講座の担当者（本書の執筆者）を決めたのは、二〇一五年の二月でした。例年、この時期は教務上のことで忙しいのですが、担当者は意外にも早く決まりました。

どの担当者も快く引き受けてくれました。ところが、これが決まったすぐ後で、自分がやってもよいと手を挙げてくれた先生がおりました。また、今回は忙しくて参加できないが、他の機会であればやってもよいと言ってくれた先生も複数名おりました。一昨年の「時間」の場合とはだいぶ様子が違いました。このことは、空間について語りたい、もしくは語ることのできる先生が、当研究科には、ほかにも大勢いることを物語っています。それらの先生たちが、本書の執筆に参加できなかったことは誠に残念な気がしてなりません。そのことを一言申し添えておきたいと思います。

昨年度の公開講座は「空間」がテーマでしたが、その一年前の公開講座では「時間」がテーマでした。編者が専門としている心理学の領域では、古くから、時間研究とともに空間（特に視覚空間について）の研究がとても活発になされています。本書の第八章と第九章にその一端が紹介されています。空間は、時間と違って、はっきりと目に見えるものですから、認識する上でも、より明確で基本的であると言えます。それに比べて「時間」の認識はまったく曖昧なものです。曖昧なので面白いとも言えますが、これはより明確な「空間」という知識の土台があればこそ語ることができると考えられます。このようなことから、編者は、以前から、時間について語るのであれば、空間についても語るべきであると考えておりました。公開講座のテーマを決める際には、時流を反映したテーマの提案などもありましたが、編者にはこのような考えが密かにありました。そういうわけで、本書のテーマが空間論になったのは、結果的に、編者の独断に基づいていたと言えなくもありません。このことを許して下さった当研究科の先生たちには心より感謝申し上げたいと思います。

なお、本書を出版するにあたり、北海道大学出版会の上野和奈さん、また大学院文学研究科研究推進室の森岡和子さんには大変お世話になりました。この場を借りてお礼申し上げます。

編　者

執筆者紹介（執筆順）

林寺正俊（はやしでら　しょうしゅん）　一九七一年生、北海道大学大学院文学研究科博士課程修了。博士（文学）。現在、北海道大学大学院文学研究科准教授（宗教学インド哲学講座）。論文に「金剛寺の新出『普賢菩薩行願讃』サンスクリット音写本」（『印度哲学仏教学』第二四号、二〇〇九年）、著書に『中部経典Ⅲ（原始仏典第六巻）』（中村元監修、森祖道・浪花宣明編、共訳、春秋社、二〇〇五年）。

浅沼敬子（あさぬま　けいこ）　一九七五年生、早稲田大学大学院文学研究科博士後期課程研究指導認定退学。文学修士。現在、北海道大学大学院文学研究科准教授（芸術学講座）。論文に「ゲルハルト・リヒターのフォト・ペインティング（一九六二—六七年）に使用された写真群について」（『北海道大学文学研究科紀要』第一二五巻、二〇〇八年）、著書に「ヨーゼフ・ボイス関連用語集」（監修・執筆『ヨーゼフ・ボイス　よみがえる革命』水戸芸術館現代美術センター編、フィルムアート社、二〇一〇年）、『循環する世界——山城知佳子の芸術』（編著、ユミコチバアソシエイツ、二〇一六年）。

佐藤健太郎（さとう　けんたろう）　一九六九年生、東京大学大学院人文社会系研究科博士課程修了。博士（文学）。現在、北海道大学大学院文学研究科准教授（東洋史学講座）。著書に *The Vellum Contract Documents in Morocco in the Sixteenth to Nineteenth Centuries*（共編著、ed. By Miura Toru and Sato Kentaro, Toyo Bunko, 2015）、『世界歴史大系　スペイン史1　古代〜近世』（関哲行・中塚次郎・立石博高編、共著、山川出版社、二〇〇八年）、『モロッコを知るための65章』（共編著、明石書店、二〇〇七年）。

佐々木　亨（ささき　とおる）　一九五九年生、北海道大学大学院文学研究科修士課程修了。文学修士。現在、北海道大学大学院文学研究科教授（北方文化論講座）。著書に『ミュージアム・マネージメント学事典』（日本ミュージアム・マネージメント学会事典編集委員会編、共著、学文社、二〇一五年）、『博物館経営論』（共著、放送大学教育振興会、二〇一三年）、『アーツ・マネジメント概論　三訂版』（小林真理・片山泰輔監修・編、伊藤裕夫・中川幾郎・山崎稔惠編、共著、水曜社、二〇〇九年）。

竹内修一（たけうち　しゅういち）　一九六七年生、東京大学大学院人文社会系研究科博士課程単位取得退学。博士（文学）。現在、北海道大学大学院文学研究科准教授（西洋文学講座）。著書に『死刑囚たちの「歴史」――アルベール・カミュ「反抗的人間」をめぐって』（風間書房、二〇一一年）、論文に「誰が誰に同意を求めるのか――『異邦人』最終章の自由間接話法と翻訳の問題」（『カミュ研究』第一二号、青山社、二〇一五年）。

加藤重広（かとう　しげひろ）　一九六四年生、東京大学大学院人文社会系研究科博士課程修了。博士（文学）。現在、北海道大学大学院文学研究科教授（言語情報学講座）。著書に『日本語修飾構造の語用論的研究』（ひつじ書房、二〇〇三年）、『日本語統語特性論』（北海道大学出版会、二〇一三年）、『その言い方が人を怒らせる』（筑摩書房、二〇〇九年）。

橋本雄一（はしもと　ゆういち）　一九六三年生、筑波大学大学院地球科学研究科博士後期課程単位取得退学。博士（理学）。現在、北海道大学大学院文学研究科教授（地域システム科学講座）。著書に『東南アジアの経済発展と世界金融危機』（古今書院、二〇一四年）、『ＱＧＩＳの基本と防災活用』（編著、古今書院、二〇一五年）、『四訂版ＧＩＳと地理空間情報――ＡｒｃＧＩＳ10・3・1とダウンロードデータの活用』（編著、古今書院、二〇一六年）。

川端康弘（かわばた　やすひろ）　一九六一年生、北海度大学大学院文学研究科博士後期課程単位取得退学。博士（行動科学）。現在、北海道大学大学院文学研究科教授（心理システム科学講座）。脳科学研究教育センター基幹教員併任。論文に「色と認知科学――高次視覚認知における色彩の効果」（共著、『日本画像学会誌』第五〇巻第六号、五二二―五二八頁、二〇一一年）、"Spatial integration in human vision with bichromatically mixed adaptation field," (Kawabata, Y., *Vision Research*, 34(3), pp.303-310, 1994)。著書に「色覚の時空間周波数特性」（分担執筆、『視覚情報処理ハンドブック』日本視覚学会編、朝倉書店、二〇〇〇年）。

田山忠行（たやま　ただゆき）　一九五五年生、北海道大学大学院文学研究科博士後期課程退学。博士（文学）。現在、北海道大学大学院文学研究科教授（心理システム科学講座）。脳科学研究教育センター基幹教員併任。著書に『時を編む人間――人文科学の時間論』（編著、北海道大学出版会、二〇一五年）、『基礎心理学入門』（編著、培風館、二〇一二年）、『意識のなかの時間』（エルンスト・ペッペル著、共訳、岩波書店、一九九五年）。

〈北大文学研究科ライブラリ 13〉
空間に遊ぶ――人文科学の空間論

2016 年 6 月 24 日　第 1 刷発行

編著者　田　山　忠　行

発行者　櫻　井　義　秀

発行所　北海道大学出版会
札幌市北区北 9 条西 8 丁目 北海道大学構内（〒060-0809）
tel. 011(747)2308・fax. 011(736)8605 http://www.hup.gr.jp

㈱アイワード
©2016　田山忠行

ISBN 978-4-8329-3395-8

「北大文学研究科ライブラリ」刊行にあたって

このたび本研究科は教員の研究成果を広く一般社会に還元すべく、「ライブラリ」を刊行いたします。これは「研究叢書」の姉妹編としての位置づけを持ちます。「研究叢書」が各学術分野において最先端の知見により学術世界に貢献をめざすのに比し、「ライブラリ」は文学研究科の多岐にわたる研究領域、学際性を生かし、十代からの広い読者層を想定しています。人間と人間を構成する諸相を分かりやすく描き、読者諸賢の教養に資することをめざします。多くの専門分野からの参画による広くかつ複眼的視野のもとに、言語と心魂と世界・社会の解明に取りくみます。時には人間そのものの探究へと誘う手引きとして、また時には社会の仕組みを鮮明に照らし出す灯りとして斬新な知見を提供いたします。本「ライブラリ」が読者諸賢におかれて「ひとり灯のもとに文をひろげて、見ぬ世の人を友」(『徒然草』一三段)とするその「友」となり、座右に侍するものとなりますなら幸甚です。

二〇一〇年二月

北海道大学大学院文学研究科

北大文学研究科ライブラリ

1 言葉のしくみ —認知言語学のはなし— 高橋英光著 四六・二二四頁 定価一六〇〇円

2 北方を旅する —人文学でめぐる九日間— 北村清彦編著 四六・二七八頁 定価二〇〇〇円

3 死者の結婚 —祖先崇拝とシャーマニズム— 櫻井義秀著 四六・二九二頁 定価二四〇〇円

4 老い翔る —めざせ、人生の達人— 千葉惠編著 四六・二三二頁 定価一八〇〇円

5 笑い力 —人文学でワッハッハ— 千葉惠編著 四六・二一八頁 定価一八〇〇円

6 誤解の世界 —楽しみ、学び、防ぐために— 松江崇編著 四六・三二六頁 定価二四〇〇円

7 生物という文化 —人と生物の多様な関わり— 池田透編著 四六・三二二頁 定価二八〇〇円

〈定価は消費税含まず〉

北海道大学出版会

北大文学研究科ライブラリ

8 生と死を考える ―宗教学から見た死生学― 宇都宮輝夫著 四六・二六〇頁 定価二〇〇〇円

9 旅と交流 ―旅からみる世界と歴史― 細田典明編著 四六・二七八頁 定価二四〇〇円

10 食と文化 ―時空をこえた食卓から― 細田典明編著 四六・二七二頁 定価二四〇〇円

11 新渡戸稲造に学ぶ ―武士道・国際人・グローバル化― 弥和順 佐々木啓編著 四六・二八四頁 定価一八〇〇円

12 時を編む人間 ―人文科学の時間論― 田山忠行編著 四六・二七四頁 定価二四〇〇円

〈定価は消費税含まず〉

北海道大学出版会